How the Word is Passed
A Reckoning with the History of Slavery Across America

場所からたどる
アメリカと奴隷制の歴史

クリント・スミス
Clint Smith
風早さとみ 訳

米国史の
真実をめぐる
ダーク
ツーリズム

MONTICELLO.*
BY BENSON J. LOSSING.
"Lives of great men all remind us,
We may make our lives sublime,
And departing, leave behind us,
Footprints in the sands of Time."
WHILE the AUTHOR OF THE DECLA
OF INDEPENDENCE yet lingered in h
rious retreat from the turmoils of public
the quiet bosom of Central Virginia, the
* Entered, according to act of Congress, in t
1853, by Harper and Brothers, in the Clerk's offic
ict Court of the Southern District of New Y
VOL. VII.—NO. 38.—K

原書房

場所からたどるアメリカと奴隷制の歴史

目次

子どもたちへ

われわれの過去は奴隷だった。それを自己満足感や平静さとともに思いだすことはできない。奴隷制の歴史は、鞭打ちの記録であり、苦しみの露見である。それは血の文字で書かれている。その息は嘆息であり、その声はうめき声であり、われわれは震えながら背を向ける。今日の義務は、われわれの前に立ちはだかる諸問題に知性と勇気を持って挑むことである。

――フレデリック・ダグラス

『国家の問題(*The Nation's Problem*)』(未邦訳)

ミシシッピ川は、家や住みやすい土地をつくるためにところどころ直線に整備された。そうした場所で、ときおり川は氾濫する。〝氾濫〟という語が使われるが、実際は氾濫しているのではなく、思いだしているのだ。かつてあった場所を、思いだしているのだ。

――トニ・モリスン

『記憶の場所(*The Site of Memory*)』(未邦訳)

はしがき

本書で述べられる場所へは、二〇一七年一〇月から二〇二〇年二月にかけて訪れた。何度か足を運んだ場所もあれば、一度きりの訪問となった場所もある。引用はすべて、デジタルレコーダーで記録したものを使用した。個人のプライバシー保護のため、一部の方の名前を変更してある。

この本は、アメリカの奴隷制の物語がいまもなお生きつづける場所に焦点を当てているが、これら歴史的名所の多くが、もともとは先住民のコミュニティのものであった土地にいまあることを指摘しておきたい。わたしが訪れたアメリカ国内の八カ所のうち、ニューオーリンズはシティマシャ族とチョクトー族の土地に、モンティチェロはモナカン族の土地に、ホイットニー・プランテーションはチョクトー族の土地に、アンゴラ刑務所はチョクトー族の土地に、ブランドフォード墓地はアパマトック族とノットウェイ族の土地に、テキサス州ガルヴェストンはアコキサ族とカランカワ族とアタカパ族の土地に、ニューヨーク市はマンシー・レナペ族の土地に、国立アフリカ系アメリカ人歴史文化博物館はナコッチタンク（アナコスタン）族とピスカタウェイ族の土地に位置している。ただし、先住民たちの領土はときに重複し、時間の経過とともに境界線も移り変わっていた。ここに挙げたものが決定的というわけではないが、この地を最初に移動してまわった人々のことをなるべく正確に知るために記しておこうと思う。[1]

プロローグ

〝この都市全体が奴隷制の記念碑〟

ミシシッピ川の上には、まるで歌にでもなりそうな空が広がっていた。風のない午後、おだやかな川の水は、農地や都市や郊外を南下しながら何千キロも運ばれてきた土砂で黄褐色に染まっていた。夕暮れ時になると、クレセント・シティ・コネクション橋――ミシシッピ川をまたいで、ニューオーリンズの東岸と西岸をつなぐ一対の鋼製のカンチレバー橋――の明かりが点滅した。橋の鉄骨に飾りつけられた電球の光は、まるで二匹の巨大すぎる無頓着な生き物の背中にとまった蛍の群れのようだった。一艘のタグボートが、大型船を引っ張りながら川をくだっていった。すぐ後ろには、観光名所のフレンチ・クオーター地区がある。そこからの喧騒が足元のレンガ敷きの歩道を伝って脈打つ。ブラスバンドが突如現れて、夕空に高々と調べを鳴り響かせた。トランペット、チューバ、トロンボーンの音色が、集まった人々の歓喜とまじりあう。ある若者は、ひっくり返したプラスチックのバケツふたつをドラム代わりにして叩いた。手のなかのドラムスティックがすごい速さで器用に動く。誰もがすぐにわかる、いかにもニューオーリンズらしい象徴に囲まれた自分の姿を写真におさめようと、川辺に人々が群がった。

一八〇八年に大西洋奴隷貿易が禁止されると、およそ一〇〇万もの人が南部州の北のほうから南のほうへと輸送された。そのうちの一〇万人以上はミシシッピ川をくだって連れてこられ、ニューオーリンズで売られた。

川辺に立つわたしの隣に、レオン・A・ウォーターズがやってきた。彼は両手をポケットに突っ込み、唇をかたく結びながら、都市の両岸のあいだをゆっくりと曲がって流れるミシシッピ川を眺めていた。わたしに以前ウォーターズを紹介してくれたのは、ニューオーリンズの若い黒人活動家たちだった。彼らは、「人種的かつ経済的正義を求める広範な運動の一環として、ニューオーリンズの白人至上主義の象徴となっているあらゆるものを撤去すること」[1]を自らの使命に掲げた、〈Take 'Em Down NOLA〉という組織に属していた。このグループの多くのメンバーにとって、ウォーターズは師のような存在だ。みなが彼のことを自分たちの活動の先輩と慕い、政治教育の中心的役割を果たす人物として信頼していた。

唇の上に白髪まじりの髭を生やした齢《よわい》六〇代後半のウォーターズは、グレーと白のストライプシャツの最上部のボタンを外し、その上から黒いスポーツジャケットをはおっていた。開けた襟の下にゆるく締めたネイビーブルーのネクタイが、色褪せたブルージーンズのウエストバンドのあたりでゆらゆらと揺れていた。細いフレームの長方形型のメガネを鼻の高い位置にかけていたが、その左側のレンズの下隅にかすかな汚れがついていた。ウォーターズの声は低く一本調子だった。無愛想な人だと誤解されるかもしれないけれど、そうした気質は、彼がよく論じる主題、つまりは奴隷制の問題について真剣に考えていることの表れにすぎない。

わたしたちは、〈ニューオーリンズ奴隷貿易に関する歴史案内板設置委員会〉が近頃建てたプレートの前に立っていた。そこには、大西洋奴隷貿易とルイジアナ州との関係が概略されていた。「効果的だな」と、そのプレートについてウォーターズは言った。「一日じゅう人がひっきりなしにやってきて、立ち止まり、これを読んだり写真に撮ったりしていく……。このことを人々に教える、これもまたひとつのやり方だ」

近年、このような案内板が市内じゅうに設置されはじめた。過去をより広く見直す一環として、一枚一枚に特定の地域と奴隷制との関係が刻まれている。長年にわたり黒人が警察に殺されつづけ、彼らの死が世界じゅうに映像配信されたのを機に、サウスカロライナ州チャールストンの黒人教会に白人至上主義者が押し入り、祈禱中だった九人が殺害されたのを機に、ヴァージニア州シャーロッツヴィルで、南軍の像の撤廃を阻止しようと、嘘から生まれた歴史を守ろうと、ネオナチがデモ行進したのを機に、ジョージ・フロイドが警察官に首を膝で押さえつけられて死亡したのを機に、そのような瞬間を可能にしてしまった歴史について――これまで多くの人が認めようとしなかった歴史について――全国の都市がより深く考え直すようになった。郷土史家で革命家を自認するウォーターズにとって、この動きはとくに新しいことではなかった。彼のような人々はもう長いこと、この都市の――ひいては、この国の迫害の歴史に光を当てようと努力してきたのだ。

何十年にもわたる活動家たちの働きかけの結果、全国的な圧力も高まりを見せるなかで、最近になってようやく市の職員たちが聞く耳を持ちはじめた。あるいは、行動するための政治資本をやっと手に入れたのかもしれない。二〇一七年、ニューオーリンズ市は、白人至上主義の遺産に敬意を表したものと判断した銅像や記念碑の四点を撤去した。撤去されたのは以下のとおり。南北戦争中、南軍のなかでもひときわ優れた軍隊を率いた将軍で、奴隷所有者だったロバート・E・リーの銅像。アメリカ連合国の最初にして唯一の大統領で、奴隷所有者だったジェファーソン・デイヴィスの銅像。南北戦争開始の砲撃を命じた南軍の将軍で、奴隷所有者だったP・G・T・ボーリガードの銅像。それから、一八七四年のリバティプレイスの戦い——南部再建時代に人種統合されたルイジアナ州政府の転覆を目指した白人至上主義者による暴動——に捧げられた記念碑だ。以上の四点はもうなくなったが、南部連合の重要人物や、奴隷所有者、奴隷制擁護者らの名にちなんだ通り、銅像、公園、学校などが、いまだに少なくとも一〇〇カ所以上は残っている。二月のある涼やかな午後、わたしは〝ニューオーリンズの隠された歴史ガイドツアー〟の創始者でもあるウォーターズに、こうした過去の痕跡が残る場所をいくつか案内してもらうことになった。

ウォーターズの運転する車は、ふたつの学校を通り過ぎた。そのどちらにも、奴隷を所有していた裕福な商人のジョン・マクドノーの名がつけられていた。彼の名にちなんだ学校は、一九九〇年代までに数十校にも及び、おもに黒人の子どもたちが多く通っていた。それから、わたしたちはいくつもの店やレストランやホテルを通り過ぎた。いずれも、南北戦争前のニューオーリンズを国内最大の奴隷市場にいたらしめた、一〇社を超える奴隷貿易会社の事務所や展示場や奴隷収容所があったところだ。たとえば、オムニ・ロイヤル・オーリンズ・ホテルが立っているのは、セント・ルイス・ホテルの跡地だ。かつてそのホテルで男女子どもが売買され、互いに散り散りに引き離されたのだった。そしてわたしたちは、観光客でごった返すフレンチ・クオーターの中心、ジャクソン広場を通り過ぎた。ここで多くの反抗的な奴隷たちが処刑されていった。

　最後にウォーターズが送ってくれた、わたしの両親が住む通りにも、生涯で一五〇人以上の奴隷を所有したバーナード・デ・マリグニーという男の名がつけられている。奴隷にされた人々の名残は、いたるところにある。それは堤防にも――もともと奴隷労働者によって建てられた――、市でも最古の部類に入る建物の細やかな構造にも――奴隷の手によって彫られた――、市内じゅうの道路にも――もともと奴隷によって舗装された――見いだすことができる。ニューオーリンズについて歴史家のウォルター・ジョンソンが述べているとおり、「この都市全体が奴隷制の記念碑」[2]なのだ。

　ニューオーリンズはわたしの故郷だ。わたしはここで生まれ育った。つねに新しい発見があり、わたしの一部となっている場所だ。だが、この市の柔らかな土壌に、毎日通り過ぎていた銅像に、住んでいた通りの名に、通っていた学校に、以前はコロニアル建築の名残だとしか思うことのなかった建物に根づいている、数世紀に及ぶ奴隷支配とわが故郷との関係について、わたしはほとんど何も知らなかったことに気づかされた。すべては、探し方も知らなかったときから、わたしの目の前にあったのだ。

　二〇一七年五月のことだった。ニューオーリンズのダウンタウン近くにあったロバート・E・リーの銅像が、約二〇メートルの台座から取り外された。それからというもの、わたしは奴隷制がどう記憶され、どう考えられているのかが気になってしかたがなくなり、もっと前に誰かが教えてくれればよかったと思うようなことを、片っ端から独学した。わたしたちの国は、いま転換期にある。奴隷制が残した遺産について、それが今日の世界をいかに形づくってきたのかについて、より深く向きあう意欲が高まっている。とはいえ、奴隷制やその後の影響と自分たちとの密接な関係について、あるところが真実を伝えようと決意をかたくすればするほど、また別のところが頑なにそれを拒んでしまうようだ。わたしは、それぞれの向きあい方を理解するために、真実を伝えようとする場所、真実から逃げようとする場所、どっちつかずのことをしている場所をいくつか訪れてみたいと考えた。

本書のなかで、わたしはアメリカ国内の八カ所と海外の一カ所を旅する。その目的は、各所がアメリカ奴隷制の歴史との関係をどうとらえているかを理解することにある。訪れるのは、プランテーション、刑務所、墓地、博物館、記念館、個人宅、歴史的建造物、都市など、さまざまだ。これらの大半は南部にある。国内で奴隷制がおよそ二五〇年にわたり存続してきたあいだに、奴隷制が最も浸透したのが南部だからというのがその理由だが、わたしはほかにもニューヨーク市と、セネガルの首都ダカールも訪れている。各章は、ある一カ所のポートレートであると同時に、そこにいる人々――そこに住む人、働く人、その土地の子孫、かつて住んでいた家族の子孫――のポートレートでもある。彼らは、従来の教室を出て、教科書のページを超えて、その場所の物語を語るという使命を自らに課してきた人たちだ。正式であるにせよ、ないにせよ、この国の集合的記憶の一部を伝える開かれた歴史家《パブリック・ヒストリアン》だ。彼らは奴隷制の歴史をほかの人々に伝えることに人生を捧げつづけている。そしてこの本のために、多くの方々がその歴史を惜しみなく共有してくれた。

〝歴史と懐古は別もの〟

モンティチェロ・プランテーション

朝、ワシントンDCの自宅を出たわたしは、渋滞に逆らいながら、高級化の止まらない市内の新築マンション群から、ヴァージニア州北部の戸建てが立ち並ぶ郊外の風景を抜け、州間高速道路九五号線南を囲む広大な緑のなかへと車を走らせた。ヴァージニア州シャーロッツヴィルにある、第三代アメリカ合衆国大統領トーマス・ジェファーソンが所有していたモンティチェロ・プランテーションまでのドライブのあいだ、わたしはヴァージニア州がふたつの異なる物語に大きく分かれていることを目の当たりにした。ヴァージニア州北部、つまりコロンビア特別区の郊外として機能する自治体は、わたしが子どもの頃から知っている〝南部〟というものとはどこか隔たりがある気がいつもした。しかし、郊外を超えて、窓に南軍旗を掲げたダイナーやガソリンスタンドを通過するようになると、この州がかつて南部連合国の砦であったことを思いださずにはいられなかった。

気づけば、車と自分の心の両方にオートクルーズ機能を作動させていた。そのままハイウェイを走っていると、あるプランテーションの入り口を示す看板が視界に入ってきた。モンティチェロだろうと思い、ウィンカーを出して曲がりかけたが、結局はハイウェイに引き返した。それがトーマス・ジェファーソンのプランテーションではなく、ジェームズ・マディソン――ジェファーソンの親友、かつヴァージニア州の同胞、かつジェファーソンの大統領職を受け継いだ人物――のプランテーションだったことに気づいたのだ。

マディソンのモンペリエ・プランテーションは、ジェファーソンのプランテーションから北東に五〇キロと離れておらず、まるでモンティチェロへの序章のようだった。単に距離的にほど近いからというだけではない。彼らが実現にこじつけた野心的な文書と、そのあいだも自分たちのプランテーションで奴隷たちを働かせていたという事実とのあいだに、ふたりとも同じような矛盾に満ちた関係を抱えていたからだ。マディソン家は、その地で暮らしていたあいだに三〇〇人を超える奴隷を所有した。このふたりの男たちは、アメリカ合衆国の建国文書に自由と平等を謳った文言を刻みながら、その一方でほかの人間を所有物にしていたのだ。ふたりとも国を築いたその裏で、何百万人もの略奪を可能にしていたのだ。彼らがこの国にもたらしたものも、そこから盗んだすべてのものも、ともに理解されなければならない。結局モンペリエには立ち寄らなかったが、モンティチェロへ行く途中にそこを通り過ぎたときに、道徳的矛盾を抱えていたのは、何もジェファーソンだけではなかったのだと感じさせられた。むしろ、彼は自分たちの自由のために戦いながら、何百人もの他人の首根にブーツを押し当てつづけた建国の父のひとりにすぎなかったのだ。

モンティチェロまであと数キロのところで、ハイウェイはホワイトパインやヘムロックの木々が並ぶ一方通行道路に変わった。わたしは未舗装の駐車場に車を止めると、コンクリートの階段をのぼり、ガイドツアーのチケットがまだ買えるか確かめに行った。

モンティチェロでまず気づいたのは、見学者のほとんどが白人らしいということだった。意外というよりも、人口比が逆転したプランテーションでは、やたらと目についてしまう感じだった。アジア諸国から来たツアー団体も何組かいたが、それは小さな例外だった。二〇〇年前のモンティチェロの住人は、多くのプランテーションと同じように、奴隷にされたアフリカ人の子孫が大半を占めていて、白人労働者やジェファーソン一家の割合ははるかに少なかった。モンティチェロには、ジェファーソン、彼の家族、有給の白人労働者の数をはるかに凌ぐ一三〇人もの奴隷がつねに住んでいた。[1]

わたしは二〇〇メートルほど先にある大邸宅に向かって歩いた。土の小道から熱波が立ちのぼっていたが、桑の木が所有地いっぱいに広がっており、見学者のために涼める休息の場を断続的につくりだしていた。邸宅の片側に青々と生い茂ったサトウカエデの木の下に、一二人ほどのグループがいて、どこから来たのかを互いに教えあっていた。彼らは複数の世代や州境にまたがる、年齢も住む場所も異なる人々の集まりだった。

「それで、あなたは?」みなのいる木の下へわたしが小走りで向かうと、ガイドは尋ねた。わたしは一〇分後にスタートする、とくにジェファーソンと奴隷制の関係に焦点を当てたツアーを選んでみた。

「ワシントンDCからです」わたしは答えた。

「すぐそこだ!」と言うと、ガイドはうなずきながら、練習を重ねたような礼儀正しい笑顔を浮かべた。気持ちを整え、グループにしっかりと意識を向けようとした矢先、わたしは遠く背後に広がるものに感銘を受けた。プランテーションは山のてっぺんにあった。そのまわりをさまざまな種類の木々が取り囲み、見事に密集していて、どこからどこまでが一本の木かわからないほどだった。木立が連なりだすその先には、なだらかな丘が方々にどこまでも延びていて、さらにその先遠くの山々のシルエットが、山頂にかかる雲にキスをしているみたいだった。

ガイドのデイヴィッド・ソーソンは、青と白のストライプのオックスフォードシャツを着ていた。半袖のはずがサイズが大きすぎて、山のそよ風が吹くと、袖が肘のあたりではためいた。ぱりっと糊のきいたカーキのパンツをウエストの高い位置まであげていて、ベルトのバックルから靴までパンツの前面を走っている折り目がよく目立った。彼の桃色の顔――太陽の下で何時間も過ごしたせいで赤くなっていた――は、きれいに髭が剃られ、頬のあたりがなだらかに窪み、顎の骨から首にかけて何本もの筋やしわが伸びていた。大きく分厚いメガネをかけ、つばの広い茶色の帽子をかぶっていて、それが彼の目にかすかな影を落としていた。彼の話し方はおだやかで公平で、まるで教授のように人々を議論へと誘った。

あとから知ったのだが、デイヴィッドはモンティチェロでツアーガイドになる前、アメリカ海軍に三〇年以上も従事していたそうだ。教師の経験もなければ、ガイドの仕事をするまで博物館学のようなものにも触れたことがなかったという。ふたりいる子どもがどちらもヴァージニア大学に入ったことから、大学のあるシャーロッツヴィルに妻とよく来るようになり、そのうち夫婦してこの都市が大好きになった。あまりにも気に入ってしまったために、退役後に夫婦で移住することにしたのだそうだ。その頃にはもう、子どもたちはとっくに大学を卒業してしまっていたにもかかわらず。

「座ってテレビに言い返している自分がいやだったんだ」と、デイヴィッドは話してくれた。「外に出て人と交流していれば、そうせずにすむ。アメリカの歴史に、ひいてはトーマス・ジェファーソンに関心のある世界じゅうの人々と交流していればね。わたしは、ジェファーソンまで遡って理解しない限り、アメリカという国を理解することは不可能だと心底思っている。だから、この話を伝えることに興味を持ったんだ」

目にかかった影がミステリアスな雰囲気をかもしだしていたものの、デイヴィッドがツアー客に向かって話しはじめると、彼の発言に謎めいたところはひとつもなかった。「奴隷制とはひとつの慣例です。ジェファーソンの時代に、それがシステムとなる。では、奴隷システムとはなんだろうか？　それは搾取のシステム、不平等と排他のシステムです。人が財産として所有され、肉体的・精神的な力で抑圧されるシステム、奴隷制が道徳的に間違っているとわかっている人にも正当化されてしまうシステムです。どうやって正当化するか？　ただ肌の色だけで奴隷にされた人々の人間性を否定するのです」

グループの客が小声でざわつきはじめた。両手で口を覆う者もいた。

ほんのわずかの導入部分で、デイヴィッドは奴隷制の本質をとらえていた。わたしを受け持った教師のほとんどができなかったやり方で。とくに目新しい情報だったわけではない。この場所で、このような形で、ほとんどが白人という見学者が見つめ返すなかで、まさかそれを聞くとは予想だにしていなかったのだ。

デイヴィッドは一呼吸置いてから、また話しだした。「この地には葛藤があります」続けて、彼はジェファーソンと奴隷制とのあいだに明白な関係があることを説明した。それというのも、ジェファーソンはかなりの量の記録を残していたのだ。なかでも彼の『農園記録（*Farm Book*）』はとくに有名だろう。これらの文書に、ジェファーソンは奴隷として所有した各人の名前、誕生日、所在、売却の記録を書き残した。ほかにも、奴隷に配った食料の記録もつけていた。典型的な一週間の配給品は、「コーンミール一包、肉――通常は豚肉――半ポンド、ごくたまに塩漬け魚半ダース」と、デイヴィッドは言った。

それから彼は、ジェファーソンの記録には、数十年のあいだに売買された人々についての記述もあることを説明した。ジェファーソンは、奴隷を売ったり、貸したり、抵当に入れたりしていた。その理由の多くは、自分が背負った借金を返済するためであり、同時に自分の生活水準を保つためだった（存命中にジェファーソンが売った人々は、ベッドフォード郡にあるポプラ・フォレストという彼の別のプランテーションの奴隷であることが多かったが、モンティチェロや、グーチランド郡にある規模の小さめなエルクヒルというプランテーションの奴隷が売られることもあった）。奴隷労働者がいるおかげで、ジェファーソンは自分がいちばん大切にしていること――つまり、読書や執筆、そして来客をもてなすこと――に時間や空間を使え、自分のライフスタイルを維持することができたのだ。そうデイヴィッドは解説した。

「またジェファーソンは、自分の子どもや孫にプレゼントを贈っていました」と、デイヴィッドは話題を変えた。ほんの数分のうちに、ジェファーソンの以前のイメージが消え去りかけていた人たちにとっては、ひと息つける瞬間だった。わたしはがっかりした。ジェファーソンの過去のなかでも頻繁に埋もれてしまう部分について、デイヴィッドにもっと暴露を続けてもらいたかった。それこそがこのツアーの目的じゃないか、と思った。まずい話を掘り起こし、それを表に出して、間を置かずに正直に向きあうことが、と。しかし、そんな思いがよぎった瞬間、デイヴィッドが話の後半を続けだした。「そのプレゼントとは、奴隷コミュニティの人々でした」

デイヴィッドは抜かりなかった。それはバスケットボールのクロスオーバーのような教育的手法だった。相手をある方向に誘いだし——それでどちらの方向に動くかわかったという自信を一瞬与えるのだ——、そのあと向こうの思いきり伸ばした両腕の真下で素早くドリブルを反対の手に切り替え、その場に固まる相手を残してゴールめがけて突っ走る。

デイヴィッドは、モンティチェロで奴隷にされて暮らしていた黒人たちのことを、「人々」と繰り返し呼んだ。「奴隷」ではなく「人間」を主要表現として用いるという判断は、ささやかながら意図的だ。デイヴィッドは、子どもたちが暖かな日曜の午後（一週間のうち、彼らが唯一働かなくてよかった日）に遊んでいたゲームのことや、奴隷労働者が夜遅くまで歌っていた歌のこと、誰かが結婚したときに集まった祝いの場のことなどを語った。その話から響き渡ってくるのは、奴隷にされた人々の人間性だった。強制労働だけで定義されない人生を、充実した人生を送りたいという彼らの潰えることのない願いだった。

デイヴィッドをはじめ、このプランテーションのツアーガイドはみな、奴隷となった人々の物語に接する機会が限られているなかで、こうした人間性を伝えなければならなかった。歴史家としてモンティチェロで三〇年以上も働いたルチア・スタントンは、この問題と向きあいつづけてきた。「モンティチェロのアフリカ系アメリカ人の世界を再建するのは、困難を要する作業だ。そこに奴隷として暮らしていた男女の写真が六枚しか判明していないうえ、彼ら自身の言葉は四つの回顧録とわずかな手紙にしか残っていない」と、スタントンは書いている。「モンティチェロのアフリカ系アメリカ人住人のほとんどから直接の証言を得られないなか、ジェファーソンの『農園記録』のわずかな記録や、労働管理に関するしばしば偏った記述や手紙のなかから、あるいは自由な暮らしを求めてモンティチェロを去った人々から受け継がれた記憶を通して、なんとか彼らの声を聞こうとしなければならない」[2]

限られた情報しかないなか、デイヴィッドはこれらの物語に命を吹き込んだ。「ジェファーソンの『農園記録』のような文書や、モンティチェロを故郷と呼ぶ人々の記憶、それから考古学などをつなぎあわせれば、物語が紐解かれだすのです。奴隷制の恐怖と抑圧にもかかわらず、かつてここに住んでいた人々の家族はいま何をしているでしょう？　彼らはいわゆるふつうの生活を切り開こうとしています。彼らは伝統を語り継いでいます。自分の子どもに学ぶ機会を、遊ぶ機会を与えようとしています。もっと言えば、現実から子どもたちを守ろうともしているかもしれません」とデイヴィッドは言い、ツアーへの前置きを締めくくった。

わたしは芝生を眺めながら、二世紀前のモンティチェロはどんなだったのだろうと想像した。ジェファーソンのものであったのはもちろんだが、ここは彼だけの家ではなかった。ここは、奴隷にされた何百人もの人々の家でもあったのだ。そのなかには大家族も含まれていた。三世代以上にわたってモンティチェロで奴隷にされた家族もあった。ジレット家、ハーン家、フォセット家、グレンジャー家、ハバード家、ヘミングス家。[3]

わたしは景色を見渡しながら、ジレット家の子どもたちが手入れや餌やり中の馬のあいだを駆けまわる姿を想像した。彼らのあどけない声が山中に渦巻く。わたしはデイヴィッドとイザベル・ハーン夫妻に思いを馳せた。ヴァージニア州では奴隷同士の結婚が違法だったにもかかわらず、ふたりの結婚生活はイザベルが死ぬまで続いた。ふたりは桑の木の陰で仕事の休憩を取りながら、ささやきあい、笑いあい、抱きあっていたのかもしれない。わたしはジョセフ・フォセットのことを思った。ジェファーソンの大統領任期中、ジョセフがモンティチェロにとどまる一方で、妻がワシントンDCに連れていかれ、ホワイトハウスの厨房で料理人として修行しなければならなかったこと。彼らの三人の子がホワイトハウスで生まれたこと。一八〇六年、ジェファーソンから逃げたと思われたジョセフが、実はワシントンDCにいる妻に会いに行っていたこと。

さらにわたしは、ジェファーソンの死後の一八二七年に、エドワードとジェーン・ジレット夫妻が九人の子どもと一二人の孫とともに売られていったことを思った。デイヴィッド・ハーンが生き残った三四人の子や孫たちとともに売られたこと。[4] ジョセフ・フォセットがジェファーソンの遺言により解放された一方で、妻のイーディスと七人の子どもは売られてしまったこと。こうした家族たちが、ジェファーソンの死後の借金返済のために引き離されたことを思った。

わたしは、このプランテーションに存在したあらゆる愛を思い、あらゆる痛みを思った。

デイヴィッドが手を振ってついてくるよう合図したので、わたしたちはジェファーソンの邸宅に隣接する場所から、奴隷にされた家族が何世帯か暮らしていたマルベリー・ロウまで歩いていった。立ち並ぶ桑の木の下にベンチが数台置かれているのを見て、デイヴィッドがわたしたちに座るよう身振りで示した。彼はわたしたちと後ろの庭のあいだに立つと、プランテーションで釘づくりの作業をしていた一〇代の少年、ケアリーという名の奴隷労働者の話をした。奴隷にされた若い少年たちは、一日に一〇〇〇本近い釘をつくるよう命じられ、作業があまりに遅いと打ち据えられることもあった。

ある日、友人のブラウン・コルバートが冗談でケアリーの仕事道具のひとつを隠した。ケアリーは、道具を見つけられないことのどこが面白いのかちっともわからなかった。逆に、心底から湧きあがる恐怖による怒りのあまり、友人の頭をハンマーで打ちつけ、いっとき昏睡状態にさせてしまった。ブラウン・コルバートは快復したものの、ジェファーソンは難しい立場に置かれた。モンティチェロのコミュニティの一員を殺しかけた人間をどう扱うべきだろうか？　鞭打ちにすべきか？　ほかの奴隷たちはどうしてほしいと思っている？　ブラウン家はどうしてほしい？　ケアリーをとどまらせたらどうなる？　追いだしたらどうなる？　最終的に、ジェファーソンはケアリーを売れと命じた。「二度と音沙汰を聞くことのない、はるか遠くへ行かせるために。そうすれば、ほかの釘づくり労働者たちには、ケアリーが死刑に処されたかのように見えるだろうから」と、デイヴィッドは言った。それからまもなく、モンティチェロに奴隷商人がやってきて、ケアリーを三〇〇ドルで買い取った。モンティチェロで、その後ケアリーを見たり、便りを聞いたりした者は誰もいなかっただろう。

モンティチェロ・プランテーションでは同じ家族が生涯ずっと定住することが多かったものの、ケアリーの話を聞いて、家族の離散という慣習が、モンティチェロに限らず奴隷制の時代に広く行われていたことについて考えさせられた。家族が引き裂かれるのは、奴隷制の慣習において周辺的な問題ではなく、むしろ中心的な問題だった。歴史家ウォルター・ジョンソンは、自著『ひとつひとつの魂に（*Soul by Soul*）』（未邦訳）のなかでこう述べている。「南北戦争前の数十年間で奴隷商人が行った七〇万件近い州間取引のうち、二五パーセントが初婚を、五〇パーセントが核家族を崩壊させた。そのほとんどの核家族で、一三歳に満たない子どもが親から引き離された。それまであったコミュニティの解体につながった例はほとんどと言ってよい。しかし、これはまだ州間取引だけの数字にすぎない」[5]歴史家のエドワード・ボネケンパーは、奴隷制が存在していたあいだに、約一〇〇万人の奴隷が家族から引き離されたと推定している。[6]

一八世紀から一九世紀にかけて奴隷にされた人々が執筆し発表した物語では、一家離散の場面や描写が中心的に扱われている。なかでもとくに悲惨なものに、一八四九年に出版された『アメリカの奴隷へンリー・ビブの生涯と冒険の物語（*Narrative of the Life and Adventures of Henry Bibb, An American Slave, Written by Himself*）』（未邦訳）に描かれている、ヘンリー・ビブという男の物語がある（フレデリック・ダグラスがその四年前に似たようなタイトルの著書を発表している）。ビブはケンタッキー州の奴隷制から逃れてカナダに亡命したあと、そこで有名な奴隷制廃止論者となり、『亡命者の声（*Voice of the Fugitive*）』という新聞を創刊した。

ビブの著書のなかに、一枚の驚くべき絵が掲載されている。スーツ姿の男が部屋の中央に置かれたテーブルの上に立ち、下にいる人々を見おろしている。男の左手には、柄の部分でしっかりと握った小槌がある。そして右手には、黒人の乳児が手首をつかまれてぶらさがっている。男の真下に、その子の母親と思しき女性が跪いている。絶望のなか両腕を伸ばし、まるで自分たちが神かのようにふるまう男たちに慈悲を請うているようだ。絵のなかには、ほかにも何人かの白人がいるが、みな一様にスーツを着て、つばのついた帽子をかぶっている。母親が嘆願している相手と思われる男が、口にタバコのようなものをはさみ、テーブルの左側に立っている。絵の隅のほうにいる別の男は、あたかも空中を裂くかのように頭上に鞭を掲げている。絵の下半分にいるのは奴隷たちだ。鎖でつながれた者もいれば、ふたりで抱きあう者もいる。ひとりは両手に頭を埋めている。

絵の横に、ビブは衝撃的な詳細を書いている。

> 男たちが全員売られたあと、今度は女性や子どもが競売にかけられた。売人たちはひとりめの女性に、子どもを横にして競売台にのせるよう命じた。女性は幼いわが子を手放すまいと、あらん限りの力でしがみついた。それが反抗的だとして、彼女は背中にひどい鞭打ちを受けた。女性は神の名において慈悲を請うた。しかし、一方で母子のこのうえない悲痛の叫びが、もう一方で暴君たちの無情な誓いや鞭の音が響き渡るなか、子は母親の腕から引き剥がされた。結局このかわいそうな幼な子は母親から引き離され、一方の母親も最高入札者の犠牲となった。このようにして、競売は最初から最後まで進んでいった。
>
> 競売後、買い手たちが自分のしとめた獲物を縛るための手錠を携え集まった。彼らが書類を書いているあいだ、何人かのキリスト教徒の奴隷たちが別れの前に跪いて祈りたいと申しでて、許された。今生の別れを目前にして、互いに悲しみの涙を流しながら、いと高き神に雄弁に訴える奴隷たちの祈りは、暴君たちの耳に不快感をもたらしたようだった。彼らは奴隷たちに立って手足を縛られる覚悟をしろと命じた。その最初の一声で覚悟できずにいた奴隷たちは、鞭と鎖のじゃらじゃらという音で立ちあがらされた。そしてまもなく、その鎖につながれ、それぞれの主人に連れ去られていった——夫と妻、子と親、偉大なる日の裁きまで決して会うことはないだろうと思いながら。[7]

奴隷をほかのプランテーションに売ったりすれば、残った奴隷たちにも影響を与えかねないと、ジェファーソンははっきりと認識していた。[8] それでも彼は生涯のうちに一〇〇人以上を売り払った。ルチア・スタントンによると、自分を見識ある人間だと思っていた南北戦争前のヴァージニア州民の例に漏れず、ジェファーソンも奴隷という財産は家族単位で売られるほうがよいと考えていたそうだ。彼は通常、経済的に苦しいときのみ個人単位で売っていた。一八二〇年、彼は「義務の怠慢や本人の希望でない限り、ニグロを売るのは気が引ける」と書いている。実際に、「それが道理にかなっているなら」[9]、奴隷を売買して配偶者とふたたび引きあわせてあげることもあった。ジェファーソンの言い分によれば、夫と妻にせよ、子どもと親にせよ、誰も引き裂かれないシナリオを望んでいたという。

とはいえ、ジェファーソンが自分の監督下で家族を別離させていたのも事実だ。一三歳という若さの子どもを売って親から引き離したり、一一歳の子どもを買ったり、一〇歳にも満たない子どもを自分の所有地間で移動させたり、自分の家族にプレゼントしたりして家族から引き離していた。[10] ジェファーソンは自分を慈悲深い奴隷所有者だと信じていたが、彼の道徳的理想は自分の経済的利益や家族の利益の二の次であり、いつもそちらに引っ張られた。同時に彼は、夫と妻を一緒にしておくことによる、ある特別な経済的利益を理解していた。「二年ごとに育つ子どもは、最も有能な労働者の作物よりも利益が大きい」[11]と彼は述べている。

ジェファーソンは、奴隷制の最も残忍な手段をあまり使わないようにすることで、その暴虐性からいくらか免れるかもしれないと思っていた。たとえば、奴隷を鞭打つことに「窮地のとき以外は頼ってはならない」[12]など。ジェファーソンは、一八世紀後半のヴァージニア州では一般的だった残虐さを抑えながらも、プランテーションの生産量や効率を落とすことのない監督者を探すなど、両者のいいとこ取りを狙っていた。ロバート・ヘミングス——エリザベス・ヘミングスと、ジェファーソンの義父ジョン・ウェイルズとのあいだに生まれた混血の奴隷労働者——があるとき妻ができたので自由になりたいと要求してきた。それに対し、ジェファーソンは怒りを募らせた。なぜなら彼は、「〝甘やかしてやった〟分の忠義をヘミングスに期待していたのだ。それなのに、奴隷が主人への忠誠よりも自由や家族を選ぶこともあるなど、彼には理解できなかったのだ」[13]。

しかしジェファーソンは、奴隷制の最も凶悪な面への加担を単に拒否することで無罪放免となっていたわけでは決してなかった。奴隷を所有するということは、その制度にある暴虐性を存続させるのと同じことだからだ。自分の生活の秩序を維持するために必要と感じたならば、ジェファーソンは自分が心から忌み嫌っていると主張していた、まさにその慣習にも手を染めたのだ。

一八一〇年頃、モンティチェロの釘製造工場で働いていた奴隷のジェームズ・ハバードが脱走した。彼はおよそ五年前にも脱走しており、そのときは逃亡後すぐにつかまった。今回彼がつかまったのは約一年後のことだった。ハバードが戻ってきたとき、「わたしは古い仲間たちの前で彼をひどく鞭打った」[14]と、ジェファーソンは書いている。監督者にやらせることで自分と虐待のあいだに距離をつくろうとも思ったが、南部の奴隷所有者がみな知っていたように、公の場で暴力を振るう光景が、奴隷労働者に権力を示す手段にも、また彼らのあいだの秩序を維持する手段にもなることを、ジェファーソンは理解していた。

デイヴィッドの一時間にわたるツアーのあいだ、わたしは気づけばふたりの女性ばかり見ていた。奴隷主としてのジェファーソンの新しい逸話や事実や歴史的証拠が披露されるたび、彼女たちの顔は驚きに歪み、口はあんぐりと開いた。そして、まるで結局のところ地球は平面だったと告げられたかのような勢いで、ふたりは頭を振るのだった。

デイヴィッドのツアーが終了し、人々がプランテーションのほかの場所へと散っていったあと、わたしはふたりの女性に近づいて、いま聞いたことに対する感想を話してもらえないかと尋ねてみた。

そのうちのひとり、ドナが折りたたんだパンフレットで首の後ろを扇いだ。真夏の太陽の下で黄色味を帯びた銀色の髪を、肩に落ちる長さのポニーテールに結っていた。わたしと話をしながら、ドナがそれぞれの脚に体重を移動させて左右に揺れると、黒いサンダルが圧力の変化で小さくきゅっきゅっと音を立てた。彼女の話し声には、iを伸ばしてlをはっきり発音しない、軽いテキサス訛りがまじっていた。もうひとりのグレイスの声は、もっと高くて早口だった。白髪まじりのショートヘアが、わずか数センチという短さで頭皮を包んでいた。本人いわく、もともとはヴァーモント州出身だそうだが、彼女の肌は長年フロリダに住んでいたせいで染みだらけになっていた。

わたしが近づいていくと、ふたりとも温かく歓迎してくれた。そのとき涼やかな風が吹き、わたしたちは夏の暑さからほんの一瞬だけ解放された。

わたしは彼女たちに、このツアーに来る前からジェファーソンと奴隷制の関係について知っていたかと尋ねた。彼が奴隷労働者を鞭で打ち据えていたこと、愛する者同士を引き離したこと、複数の家族を何世代にもわたって奴隷として縛りつけたこと。ふたりの口から、間髪を入れずに正直な答えが返ってきた。

「いいえ」

「いいえ」

ふたりとも、知ったばかりのことにまだ困惑しているとでもいうように、首を振った。そこには、たしかな失望感があった——おそらく自分たち自身に、ジェファーソンに、その両方に対して。

「みんな四年生から基本的なアメリカ史を学んで育つものだけれど……彼が偉大な人だとか、これだけのことをしたとか」ドナは言った。両手で身振りを交え、まるでジェファーソンについて以前に教わったことを振り返り、嘲笑するかのようだった。「たしかに彼はいろんなことを成し遂げた。でも、ちょうどふたりで話していたのだけれど、これであの男のメッキがきれいに剝がれちゃったわ」

「ええ……うまい表現ね」グレイスはうなずきながら言った。

グレイスは、すでに他界したドナの兄と結婚していた。ドナとも以前から仲がよかったが、夫の死後、互いに一緒にいて楽だと気づき、国内のあちこちを一緒に旅行するようになった。なかでもよく行くのが歴史的意義のある名所だそうだ。ふたりがモンティチェロに興味を引かれたのは、現代の道具や機械を使わずにつくられた建築に魅了されたからだという。とくにドナは、いまも残る建物にこんなにも緻密な設計を施した職人たちに感心していた。

「わたし、ちょっとした歴史マニアなのよ」と、ドナは言った。「それでこの邸宅を少し見てみたかったの。いろんな町へ行くのも好きだし、凝った道具の何もない時代に建てられたものだから」

完成までに四〇年以上かかったというジェファーソンの邸宅は、ふたりが称賛するほとんどのものが具現化された場所だった。歴史家のアネット・ゴードン＝リードの著書によると、この邸宅を建築する以前に、まず奴隷労働者たちは山頂を削り取らなければならなかった。真冬に、両手に持ったシャベル以外に助けとなる機械技術の何もなかった時代にだ。加えて、山の頂上には水道がなかったため、奴隷労働者たちは四六日をかけて、水が出るまで地中を約二〇メートル――通常の二倍もの深さだ――も掘らなければならなかった[15]。

住居のほうは、約一万平方キロメートルの広さに四三の部屋を備えた、まさに大邸宅だ。その顔である西側正面玄関には、四〇〇〇以上の湾曲したレンガを石のように漆喰で固めてつくった四本のドーリア式の円柱が立ち並んでいる。その柱が家の正面から延びる屋根を支えることで、玄関ポーチ《ポルチコ》をつくりだしている。ジェファーソンはよくそこに座って、政治家や哲学者、商人、旧友などの客をもてなしていた。何十万ものシナモンレッド色のレンガが邸宅のファサードの質感を高めるなか、緑色の鎧戸に取り囲まれた白枠の窓が日の光にきらめく。邸宅のデザインは、おもにジェファーソンがヨーロッパに滞在していたときと、古代ローマやルネサンス建築からヒントを得ている。ジェファーソンは、白人の自由労働者と自らが所有する奴隷労働者の両方を使って、自分の夢を現実に変えた。

「これだから来たくなるの」ドナはそう言って、邸宅の圧巻の美しさをふたたび訴えた。「（ジェファーソンのことは）どうでもよかった。でもね、ここの……ここの……」ドナは下を向いて頭を振っていた。

「ここの人が」グレイスが割って入り、ツアーのあとも残っていた客ふたりと話しているデイヴィッドのほうを見た。「まったく新しい道を開いてくれたわ」

「とにかくジェファーソンのメッキが剝がれたわ」とドナが繰り返した。「彼はたしかに偉大なことをしたかもしれないけれど、大きな欠点があったのね」
　ジェファーソンの興味深いところは、この欠点に彼自身が完全に気づいていたということだ。『ヴァージニア覚書』（中屋健一訳、岩波書店、一九七二年）のなかで、彼はこう書いている。「ただ疑いなく言えるのは、この土地に奴隷制が存在しているという事実が、われわれヴァージニア人の生活様式に不幸な影響を及ぼしているということである。主人と奴隷との交わりは、最も荒々しい感情を絶えずやりとりすることに尽きる。すなわち主人の側には最も過酷な形の専制が、奴隷の側には屈辱的な服従があるだけなのである。われわれの子どもたちはこれを見て、そのまねをすることを習い覚える。なぜならば、人間は模倣の動物だからである。（中略）親が奴隷に対して荒れ狂うと、子どもはそれを眺めて怒りの表情にかぶれ、奴隷の子どもたちに対して同じような態度を取り、人間の持つ最も忌まわしい感情の赴くままに任せてしまうのである。こうして子どもは、いわば暴虐のなかで育まれ、教育され、毎日それを訓練されているのであるから、当然いやらしい特徴を身につけないわけにはいかないのである。このような環境のなかでも自己の習慣や徳性を堕落させずに持ちつづけられる人間がいたら、それはまさしく驚異的な存在と言わねばなるまい」[16]
　このような明らかな自覚があったにもかかわらず、ジェファーソンは奴隷労働者のことを、自分を苦しめる借金を減らすための貴重な資産と考えていた。「わたしがこの世に一シリングの借金もしていないときが来るまで耐えねばならない心痛は、人生をほとんど無価値にするほど耐えがたいものだ」[17]と、彼は一七八七年七月に友人に宛てて書いている。「土地を売る決心がつかない。すでにたくさん売ってしまったし、子どもたちへの唯一たしかな備えだから。奴隷たちにしても、彼らの労働力でわたしの借金を返せる見込みがある限り、売るのは気が進まない」ジェファーソンは、自分の財政が安定したら奴隷労働者たちを「もっと楽な立場に」置いてやりたいと願っていた。しかしながら、彼の借金は一生残った。ジェファーソンの死後の一八二六年、当時モンティチェロともうひとつの地所にいた約二〇〇人の奴隷労働者のほぼ全員が、彼の借金返済のために競売にかけられた。

ジェファーソンは、奴隷制がほかの人間を服従させることを必要とするものであるがゆえに、その存在を守りつづける人々の人間性を堕落させることを知っていた。同時に、彼は黒人を下等階級だと信じていた。ここにジェファーソンの論理の破綻がある、と歴史家のウィンスロップ・D・ジョーダンは一九六八年に書いている。もし黒人は劣っているとジェファーソンが本気で信じていたのなら、「創造主は実のところ人間を不平等につくられたのではないかとうすうす思っていたに違いない。だが、それとは反対のことを謳ったあの名言を生んだときとまさに同じ論理の力なしには、そんなことは言えるはずもなかった」[18]［ジェファーソンは、アメリカ独立宣言の前文冒頭にある、「すべての人間は生まれながらにして平等であり、その創造主によって、生命、自由、および幸福の追求を含む不可侵の権利を与えられている」との文言を執筆している］

ジェファーソンは、奴隷解放後に黒人と白人が平和に共存することは不可能だと考えており、現に一八二一年の自叙伝のなかでこう主張している。「等しく自由なふたつの人種が、同じ政府のもとで暮らすことはできない。気質、習慣、意見によって、互いのあいだには消せない区別の線が引かれている」[19]

一八二四年二月四日に友人のジャレッド・スパークスに宛てた手紙のなかで、ジェファーソンは「アフリカ沿岸に植民地をつくる」[20]ことで黒人を国外追放する可能性について検討している。しかし、アフリカの植民地化は費用の問題で実現不可能として、早々に断念していた。「わたしがこのように言うのは、彼らを追いだすことが永遠に不可能だという推論に誘導したいためではありません。それはわたしの意見でも、希望でもないですから」と彼はスパークスに書いている。「ただ、このやり方では無理だというだけです。可能なやり方があるはずです」さらにこう続けている。「つまり、父親の死後に生まれた子を解放し、彼らの働きが養育費に見あう価値になるまで、しかるべき対価を払って母親のもとに残し、その後、国外追放に適した年齢になるまで、勤勉に働かせるのです」

ジェファーソンは、カリブ海を有望な行き先と考えるようになった。「サン＝ドマングは独立して有色人種ばかりになりました。新聞に書かれていることを信用するなら、そこのトップは奴隷の旅費を支払い、彼らを自由市民として受け入れ、雇用を提供すると申しでているそうです」[21]ジェファーソンがここで提案しているのは、つまり政府が奴隷所有者から新しく生まれた奴隷を買い取り、母親と離れる準備が整うまで一緒に過ごしたのちにサン＝ドマング――現在のハイチ――に送るというものだった。

彼は一八一四年にも、ジェームズ・マディソンの私設秘書で、のちに第二代イリノイ州知事となったエドワード・コールズに宛てた手紙[22]のなかで同様の意見を述べている。「ある特定の日以降に生まれた奴隷を解放し、教育を受けさせ、適切な年齢になったら国外追放するという案ほど、都合のいいやり方は見たことがない」

大統領の任期二期目の一八〇七年、ジェファーソンはアメリカへの奴隷の輸入を禁ずる法令に署名した。だが、大西洋奴隷貿易の廃止後には徐々に奴隷制も衰退していくだろうと彼がもし思っていたのなら、それは自身の農園で得られる証拠とは相容れない仮説だった。彼の『農園記録』によると、一七七四年から七八年にかけて[23]、ジェファーソンが所有する奴隷のあいだに少なくとも二二人の出生と、一二人の死亡があった。学者のマイケル・タッドマンによれば、「北アメリカの奴隷のあいだで出生数が死亡数を大きく上回ったために、奴隷人口が急激に増加した。（中略）この北米の増加パターンは、わずかな局地的例外、あるいはときおり見られる短期的例外を除いて、奴隷の歴史のなかでもおそらく特異なものだ」[24]という。歴史家のC・ヴァン・ウッドワードはこう書いている。「歴史で明らかになっている限り、古代であれ近代であれ、自然増加に頼って奴隷の人口がここまで維持されたり、ましてや大幅に増えた奴隷社会はほかにない」[25]

一七九三年に綿繰り機が発明されると、綿産業が爆発的な成長を遂げ、それに伴い奴隷労働者が必要となった。アメリカ国立公文書記録管理局によると、一八〇〇年以降、原綿の生産量は一〇年ごとに倍増していったという。[26]一七九〇年には奴隷州は八州だったが、一八六〇年には一五州を数えた。*ジェファーソンはこうした拡大の始まりを見ていたが、この「奇異な慣習」にすべてが覆われるところを生きて目の当たりにすることはなかった。一八六〇年には、南部人の三人にひとりが奴隷にされた人々となったのだ。[27]

奴隷制を嫌悪していると言っていたジェファーソンだが、彼はアメリカ国内でそれを制限しようとすることにさほど人生を費やしたわけではなかった。一七八四年に彼が発布した当初の条例では、北西部領土での奴隷制が一八〇〇年から禁止されるはずだったが（それでも一六年間の猶予期間中の奴隷化は

* 一七九〇年にあった奴隷州は八つだが、実際には一二の州が奴隷人口を抱えていた。ペンシルヴェニア州、コネチカット州、ロードアイランド州では、一七八〇年代に段階的な奴隷廃止法が可決されていたために、通常は奴隷州として数えられない。しかし、国勢調査によれば、三州とも一七九〇年代に入っても奴隷を保持していた（ペンシルヴェニア州は三七三七人、コネチカット州は二七六四人、ロードアイランド州は九四八人）。またニューハンプシャー州にも小規模ながら奴隷制が残っており、一七九〇年の国勢調査では一五八人の奴隷が数えられている（アメリカ合衆国国勢調査局、Heads of Families at the First Census: 1790, accessed October 23, 2020, https://www2.census.gov/prod2/decennial/documents/1790m-02.pdf.）。

許容されたわけだが)、その案は却下されてしまった。それからというもの、ジェファーソンは国内の奴隷制廃止問題について、私的な会話や書簡以外ではほとんど触れずに放置した。ジェファーソンは、何より政治家であったように思える。ヴァージニア州をはじめ南部州全体で、奴隷制廃止の動きと見えるものすべてへの反対がますます強まっているのを知ると、彼は公の場で奴隷制を諫《いさ》めることはほぼしなくなった。ただプライベートでは、奴隷制を非難すると同時に、奴隷を解放することに曖昧な感情を抱いていた。一七八九年の手紙のなかで、彼はこう書いている。「自由を与えること、つまり、奴隷制のなかで習慣を身につけた人々を見捨てることは、子どもを捨てるようなものだ」[28]

ゴードン=リードいわく、ジェファーソンは人生の後半になると、自分が生きているあいだに奴隷制が廃止されることはないと諦めてしまったそうだ。自分がどんな努力を主導しても無駄に決まっていると。代わりに彼は、別の世代が奴隷解放計画を実行してくれるだろうと信じ、自分や革命仲間たちはイギリスから植民地を解放し、世界初の立憲共和制の国——こうした問題にそもそも取り組むことのできる国をつくりだしたことで、その一端を担えたと信じたのだった。

太陽が薄い雲の層に隠れ、わたしたちの首の熱さもいっときやわらいだ。わたしはドナとグレイスに、こうしたあれこれについて、昔にどんなことを教わったかと尋ねた。

「ジェファーソンについては勉強したわ」グレイスは言った。「そのなかに奴隷制の話はなかったけれど」

「まあ、詳しくはなかったわね」ドナが賛同した。「そこには、なんの心も思いもこもっていなかった。高校や大学では、彼らは家族なんだ、互いに引き離された母親や父親なんだ、なんて思わなかった。ということは、あれは教育のうちに入らなかったのよ」

ツアーの最初のほうで、デイヴィッドはプランテーションの子どもたちが道路の土でビー玉をこしらえ、毎晩日が暮れる頃にほったてた小屋の陰で遊んでいたことを話してくれた。奴隷たちが結婚や誕生日を祝ったり、葬式をあげたりしていたこと、読み書きを学ぶために、筆記用石板を監督者に隠れて使っていたことを語ってくれた。

ドナやグレイスを含む多くの人々――とくに白人――は、奴隷制や、その支配下に置かれた人々を抽象的な言葉のなかでしか理解していない場合が多い。彼らには、奴隷たちの顔が見えない。手を想像できない。恐怖も笑い声も聞こえない。みな、わが子と同じような子どもたちだとは考えない。自分たちが愛する人を愛し祝うように、奴隷たちも誕生日会や結婚式や葬式を行い、互いに愛し祝いあう人々なのだとは考えない。

とくにドナは、奴隷制の慣習が子どもたちに与えた影響に愕然としているようだった。「だって、家族を引き離すだなんて」と、彼女は言った。「なんてこと。どうしたら家族を引き裂くようなまねができるの？」

「いまも起こっていることだわ」グレイスは言った。

わたしたち三人が会話をした二〇一八年七月、トランプ政権はアメリカ南部の国境で、およそ三〇〇〇人の子どもたちを不法移民の親から引き離したことで、国内外の何百万人もの怒りを買っていた。聞いた話によると、子どもたちはシャワーを浴びさせてもらいに行くだけだと言われたのに、数時間後になって、母親や父親たちはわが子がどこか知らないところへ連れていかれたと知らされるのだという。

南部の共和党派を自称するふたりの女性たちは、奴隷制の時代に引き離された家族と、中米に蔓延《はびこ》る暴行から逃れてアメリカで安全な地を探しているさなかに引き離された家族とのあいだに、共通項を見いだしていた。

ドナは、〝極端〟な考えを持つ母親のいる家庭で育ったという。わたしが〝極端〟とはどういう意味かと尋ねると、ドナは南部の白人の会話ではとくに珍しくないフレーズを使って、母親のスタンスを説明した。「唯一まともなやつ（one）は、死んだやつ（one）だけだ」

もちろん、ここでの〝one〟は、上品な置き換えだ。それは、かつて祖父母から聞いたことのあったフレーズだった。白人至上主義の恐怖から黒人を守るどころか、扇動するようなジム・クロウ法に支配されていた二〇世紀半ばの南部に育った祖父母が、白人たちにどんな声のかけられ方をするかと話していた。ありのままのフレーズはこうだ。「唯一まともなニガーは、死んだニガーだけだ」

わたしはここで、自分と同じような肌をした何百人もの人々を奴隷にしていたプランテーションで、FOXニュースを観るような保守派の、テキサス州から来た白人の女性と話をしていた。彼女の母親は生涯ずっと、わたしのような人間など——おそらくわたしなど——生きているより死んだほうがましだと言っていたそうだ。自分でも意外だが、そんな女性に、わたしは自分の一四カ月になる息子の写真を見せていた。

わたしたちはもうしばらく話していたが、まもなく気温が変わったことに気づいた。下を見ると、小さな雨粒が粘土質の道路に点々と染みをつくりはじめていた。

すると、誰にでもなく独り言のような発言を繰り返していたグレイスが、ほんの一時間前まで考えさせられたこともなかったツアーの内容をまとめた。

「ここでジェファーソンはあれだけの人を使い、それから女性と結婚して、子どももいて」と言いながら、グレイスは重いため息をついた（ジェファーソンの子を少なくとも六人産んだ、奴隷女性のサリー・ヘミングスのことだった。ただし、ふたりは決して結婚しなかった）。「ジェファーソンは、わたしが思っていたような人じゃないのね」

実はわたしも、ジェファーソンがこれまで自分が習ってきたような人間ではないと気づいたのは、だいぶあとになってからのことだった。大学院の一年生だった二〇一四年に『ヴァージニア覚書』を読んだときに初めて、もっと複雑な、というより、もっと正確なジェファーソン像を見せられたのだ。わたしはとくに奴隷制との関係を扱った部分へと慎重にページをめくっていき、彼が黒人のことを「心身両面で白人よりも劣っている」[29]と理論づけている一節に出会った。

ほかにも、ジェファーソンがフィリス・ホイートリー――黒人の女性詩人としてアメリカ史上初めて作品を出版したことで広く知られている――について、「彼女の名前で出版された作品は、批評の対象として耐えうるものではない」[30]と述べた部分も読んだ。ジェファーソンは、概して黒人に詩的表現などできないと考えていたのだ。「苦悩はしばしば最も感動的な表現を持つ詩を生みだすものである」[30]と、彼は書いている。「黒人たちにとって苦悩はありあまってはいるが、なぜか詩は生まれない。愛も、詩人に独特の衝動を与えるものである。しかし、黒人の愛は激しいが、それは感覚を燃えたたせるだけで、想像力をかきたてはしないのである」[30]

この一節に出会った当時、わたしは自身初となる詩集を書きあげているところだった。ファーガソン暴動［二〇一四年八月にミズーリ州ファーガソンで黒人青年のマイケル・ブラウンが白人警官に射殺された事件をきっかけに起きた抗議暴動で、警察は暴動化する抗議の抑止のために武力行使に出た］の余波のなか、まわりにいる黒人たちに起こっている国による絶え間ない暴力を消化しようと詩を用い、このような政治的瞬間や、それを生んだ歴史との対話に命を注ぎ込もうとしていた。わたしは何時間もずっと書いた詩の内容や形式を吟味し、書き直し、並べ直し、追加しては削除して、やがてすべての連《スタンザ》に、すべての行に何十というバリエーションができた。わたしは思った。詩作というものを自分がどれだけ真剣に受け止めているかと。わたしのすべての作品が、たとえ暴力への反応だとしても、愛ある場所から――コミュニティへの愛、家族への愛、パートナーへの愛、よりよい世界を築きたいと願う人々への愛から――生まれてきたことを思った。

ジェファーソンのホイートリーに対する蔑みを読んだとき、まるで彼がわたしを含め彼女に追随しようとする黒人詩人の系譜全体を蔑んでいるように感じられた。そしてわたしの目には、愛とは何かをはっきりと理解できていない男の姿が映った。

ロバート・ヘイデンが、〝奴隷貿易の中間航路《ミドル・パッセージ》〟を生き延びて、この国の海岸までたどり着いた囚われのアフリカ人を思いださせるバラッドを世に贈り届けてくれたとき、それは愛の行為だった。

グウェンドリン・ブルックスが、都市から見放された地区で遊ぶ、シカゴのサウスサイドの子どもたちの姿を詩にしたとき、それは愛の行為だった。

オードリー・ロードが、言語を一度解体してから新たにつくり直し、この世界にいるわたしたちとは何者かを理解するための新しい方法を与えてくれたとき、それは愛の行為だった。

ソニア・サンチェスが、南部の口語からスワヒリ語でできたスタンザへと、舌を稲妻にしてひと息で海を越えるとき、それは愛の行為だ。

ジェファーソンの愛の概念は、偏見によって歪みきっていた。そのせいで、彼は国じゅうのプランテーションに満ちていた無数の愛の例に気づけなかったようだ。子どもの体に身をかぶせ、わが子が鞭を受けずにすむようにと代わりに鞭打たれた母親がいた。真夜中に血のつながった親が姿を消したときに、その子どもを受け入れ、わが子のように育てた代理母、父、祖父母がいた。いつ引き離されるかもしれない恐怖につねにつきまとわれながらも、互いに愛し、結婚し、献身しあう人々がいた。これが愛ではないなら、愛とはなんだろう?

サリー・ヘミングスを理解せずして、モンティチェロの物語は——トーマス・ジェファーソンの物語は——成立しない。サリー（おそらく出生時の名前はサラ）・ヘミングスによる手紙や文書もなければ、ジェファーソンが彼女について言及したものもない。彼女の写真もない。彼女の外見についてわたしたちが知ることができるのは、サリーと同じ頃にモンティチェロで奴隷にさせられていたアイザック・ジェファーソンによる、「限りなく白人に近い……サリーはとても美しく、長いストレートの髪を背中に垂らしていた」[31]という描写くらいだ。それ以外にある彼女の肖像画は、すべて画家の想像で描かれたものだ。彼女は肉体のない影、星のない星座だ。それでもサリー・ヘミングスの物語は、モンティチェロの中心をなしている。二世紀のあいだ、ジェファーソン研究家やジェファーソンの認められた子孫たちは、証拠があるにもかかわらず、彼がサリーと恋愛あるいは肉体関係にあった。とくに、彼がサリーの六人の子ども全員の父親だという説はきっぱりと否定している。

サリー・ヘミングスの母親エリザベスは、ジェファーソンの義父であるジョン・ウェイルズが所有していた混血の奴隷女性だった。ときにベティと呼ばれたエリザベスは、奴隷として囚われているあいだにウェイルズの子を六人産んだとされている。サリー・ヘミングスはその末娘だった。このことは、サリーとジェファーソンの妻のマーサが異母姉妹であったことを意味する。三三歳で他界する前に、マーサはジェファーソンに再婚しないことを約束させた。妻を深く愛していたジェファーソンは、その約束を守った。しかしこのことは、彼がサリーと約四〇年に及ぶ性的関係を始める妨げにはならなかった。それはサリーが一六歳頃、ジェファーソンが四〇代半ば頃に始まった。ジェファーソンの存命中、ふたりの関係は、ある人が別の人を所有することで生まれる関係とはそういうものだという意味において、公然の秘密となっていたようだ。一八〇二年、ジャーナリストのジェームズ・カレンダーは、『リッチモンド・レコーダー』紙に好色な記事を続けざまに書いた。そのなかでカレンダーは、ジェファーソンが自分の奴隷の〝妾〟とのあいだに数人の非嫡出子をもうけたと主張した。「人々が敬愛してやまないこの男が、長年にわたり奴隷のひとりを妾として囲っていることはよく知られた話だ」と、ある記事は始まっている。「その名はサリー[32]」

カレンダーはジェファーソンとつねに敵対していたわけではなかった。実際、彼が『フィラデルフィア・ガゼット』紙での仕事を解雇されて借金まみれになると、新聞社と強固な関係を築くことが政治的に重要だと考えていたジェファーソンは、カレンダーが新しい新聞社での仕事を見つけられるよう援助し、さらに何年ものあいだ、ときおり彼に直接の給料を支払っていた。カレンダーは反連邦主義的な記事を書いたとして外国人・治安諸法のもと投獄されたが、のちにジェファーソンがアメリカ合衆国大統領となった世界に戻ってきた。友人が新たな権力を手に入れたことを踏まえ、カレンダーはジェファーソン支持の記事を長年書いたことに対する形ある謝意を期待した。リッチモンドの郵便局長になりたいと願ったカレンダーだったが、ジェファーソンは彼をその職に任命しなかった。それどころか、なんの職にも任命しなかった。ひどく不当な扱いをされたと感じたカレンダーは、『リッチモンド・レコーダー』紙での新しい地位を利用してジェファーソンとサリーの話を広め、ジェファーソンの政治キャリアを妨害しようとしたのだった。[33]

この話が全国の新聞に転載されるにつれ、噂は広まっていった。ジェファーソンがこの主張を表立って否定することはなかった。なぜなら、その必要がなかったからだ。ゴードン＝リードが述べているように、ほとんどの人はジェファーソンとサリーの話を信じなかったか、ジェファーソンの大統領二期目への投票を思いとどまるほど重大なことだとは思わなかった。さらに言えば、たしかにタブーではあったかもしれないが、白人男性の奴隷所有者が自分のプランテーションで奴隷の黒人女性とセックスをすることは、ちっとも珍しいことではなかったのだ。ジェファーソンはそのまま再選を果たした。

わたしがモンティチェロ訪問を決めた理由のひとつとなったのが、サリー・ヘミングスに関する新展示だった。彼女の複雑な物語を余すところなくとらえたと謳っていた。それは、モンティチェロが長いあいだどう伝えるべきか模索しつづけてきた物語であり、おそらく伝えるには時間の経ちすぎた物語だ。

サリーの住居だったと思われる部屋――漆喰の壁に囲まれた、赤レンガの床の小さな部屋――の開いたドア枠から、光の刃が差し込んでいた。なかでは五分間のビデオが上映されており、サリー・ヘミングスと、彼女とジェファーソンの関係についての物語を伝えていた。壁に投影された映像に、誰も外見を知らないサリーがシルエットで現れる。最初は妊娠で腹をふくらませ、それから大人まで生き延びた、ビヴァリー、ハリエット、マディソン、エストン——三人の息子と、ひとりの娘——の四人の子どもたちのシルエットと一緒に並ぶ。サリーが娘の髪を三つ編みに結っているあいだ、兄弟たちがすぐ近くでヴァイオリン——ジェファーソンが演奏していた楽器だ——の練習をしている。子どもたちの影が消えては現れ、そしてまた消える。まるで、父親を取り巻く言説のなかに現れる、彼らの儚い存在そのもののように。映写されたジェファーソンの『農園記録』内の「ニグロ名簿」と題されたページに、一家の名前が載っている。筆記体で書かれた彼らの名前は、ほかの名前に簡単に紛れ込んでしまう。「あの人には、わたしたち子どもを贔屓する習慣も、父親らしい愛情を見せる習慣もありませんでした」ジェファーソンの元奴隷だった息子のマディソン・ヘミングスは、一八七三年にインタビュアーに向けてこう語った。*「奴隷女性から生まれた彼の子どもは、わたしたちだけでした」[34]

ジェファーソンとサリーの関係は当時としては異様なことではなく、むしろ白人男性と奴隷女性とのあいだの狡猾でもつれた関係性を映しだすものだった。一八世紀のヴァージニア州では、白人男性の奴隷所有者が、奴隷とされた人々を、とくに奴隷女性については性的に完全に支配していた。こうした関係性は、彼らのあいだに深く根づいた力関係によって、そもそもから腐っていた。奴隷女性たちは、主人やほかの白人男性の誘いを断る立場になかったのだ。法的手段などいっさいなく、そのことを両者と

* そのおよそ五〇年前に、マディソンはジェファーソンの遺言により解放された数少ない奴隷のひとりとなった。

もに知っていた。事実、ジェファーソンの親友のひとり、ジョン・ハートウェル・コックは日記のなかで、「独身や妻を亡くした奴隷所有者」が、奴隷女性に「妻の代わり」[35]をさせることは珍しくもなんともないと書いている。マーサに再婚しないと誓ったジェファーソンにしてみれば、サリーのような奴隷女性と関係を持つことで、後ろめたいやり方ながら約束を守ることができたのだ。

ショートフィルムが終わったあと、わたしは部屋から出て、住居の外の壁にかかった説明書きを読みはじめた。わたしの左に、モンティチェロのスタッフであることを示すバッジをつけた女性がいた。彼女が質問を期待するかのようにこちらを見たので、わたしはドナやグレイスと話してから気にかかっていたことを尋ねた。このプランテーションや、最近ではこの展示を見にきた人々が、ジェファーソンに対して違った印象を抱いて帰っていくと思うかと。ドナとグレイスが経験したものについては知っていたが、それが珍しいことなのかどうかを知りたかった。

赤みがかったブロンドヘアにやさしい目をした、そのテレサという白人女性は、サリー・ヘミングスの展示の隣に立っていた。彼女は、大半の人がプランテーションを出るときにたしかに変わっていると思うと答えた。彼女いわく、奴隷制ツアーとサリー・ヘミングスの新展示の合間に、モンティチェロ側は見学者にもっと複雑で包括的なジェファーソン像を見てもらうよう働きかけているという。しかし、それをここが政治的に正しくあろうとしすぎている、ジェファーソンをより包括的に描くことで、歴史を変えようとしていると受け取ってしまう人もやはりいるそうだ。

「歴史を変えようとしているわけではありません」テレサは臆せずに言った。「わたしたちは、完全な物語を語ることで歴史を伝えているのです。語ってもいい特定の人々のことだけではなく、かつてここに住んでいたすべての人の物語をもっとたくさん語ることで」

テレサはさらに、プランテーションで働く彼女たちスタッフを、「ジェファーソンを貶めようとしている」と揶揄する人もいたと言った。

「でも、わたしからすれば、彼らのほうこそジェファーソンを台座にのせて、彼が人間だった事実を否定しているように思うのです。彼の人生に欠点があったなら、それを見なければならない。朝起きた瞬間から夜寝る瞬間まで、彼はあらゆる面で奴隷労働者に頼っていたのです」

ジェファーソンを包括的に理解しようとするテレサの旅は、彼女がそれまで習ってきたほとんどのことを捨て去らなければならない旅でもあった。彼女は、ジェファーソンの雄大な山頂プランテーションから郡をひとつ離れたところでずっと暮らしてきた。だが、モンティチェロで働く前から、ジェファーソンと奴隷制やサリーとの関係について知っていたかとわたしが尋ねると、テレサは「やだ、知らなかったわ」と答えた。ジェファーソンについては、独立宣言を書いた人としか知らなかったという。

テレサにとって、モンティチェロで働いた数年間は、学びと学び直しの旅だった。モンティチェロでツアーを受け持つ前に、ガイドは数週間の研修を受ける。ほかにも定期的な勉強会を行っていて、ガイドが学んだことについて話しあったり、それぞれのツアーで見学者から出てもおかしくない質問を共有したりしている。研修によってスタッフは、ドナやグレイスのように、ショックを受けながらも聞いたことを受け入れる人々だけではなく、ジェファーソンの過去が不当に汚されていると感じて、やや強めに反発してくる可能性のある人々への対処法を身につけている。さらにこの研修は、テレサがジェファーソンの歴史について、より広範なアメリカの政治情勢のなかで起こっているできごとと照らしあわせて考えるのにも役立っているという。「シャーロッツヴィルでやっていた集会とか……」と、テレサは二〇一七年の夏に行われた白人至上主義の集会をほのめかし、ため息をついた。「わたしたちは、自分たちの歴史をちゃんと知る必要がある。それを受け入れるとまでは言わなくとも、そこから学びたいとは思います」

テレサの背後に、プランテーションの中心を担っていたマルベリー・ロウがあった。その道にかつては作業場や住居が立ち並び、奴隷小屋もいくつかあった。現在は、モンティチェロで奴隷にされた人々が暮らしていた住居の例を示すために、レプリカが一軒だけ立っている。その小屋は本邸から離れたところにあるものの、距離は近く、まるでとある惑星の軌道につかまったまま逃れられずにいる月のようだった。

わたしは小屋のなかに入ると、壁に並ぶひび割れた不ぞろいの板を見つめた。屋根を見あげると、小さな隙間からかすかな陽光が差し込んでいた。柔らかい光の球がわたしの肩に落ちる。晴れた日にはこうしたわずかな日差しを招き入れてくれる隙間も、別の日にはいくつもの雨筋をたやすく受け入れるのだろう。これが奴隷の住居の様子を模したレプリカだとわかっていても、この建物ではほとんど風雨を凌げないことにショックを受けた。

かつて誰かが家と呼んだものを模した空間のなかに、わたし以外に三人が立っていた。互いに移動すると、まるで四人で取っ組みあうかのような形になり、擦れた服の生地が静電気を発した。その小屋の広さは、ジェファーソンの邸宅の玄関ホールの四分の一だった。

わたしは小屋をあとにし、午後の日差しのなかに出た。道路に戻ると、娘らしきふたりの小さな少女を連れた白人女性とすれ違った。小走りする少女たちのブロンドとブルネットのポニーテールが、それぞれの首の後ろで弾んでいた。母親が小屋を見て、少女たちに言った。「あれがあなたたちのお家だったらどう?」

少女たちは向き直りもせず、「やだー!」と叫びながら小屋から走り去った。彼女たちの背後で、赤い砂利が空中に飛び散った。

その日わたしは、デイヴィッドという人について、彼がモンティチェロのガイドとしての役割をどうとらえているのかについて、もっとよく知りたいと思いながらプランテーションをあとにした。そういうわけで、最初の訪問から約二カ月後、わたしはデイヴィッドに会いたくて、また前回に聞きそびれたヘミングス一家に焦点を当てたツアーに参加するために、シャーロッツヴィルに戻ってきた。

わたしが着いたときには、すでに何時間も雨が降りつづいていた。灰色の午後の暗がりのなか、雨や風がうねり脈打っていた。プランテーションは、前回の旅のときよりはるかに人が少なかった。傘を持った人がちらほらと、ビジターセンターの中庭のあちこちにできた水たまりで水しぶきをあげていた。

デイヴィッドと会う前に、わたしはブランドン・ディラードとリネア・グリムに話を聞いた。わたしが訪問した当時、ブランドンはモンティチェロの教育およびビジター・プログラム課で特別プログラムを担当していた(現在は歴史解釈課のマネジャーを務めている)。リネアは同じ課のディレクターだ。

ブランドンは、チェック柄の茶色いオックスフォードシャツの袖を肘のすぐ下までまくりあげていた。黒髪が薄くなって、後頭部まで後退している。分厚く生やした黒い顎鬚に口が覆い隠されているものの、笑ったときだけ口元が見えた。そして彼はよく笑った。彼はある意味で、いまのポジションの候補には挙がりそうもない人だった。大学では哲学を専攻し、卒業後はシャーロッツヴィルで何年もバーテンダーをしていた。ある日彼は、地元の新聞でモンティチェロがツアーガイドを募集している広告を目にした。八年後も、ブランドンはまだここに在籍していた。何年もツアーを率いたあと、彼は新しい役職に昇進した。

リネアは黒のパンツスーツを着こなし、ブラウンの髪を肩のすぐ上で切りそろえていた。彼女はしばしば、話しだす前に少しだけ間を置いた。その癖は、わが国の歴史のなかでもとりわけ凶悪な時代との関係に取り組みつづけている施設で、長年にわたり公共事業をとりしきってきた経験から培われた思慮深さの表れだったのだろう。

モンティチェロに長く勤めてきたブランドンとリネアは、ジェファーソンを取り巻く世論や、奴隷制や人種差別といったより広い議論が大きく変わるのを見てきた。ふたりとも、モンティチェロはその変化に対応し、また多くの意味でそれを率いていく責任があると言った。ブランドンはこう語った。「わたしがガイドたちと一緒に試みてきたもののなかで、うまく変わってきたと思うことのひとつは、大西洋奴隷貿易について前よりたくさん話すようになったことです。それが人種問題とどう密接に結びついているのか、その概念が時とともにどう発展したか。そのおかげで、わたしたちは人種とその意味するものを理解するための対話の場を前よりつくりだせている。それによって、過去の遺産についても前より話せるようになっているのです」

通常モンティチェロでは、個人のツアーガイドにかなり多くの権限がゆだねられており、そのほとんどが有給の従業員だ。きびしい研修プロセスに、ツアー台本は含まれない。各ガイドが話の原稿を書き、マネジャーがチェックする。また、新人ガイドはベテランガイドのツアーにもつきそう。募集する段階でも、教育チームはガイドの能力を見極めようとする。見学者に奴隷貿易の残虐性について再考してもらえるように、話しにくい偽りのない真実を伝えられるか。見学者それぞれのこれまでの経験によって、その再考のあり方も変わってくるようだと理解できるか。「『ここに奴隷制があったなんて思いもしなかった』という感じの見学者に、いきなり頭ごなしに説明しても、彼らは耳を傾けてくれないでしょう」とリネアは言った。

一九二三年に〈トーマス・ジェファーソン記念財団〉がその所有地を買い取って以来、モンティチェロは一般公開されてきた。しかし、ジェファーソンと奴隷制の関連についてプランテーションが公に取り組むようになったのは、一九九三年になってからだ。それは、〝Getting Word（伝えよう）〟口述歴史《オーラル・ヒストリー》プロジェクトの一環として始まった。このプロジェクトで、財団はモンティチェロ出身の奴隷の子孫たちにインタビューを行い、その歴史を保存しようとした。集められたオーラル・ヒストリーには、年長者たちが伝え残した物語を子孫たちに語ってもらうという試みが形となって現れている。〝伝えよう〟プロジェクトから生まれた物語は、モンティチェロがそこでの奴隷たちの暮らしに基づき組み立てたツアーの一部にも使用された。「こうして言葉が伝えられていくのです」子孫のひとりが、プロジェクトのインタビューでそう語っている。

それからまもなくの一九九七年、アネット・ゴードン＝リードが『トーマス・ジェファーソンとサリー・ヘミングス：アメリカにおける論争（*Thomas Jefferson and Sally Hemings: An American Controversy*）』（未邦訳）

を出版した。ゴードン＝リードは、ジェファーソンがサリー・ヘミングスと性的関係を持ったことは一度もないとする何世紀にもわたる主張を押し返した。「この本は、現存史料を本当によく調べている」とブランドンは言った。「それに、マディソン・ヘミングスの言葉が外部からも検証可能であることを証明してくれている。彼の言葉に反対する意見など、いとも簡単に反論できるということです」

サリーとジェファーソンの関係についてわたしたちが得られる最も詳しい情報として、彼らの生き延びた二番目の息子であるマディソン・ヘミングスが『パイク・カウンティ・リパブリカン』紙の編集者のS・F・ウェットモアと長時間にわたる対談を行い、一八七三年三月一三日に出版されたものがある。だがその主張は、ほとんどの歴史家に否定された。代わりにジェファーソンの認められた子孫たちの多くは、ヘミングス家の子どもたちの父親はジェファーソンの甥のピーターとサミュエル・カーのどちらか、あるいは両方ではないかと訴えた。これも、もともとはジェファーソンの孫のふたりが広めはじめた説だった。なかには、『パイク・カウンティ・リパブリカン』紙は信用ならないと主張する歴史家もいた。なぜなら、歴史家のジュリアン・ボイドがかつて指摘したように、この新聞の発行者は「狂信的な奴隷制廃止論者だったはず」[36]だからだというのだ。こうした言い分は、奴隷制廃止論者の広告塔としてのマディソンを排除しようとする露骨な企みだった。ゴードン＝リードが述べているように、「ここでは、白人の駒となる頭の弱い黒人というステレオタイプなイメージが用いられている」。彼女はさらに続ける。「ジェファーソン＝ヘミングス論争に関する文献でとくに目立つのは、正式な証拠にいっさい基づかずに、歴史家が話のなかの黒人を自分たちの望むなり必要とするものなりに安易にでっちあげてしまっているという点だ」[37]ゴードン＝リードは、当時マディソンがおそらく知ることのできなかった一次史料の証拠を新たに見つけだし、それをマディソンとイスラエル・ジェファーソン――彼もモンティチェロにいた元奴隷だった――の当時の主張と照らしあわせた。さらには、ヘミングス家の人々の話と、ジェファーソン自身によるモンティチェロの記録も照合された。その結果が先ほど挙げた著書にまとめられた。いまではこの本は、マディソンの証言の正当性を立証し、歴史家たちがサリーとジェファーソンの関係を示す有力な証拠を長らく無視しつづけてきた事実を明らかにしたものとして知られている。

続く一九九八年に、DNA鑑定によりカー兄弟の可能性が除外され、サリー・ヘミングスの末っ子の父親がジェファーソンであることが証明された。研究者たちは、トーマス・ジェファーソンの父方の伯父であるフィールド・ジェファーソンの子孫を含む、複数の人々のDNAサンプルを分析した。また、サリーの息子のエストン・ヘミングスの子孫であるジョン・ウィークス・ジェファーソンという人物についても鑑定を行った。何よりも彼は、ヘミングス家のなかで唯一とぎれていない男系の子孫であり、ジェファーソンと完全に一致するY染色体を持っているかもしれなかった。DNA鑑定が行われた時点で、研究者たちはマディソンや彼の男系子孫についても鑑定ができるとは考えていなかった。二年後にマディソンの息子の墓が発見されたときも、子孫が遺体を掘り起こされることを望まなかった。「わたしの家族は自分たちの存在を証明する必要などありません」[38]マディソン・ヘミングスの来孫であるシェイ・バンクス=ヤングは言った。「トーマス・ジェファーソンも同時に掘り起こしたいというなら、考え直すかもしれませんが」

ゴードン=リードの著書とDNA鑑定の結果を受けて、モンティチェロを所有・運営している〈トーマス・ジェファーソン記念財団〉（現在は単に〈トーマス・ジェファーソン財団〉）は、サリー・ヘミングスに対する姿勢を見直す必要に迫られた。全米、さらには公共放送サービス（PBS）の長寿番組にまで注目されたDNA鑑定による新たな事実の発覚後、財団は独自の内部調査を始めた。二年後、財団はジェファーソンがヘミングス家の子どもたちの父親で間違いないと考えるにいたったことを公式に認めた。この発表以降、彼らはツアーでもその旨を伝えるようになった。「それからいままでの約二〇年間、わたしたちはツアーで――どの邸宅ツアーでも――そう言ってきました。『わたしたちは、ジェファーソンがヘミングス家の子どもたちの父親だったと考えています』というのがお決まりです。ですが、ここ数年、新しい展示が始まって、そうした曖昧な表現は使わなくなりました」とブランドンは言いながら、厳格な表情になった。「ただ、『ジェファーソンはヘミングス家の子どもたちの父親でした』とだけ」

〈トーマス・ジェファーソン財団〉が過去二〇年間に行った変革に、誰もが賛同しているわけではない。なかには、モンティチェロの現在のプロジェクトに表立って反対しているジェファーソン支持者もいる。たとえば、〈トーマス・ジェファーソン・ヘリテージ・ソサエティ〉は、何よりもモンティチェロがジェファーソンとサリーの関係の本質を誤って伝えていると主張している。その協会の副理事であるヴィヴィアン・ケリーは、記念財団が「ジェファーソンのモンティチェロを利用して、奴隷制の害悪について政治的主張をしようとして」おり、「やりすぎのように思える」[39]と書いている。*

わたしが訪れた当時、モンティチェロにいる八九人のツアーガイドのうち、黒人はわずか四人だけで、

* ケリーが共同執筆した論文のなかに書かれたこの主張についてリネアにメールで問いあわせてみたところ、次のような返事が返ってきた。「わたしたちは歴史に対して誠実な解釈者であろうと尽力しています。わたしたちが訪問くださる方々にお話しする歴史的内容は、奴隷たちの人間性や奴隷制の現実といった情報も含めて、何十年にもわたる考古学、文書研究、オーラル・ヒストリーの調査結果に基づくものです」

そのうちの三人はまだ正式に仕事を始めていない新人だった。ブランドンとリネアによると、この十数年間で黒人は合計一〇人ほどしかいないそうだ。モンティチェロではこの点がまだまだだとブランドンもリネアも認めているものの、努力が足りていないわけではないという。彼らは障壁になっている問題をいくつも挙げた。黒人ガイドが見学者から受ける仕打ちもそのひとつだという。「ここで働く多くのアフリカ系アメリカ人ガイドにとって（中略）、この仕事は生やさしいものではありません。いろんな人から、かなり強烈な、ありえないようなことを言われるからです」と、ブランドンは言った。

リネアは、モンティチェロで二年間働いていた若い黒人女性ガイドの話をしてくれた。そのガイドの女性は、見学者から嫌がらせを受けるなどのさまざまな困難に見舞われた。デートに誘ってくる人もいれば、わざわざ近づいてきて、「ああ、きみはサリー・ヘミングスの子孫かな？」と訊いてくる人までいたという。また別の女性スタッフがカフェにいたところ、ツアーを終えたばかりの白人女性が背後からやってきて、泣きながら彼女を抱きしめ言ったそうだ。「奴隷制のことはお気の毒に」

のちにツアーガイドのデイヴィッドに会ったときに、彼は人々の自分に対する反応と、何人かの同僚に対する反応が異なるということに驚きがあったと言った。「このモンティチェロで、わたしにはわたしのスタイルがあること、わたしはわたしであることを学んだ。だが、同僚のなかには、優秀なのに真剣に受け止めてもらえない人、見学者から不快な物言いをされる人がいる。彼女たちが年のいった白人の男ではないから。三五歳の女性だからという理由で」デイヴィッドは言葉を区切った。「いま言うのも恥ずかしい話だが、そうしたことが同僚の身に実際に起こっているのを目の当たりにするまでは、考えも及ばなかった」

このことは、モンティチェロのガイドだけではなく、見学者にも当てはまるのではないかとわたしは考えた。この土地の物語についてどのように語られるか、話を聞いているときにどんな人が隣にいるか、誰が話すかなどと気になってしまったら、黒人の家族はプランテーションで一日を過ごす気になどならないのではないだろうか？

ブランドンとリネアと話し終えると、わたしは山の頂上まで行き、そこでデイヴィッドと合流し、前回に聞き逃した〝モンティチェロのヘミングス一家〟というツアーに参加した。ちょうど雷雨が山を通り過ぎていったあとで、雨水の小川がレプリカの小屋の屋根を伝って地面に滴り落ちていた。〝モンティチェロの奴隷制〟ツアーのときと同じく、デイヴィッドの言葉は単刀直入だった。彼はジェファーソン邸の東棟の前に並んだわたしたち五人に向かって言った。「『ヴァージニア覚書』には、おそらくみなさんが読んだことのある、いつ書かれたものよりも、どこで書かれたものよりも、誰に書かれたものよりも、人種差別的なことを述べた章があります。ですから、わたしはときどき立ち止まってこう自問します。『もしゲティスバーグの戦い［南北戦争で北軍の勝利が決定的となった一戦］が誤った結果になっていたら、人々はアメリカ独立宣言とヴァージニア覚書のどちらを引用することになっていただろう？』と。それはどちらも同じ男が書いたものなのです」

ツアー終了後、わたしはデイヴィッドに連れられ、ほかのツアーグループの横を通り過ぎながらジェファーソン邸に入った。狭い階段で二階へあがると、何も置かれていないテーブルに椅子が三脚、それから芝生を見おろす曇った窓のある部屋へ通された。

デイヴィッドは、真実を伝えることと、人々が心を閉ざしてしまうほど強くは押しつけすぎないこととのバランスを見極める力が、ガイドには必要だと考えている。彼いわく、人に意見するとき、とくに白人のジェファーソンに対する考え方に意見するとき、それはつまるところ彼らの自己に対する考え方に意見しているのだという。「わたしは、歴史と懐古は別ものだと気づいた。そのあいだのどこかに記憶があると」デイヴィッドは言った。「思うに、歴史とは使える事実を総動員した過去の物語で、懐古とは過去についての事実に基づかないファンタジーだ。そしてそのあいだのどこかに、歴史と少しの感情がまじりあったような記憶が存在している。（中略）要するに、歴史は人々が知っておくべきものだが、懐古は人々が聞きたいと願うものなんだ」

　デイヴィッドも気づいているとおり、モンティチェロには誤っているどころか害にもなる歴史認識を持ってやってくる客も少なくない。彼は、いまの政治状況とこの問題を切り離すことに難儀している。「あれは、わたしたちについての物語ではない」と、デイヴィッドは〝Make America Great Again（アメリカをふたたび偉大な国に）〟の演説の言葉を挙げながら言った［アメリカでたびたび用いられてきた選挙スローガンで、ドナルド・トランプが二〇一六年の大統領選で用いたほか、二〇一七年にもこのスローガンを組み込んだ大統領就任演説を行った］。「だが、どういう理由であれ、それをどうしても信じたい人がいる。彼らはそこに戻りたがる、だろ？　存在したこともない何かに戻りたがるんだ」

　デイヴィッドが話しているあいだ、わたしは初めてモンティチェロを訪れたときに参加したいくつかのツアーのことを思いだしていた。そのときわたしはデイヴィッドの〝モンティチェロの奴隷制〟ツアー以外にも、入場チケットを買ったほとんどの人が行く本邸をめぐるツアーにも参加した。それにはデイヴィッドのツアーのあとに参加したのだが、両者の違いに驚いてしまった。邸宅ツアーでは、参加者がジェファーソンの邸宅のなかを案内されながら、建築の説明を受けたり、彼の家族の歴史について教わったり、思想や研究や公務といった彼の人生を形づくるうえで家が果たした役割についての概説を聞いたりした。驚いたのは、つい直前に参加したツアーに比べて、こちらでは奴隷制についての話題がほとんど出なかったことだ。たしかに、奴隷制によってジェファーソンの生活が活気あるものになっていたとはいえ、それだけと結びついていたわけではない。彼の人生について語られるべき、探求されるべきことはたくさんあると思う。彼の科学研究、政治実績、家庭生活など、人々はさまざまなことを当然知るべきだ。けれども、わたしは疑問に思うのだ。そうした数々のことを、奴隷所有者としてのジェファーソンを知ることなしに理解できるだろうかと。

モンティチェロでは毎年四〇万人がツアー見学をしているが、そのうち〝モンティチェロの奴隷制〟ツアーや、その内容を学生向けにしたプログラムに参加するのは、およそ五分の一の八万人だけだ。[40]

帰る前に、国内外でこの国の外交政策を守り、また推進する責任を担っていたデイヴィッドの元軍人としての役割が、いまの役割と矛盾しているように感じることはあるか、もしあるならどの程度感じるかを聞いておきたかった。「わたしはアメリカで生まれ、三〇年間この国に仕えてきた。だから、アメリカの理念というものを本当のところは信じている」デイヴィッドは椅子に座ったまま背筋を伸ばした。「わたしたちは特別優れているのか？　いや、違う。地理的だったり、たくさんの要因があって、またとない恵まれ方をしたのか？　そうだ。一七七六年に人々が一堂に会し、当時としてはかなり急進的な理念を打ちだしたのち、これまた急進的で斬新な憲法と修正条項によって政府のシステムをつくりあげたということか？　そのとおりだ。ほかの国々もそれぞれのやり方を見つけたか？　ああ、そうだ。だから、わたしはアメリカの理念を信じている。この国が完璧だったとは思わない。完璧だとも思わない。

完璧になるとも思わない。この国がよりよい場所になるまでの旅路は、努力しがいのあるものだと思う。もしアメリカという国を、いまいる場所というよりも信ずるべき理念と考えるなら、戦う価値があると思う」

モンティチェロのパブリック・ヒストリアン事務所は、プランテーションから一キロほど道をくだった、ジェファーソン図書館に隣接する建物に入っている。当時アフリカ系アメリカ人史のディレクター兼、〝伝えよう〟オーラル・ヒストリー・プロジェクトのディレクターをしていたニヤ・ベイツは、博識であると同時にとても親しみやすい人だった。彼女の机は、注釈メモの入った本で覆い尽くされていた。散乱しているもの、うずたかく積まれたもの。いろいろ置いてあったが、どれもが奴隷制とジェファーソンとモンティチェロの複雑な関係について調べた本だった。「どれもわたしのバイブルなんです」わたしが一冊を手に取ってページをめくっていると、ニヤは言った。

オーラル・ヒストリー・プロジェクトのディレクターとして、ニヤはモンティチェロで奴隷にされていた人々の子孫たちとの連絡調整を担当していた。このプロジェクトは、ゴードン＝リードの著書より前の一九九三年、ジェファーソンの生誕二五〇周年に開始された。研究者たちは、子孫の家族を探して全国六万五〇〇〇キロ以上を飛びまわった。わたしが話を聞いた時点で、すでに二〇〇人以上にインタビューを行ったという。

ニヤの仕事のひとつは、子孫たちと関係を築き、それを維持していくことだ。「まだまだ多くの名字を探し中です」と、彼女は言った。「ジェファーソンは六〇七人の人々を所有していましたが、いま特定できている名字は一二から一五種類しかありません。これは、ここにあったコミュニティがどんなものであったかを詳しく物語っています。つまり、たくさんの家族が、結婚や内縁関係によって互いにつながりあっていたのです」

わたしはニヤに、三億二五〇〇万人以上もの人口を抱えるこの国で、まずどうやってこうした子孫たち、とくにジェファーソンとサリーの子孫たちを探しはじめるのかと尋ねた。ニヤいわく、彼女たちのチームでは、記録に基づいて系譜を追跡するという従来のやり方をすることもあれば、DNA鑑定の結果から奴隷の子孫たちを特定することもあるという。マディソンとエストン・ヘミングスの子孫たちについても同様だ。モンティチェロを去ったあとに白人として死亡したビヴァリーとハリエット・ヘミングス——サリーとジェファーソンの年長の子どもたち——については、ほとんど知られていない。*このふたりの子孫を見つけだすのは、はるかにたいへんだ。「難しいですね」椅子の背にもたれかかりながら、ニヤは言った。「この件に関して、いまはDNA鑑定しか方法がありません。鑑定を受ける人が増えれば、DNAの一致する人が現れるのではないかと期待しているのですが」

「つまりAncestryDNAや23andMe［いずれもDNA検査キット］で？」わたしは訊いた。「誰かが現れて——」

「別のすでに知られているヘミングス家の子孫とDNAが一致してくれれば」と、ニヤはわたしの言葉を継いだ。「そうしたら驚くべき発見になるでしょう。紙の記録を追う方法でビヴァリーとハリエットを調べつづけてきましたが、うまくいきませんでした。ふたりの死亡時に名前が変わっていたかどうか

＊　ビヴァリーとハリエットについて、ジェファーソンがエストンやマディソンのように正式に解放することはなかったが、一八二〇年代初めに、ふたりは追われることなくモンティチェロから出ていくことを許された。

もわかりません。ハリエットに関しては、結婚後に名字が何になったかも不明です。ビヴァリーにいたっては、何ひとつわからずじまいです。この追跡方法では、すぐに行き詰まってしまいました。DNAの調査で、もう少し誰か見つかるといいのですが」ニヤは、チームがヘミングス一家だけではなく、モンティチェロで暮らし働いていた、ほかのたくさんの奴隷家族の子孫たちも探しつづけていることを強調した。

ニヤによると、自分はモンティチェロの奴隷家族の子孫だと主張する人が、直接連絡をしてくることもあるという。その場合、モンティチェロ側は、彼らの主張の正当性を判断するために、一連のインタビューを行い、その人の血筋を追うそうだ。

「ほかにも」とニヤは続けた。「母親が亡くなられたという家族がいて、その母親がすごく晩年になってから家族の秘密を打ち明けはじめたというのです。みんなで隣の、つまりここから南のバッキンガム郡に家族旅行へ行ったときのこと。車で教会の前を通っていたら、お母さんが『通ってた教会だわ』と言ったそうです。家族が『違うよ、母さん。あれはヘミングス家の教会だよ』と返すと、お母さんは『ええ、知ってるわ』と。そうしてお母さんは人生の最期に秘密をいくつか語るようになったのだとか。こんなふうにパズルのピースをつなぎあわせている人々が、わたしたちのところへたくさん連絡してきてくれるのです」

パブリック・ヒストリアンとしてニヤは、オーラル・ヒストリーのインタビューで集めた証言や自身による研究をもとに、ガイドの研修、展示、ウェブサイトなどへの情報提供を行っている。また、モンティチェロがこうした歴史との関わりについて公的に考えを出して語る際にも、彼女の集めた情報が役立てられている。

ニヤは史学史と研究調査を軸に仕事をしているとはいえ、彼女のモンティチェロとの関わりは学問の面だけではなく、むしろ個人的な面が強い。ニヤは道をくだったすぐそこのシャーロッツヴィルで育った。「遠足でモンティチェロに来なかった年はありませんでした」と彼女は言った。

彼女が育った頃、故郷の町は、トーマス・ジェファーソンの過去をめぐり地域を超えて全国で刻々と進化する議論の中心地となっていた。八歳くらいのときに、サリー・ヘミングスのＤＮＡ鑑定の結果が発表され、そのことをめぐって人々が食料品店で言い争っていたのを覚えているという。「幼心に、『サリー・ヘミングスって誰だろう、どうしてみんな怒っているの？』と思ったのを覚えています。そのあとにあった遠足でここへ来て、サリー・ヘミングスのことを尋ねたら、当時のガイドに『その話はしないの』と言われたのをはっきりと覚えています」

この町や、その上の山頂にあるプランテーションの歴史ととても深い関わりのある何かについて、人々――とりわけプランテーションのガイド――が語りたがらないという状況が何年も続いた。しかし、ヴァージニア大学の三年生になったとき、彼女はパブリック・ヒストリーを新たに形づくることこそが自分のやりたい仕事だと気づいたのだった。〝南部奴隷たちの芸術文化〟という講座を履修していたニヤは、その一環である校外学習で地元の史跡をいろいろとめぐった。そのうちのひとつに、ニヤがほぼ毎日車で通りながら実際に訪れたことのなかった、クローヴァーフィールズというプランテーションがあった。

「みんなでプランテーションの外側から歩いてまわりました。それから、離れの建物をひとつひとつ見ながら、この建物をつくった人々のこと、いわゆる奴隷の物質文化についての話を聞きました」ニヤは机に身をのりだし、そう回想した。「話は続き、わたしたちはようやく大きな家のなかに入りました。地下から入ったのですが、そこは台所になっていて。その台所にクラスの全員がぎゅう詰めに入ると、見学の案内をしてくれていた、プランテーションの所有者だった人の子孫だという女性が後ろ手にドアを閉めました。彼女がドアを閉めると、裏側にそのプランテーションで働いていた全員の写真がありました。そちらにちらっと目をやると、最初に目に入った写真にわたしの祖母がいたんです。『やだ、おばあちゃんだわ』と。祖母の隣にはおばもいて、ほかの家族も写っていました。家族がこういうところで働いているとは知っていたけれど、プランテーションのこうしたアカデミックな歴史と結びつけて考えられていなかったのだなと思いました。それでこんなふうに思ったんです。町の人はここのことを知っているのかしら？　自分たち抜きで語られることの多いこの歴史の形成に、みんなちゃんと役割を果たしていることに気づいているのかしら？　と」

　それからまもなくしてニヤは、奴隷解放後の数十年のあいだ、自分の家族がクローヴァーフィールズの維持のために中心となって動いていたことを知った。彼女は何ひとつ知らなかった。このことをきっかけに、ニヤはクローヴァーフィールズのある歴史地区と、そこでの歴史保存活動から解放後の黒人コミュニティが排除されていた実態に関する修士論文を書いた。彼女は、二〇世紀初めに祖父が石工だったこと、おばが料理婦で祖母がメイドだったことを発見した。

「こんな感じで、パブリック・ヒストリーについて考えるわたしの道が始まりました」とニヤは言った。

「つまりはパブリックのなかにある歴史、歴史地区、歴史的建造物、道で見かける看板といったものについて。そうしたものの一部にわたしたちの歴史があると、わたしのような人々が表されているのだと、どうしたら証明できる？　と。」そこでニヤは言葉を区切った。「まさに文字どおり、わたしのような人々が」

二〇一七年にシャーロッツヴィルで衝突が起きたりと、ここ数年のあいだに白人至上主義によるテロが増加していることもあり、ニヤは自身の仕事を個人的に学問として追うものというだけでなく、政治的責任があるものととらえている。彼女は、モンティチェロには重要な任務があると考えている。それは、人々がこの国の歴史との関連のなかで、自分とは何者かを見つめ直す手助けをすることだ。「人々は、自分のアイデンティティを定かにしたいがために、わたしたちのところへやってくるのだと思います」とニヤは言った。「とくにモンティチェロは、自由と民主主義を掲げたアメリカ人として、わたしたちは何者か、あるいは何者であると信じるかという問いと、とても深く関わっている場所ですから。ですが、ここは奴隷制のあった場所でもあります。いま人々は、この問題に本当に真剣に取り組んでいます。だからこそ、わたしたちのここでの仕事が前よりさらに重要性を増していると思うのです。そして、わたしたちは、人々を対話へ導けるかもしれません」

わたしは、〝モンティチェロの奴隷制〟ツアーで聞いた話と、その前に参加したジェファーソンの邸宅をめぐるツアーで聞いた話とがまるきり違っていたことをニヤに話した。

「ここでは、五〇年代半ばから基本的に同じメインツアーを行っています。正面玄関から入って、ぐるっとまわって、反対側から出てくる。そういうツアーです。そこにもけっこう面白い歴史があるんですよ。モンティチェロが博物館だった頃の最初の三〇年間は、ほとんどのガイドが黒人でした。黒人の男性で

――みな〝仕着せ〟を着ていました」ニヤはいったん話すのをやめた。わたしがその言葉に馴染みがないことを察したのだろう。ニヤは体を前に傾け、会話じゅうずっと彼女が使っていた、落ち着いた説得力のある声で言った。「みな奴隷と同じ格好をしていたのです」

わたしは自分の舌で危うく窒息するところだった。それから組んでいた脚をほどき、椅子に深く座り直した。「最初の三〇年間は」と、わたしは自分が正しく聞けていたか確かめようと、言われたばかりのことを繰り返した。「奴隷の格好をした黒人が邸宅ツアーをしていた？」

ニヤはうなずいた。「写真をお見せしましょう」

そう言うと、彼女はパソコンのほうを向いた。一九三〇年代か四〇年代に撮られたセピア色の写真には、ふたりの黒人がモンティチェロの西向きのポルチコに並ぶ円柱の前に立っていた。彼らの後ろには、開いた入り口が写っている。ふたりはそれぞれ三つぞろいのタキシードスーツに身を包んでいた。二列のボタンで飾り立てられた上着の下には、細めの蝶ネクタイとストライプ柄のベスト。彼らはなんとも読めない表情でカメラを見ていた。「彼らのなかには、ここで奴隷にされていた人々の子孫もいたんですよ」ニヤは言った。彼らがツアー中にするプランテーションの話は、ときに家族から伝えられたものだったそうだ。

写真に夢中になっていると、これが奴隷にされていた人々の実際の写真ではなく、奴隷の役を演じさせられている人々だということを、すぐに忘れてしまいそうになった。一九四〇年代から五〇年代に案内役として働き、モンティチェロのツアーガイド長にもなったテリー・ティルマンは、『モンティチェロ案内人の回顧録（*Memoirs of a Monticello Hostess*）』（未邦訳）という手書きのメモコレクションのなかでこう書いている。「一九五一年に黒人ガイドから（白人女性の）案内役に変更したことは、あまり歓迎されなかった。見学者は、わたしたちが事実を追求して娯楽性を減らしたことに腹を立てていた」[41]

「まるで『風とともに去りぬ』のプランテーションの話みたいでしょう」とニヤは言った。

わたしはグレイスとドナとの会話について話題にした。「ふたりはここへ来て——つまりチケットを買って、予約して、飛行機に乗って、車を借りて、歴史マニアを自称して。それでいざ来てみたら、『ジェファーソンが奴隷を所有していたなんてまったく知らなかった』と。わたしにしてみれば、なんとも興味をそそられる瞬間でした。だって、こう思っていたんです。『あなたが無関心な人ではないのは明らかですよ。〝わたしは歴史マニアなのよ。トーマス・ジェファーソンが暮らしていたところを見てみたかったの。ジェファーソンの家を〟と、そうたしかに言ってましたから。ただ——」

「彼が本当はどんな人物か知らなかった、でしょう？」ニヤがさえぎった。

それだけではないと、わたしは言った。彼女たちはモンティチェロがプランテーションだとも知らなかった。

ニヤがこくりとうなずいた。「本当にたくさんの人が、南北戦争を招いた根本原因を理解せずにここへやってきます。合衆国憲法を書いたのはジェファーソンだと思っている人もいるくらいです。要するに、学校教育が人々を裏切る方法はいくらでもあるということです。モンティチェロがプランテーションだと、奴隷制というものがこの国の存続を可能にさせた経済の繁栄を生みだしたシステムだったということを、理解する文脈を与えないわけですから。これはほとんどの人が気づいていないことです。でも、わたしは彼らを責めるつもりはありません。なぜなら、みなこのような歴史に関わることを教わっておらず、ほとんどの人はこの机に積まれたこれらの本を読んでいないのですから」

彼女は続けた。「ですから、わたしたちはとても寛大な心でいようとし、なるべくいくつもの免責を人々に与えるようにしています。たとえば、『今日耳にすることは難しく感じるかもしれません。そうしたことについて考えるのは七年生以来かもしれませんが、それでいいのです。どうぞたくさん質問してください。くだらない質問とは、何も質問しないことですからね』というふうに。わたしたちはなるべく質問をしやすくします。そして、例の女性たちが休暇でここに来ただけかもしれないという事実を受け止める。たくさんの人がブドウ園に行ってから、ここにも立ち寄っていること。学校で奴隷制の科目を履修してはいるものの、それ以外にここへの訪問といっさい関係のない、好奇心旺盛なだけの子どもを連れてくること。とりわけここはユネスコ世界遺産に登録されているアメリカで唯一のプランテーションですから、人々がこの地へやってくる理由は本当にさまざまなわけです。ですから、わたしたちは理解の度合いによって人々を判断したりしないよう心がけています。アメリカの奴隷制や大西洋奴隷貿易について、本当に何も知らない海外の観光客もたくさんいます。（中略）こんなふうに、バックグラウンドを持たない人がとにかくたくさん来るのです」

しかし一方で、そのような歴史にいざ直面して、モンティチェロはジェファーソンの遺産を汚そうとしていると言いだす人々には「まったく我慢ならない」と、ニヤはつけ加えた。「歴史は、ジェファーソンが何者だったかの真実を余すところなく伝えています。ええ、彼は数々の偉大なことに貢献しました。独立宣言や、わたしも学位を取った大学を残してくれた。でも同時に彼は人々を所有していた。わたしの知っている人たちの先祖を所有していたのです。それが現実です。彼を本当に理解し、また完全に理解するためには、奴隷制と向きあわなければならないとわたしは思います。(肉体的)暴力、精神的暴力、家族の離散、どれにも向きあわなければなりません。そういった物語を語らなければ、わたしたちは正当な評価をしていることにはなりません」

ジェファーソンの墓へ行くには、曲がりくねったのぼり坂を五百メートルほど歩く必要がある。ヴァージニアの山腹の赤土に薄い膜のように敷き詰められた砂利が、一歩踏みだすごとに足元でざくざくと音を立てた。

墓地へと蛇行した小道を歩くあいだ、たわんだ枝や密集した木の葉が影をつくり、真夏の暑さから束の間の休息を与えてくれた。葉の隙間から漏れる光が地面へと落ちる一方、木の枝が上へと伸びて空を切り開く。墓地へと続く赤褐色の道に金色に色づいた柳の木が並んで生え、そのまわりをホワイトオークが取り囲んでいた。このモンティチェロの墓地に、ジェファーソンが子孫とともに埋葬されている。墓地の中央には、太い幹をさまざまな茶色に変色させたユリノキの大木が生えていた。

鉄の門、壮大な墓碑、金の装飾からなるその墓地は、遠く丘の下にある、トーマス・ジェファーソンの四〇人を超える奴隷労働者たちが眠る墓地とはひどく対照的だ。そちらの墓地の敷地は、時の流れとともに風化した木の柵に囲まれ、その不ぞろいにカットされた木材の多くに、くすんだエメラルド色の藻が生えていた。地面は土とウッドチップという味も素っ気もない組みあわせで、その上から墓地に小さな緑の筋を残すように木の葉がでたらめに散らばっていた。ジェファーソンの墓地には、彼の子孫とその配偶者およそ二〇〇人もの名前を刻んだ墓碑が並ぶ一方、奴隷たちの墓地には飾りも個人を示すものも何ひとつない。墓石はいくつか点在しているものの、名前や碑文は見当たらない。墓を囲む木々が、気づかれず朽ちた者たちの代わりに人目を誘う。誰ひとり、ここに眠る人々の名前を知らない。

ジェファーソンが死ぬ間際の数時間のこと。彼のほとんど生気のない、もごもごとした言葉を誰も理解できなかったとき、枕の位置を直してくれと言っているのだと気づき、ジェファーソンの頭を持ちあげたのもまた、彼の奴隷従者だった。それからほどなくして、ジェファーソンは息を引き取った。彼は生涯を通じて、洗練された来客との交流、読書や執筆や思索のための時間、優れた建築の優美さ、美味しい料理の味、自然の香りなどを――つまりは自分の心を育み、嗜好を満たすことのできる生活を――大切にしていた。こんな暮らしができたのも、彼が所有し、売り飛ばし、家族と引き離した奴隷たちのおかげだった。彼が脅されても、操られても、鞭打たれても、暴力を振るわれても、裏切られても、恐怖を植えつけられてもかまわないとした人々のおかげだった。道徳的嫌悪から虚しい正当化へというジェファーソンの揺らぎは、彼が弁解の余地もないとわかっていたことに見事に屈してしまった証拠だ。彼はプランテーションで奴隷となった男女や子どもを人質のように囲いつづけ、家族を散り散りにさせた。彼はほんのひと握りの人々以外に自由を与えることを拒否しつづけた。

とはいえ、モンティチェロはジェファーソンだけで定義されるものではない。モンティチェロは、そこで暮らし、家族を持ち、何世代にもわたってコミュニティを築いた奴隷たちなしには存在しえなかっただろう。公務に仕える者として、ジェファーソンは人生の半分以上をプランテーションから離れて過ごしたが、モンティチェロで奴隷にされた何百人という人々の多くはその地に一生とどまった。この地は、ジェファーソンの遺産のなかの矛盾を明らかにする場所だが、同時にそこで家庭を築いた何百という黒人たちのことを思いださせてくれる場所でもある。彼らの人生だって追憶するに値するのだ。

モンティチェロで二度目の見学を終えて離れようとしたとき、デイヴィッドは最後にこの二重性について話してくれた。「きみはいまここにいる。（サリーの兄のジェームス・）ヘミングスはここで殴られた。本のなかではなく。わかるか？　まさにここで起きたことなんだ」ジェファーソンの死後、モンティチェロにいた一〇〇人の奴隷が競売にかけられた。それが「後ろにある西の芝生だ」とデイヴィッドは続けた。「まさにそこで行われたんだ。そして、ジェファーソンの独立宣言のアイデアは、文書こそ書いたのはフィラデルフィアだが、すべてのアイデアはこの山頂のまさしくここで練られたものだ」

〝空の下に開かれた本のように〟

ホイットニー・プランテーション

白い木製の柵と、わたしが立つ赤レンガの小道のあいだに、金属の棒の上にのった五五人の黒人たちの頭部が並ぶ土の区画が設けられていた。どの頭部も、空に向かって首を押しだすように支える丈夫な銀の棒の上でうまくバランスを取っていた。黒人たちの目は閉じられ、なかには、まるで永遠の苦痛のなかに封じ込められたかのように顔を歪めたものもあった。それぞれの顎のラインは、誰かが手にした道具と、そこに込められた激しい憤りによって彫りだされていた。ほとんどの頭部の額に薄手の白いバンダナが巻かれ、小さな結び目がこめかみに当たっていた。日差しが陶器の像に反射して柔らかな光を生み、彼らの頬を輝かせていたが、それがなんだか血と汗にまみれているかのように見えた。

暴力的な過去を表現したこれらの頭部は、ルイジアナ州ウォーレスにあるホイットニー・プランテーションの展示作品だ。ニューオーリンズから一時間ほど西へ行ったところ、ポンチャートレイン湖の汽水域を通り過ぎ、収穫後のサトウキビの残骸があいかわらず地面に向かってさわさわと音を立てるなかを抜けた先にある。遠くからだと、人間そっくりのこれらの像があまりにも不気味で、わたしは念のため近づいてみた。もっと暖かい季節にはブヨやハエが群がり、スズメバチが空洞の首の下に巣をつくりはじめる。頭部のまわりを群れをなしてぶんぶんと飛ぶ虫の音は、まるで小さなドローンの大群さながらだ。ひとつひとつの頭部に名前はない。ただし、最前列に並ぶ一〇体は別だ。マチュリン。クック。ギルバート。アマール。リンドール。ジョセフ。ダゴベルト。コミーナ。ヒポライト。チャールズ。アメリカ史上最大の奴隷反乱を率いた指導者たちだ。もうたくさんだと、心を決めた人たちだった。

一八一一年一月のある雨降る夜、ルイジアナ南部で混血の奴隷監督者だったチャールズ・デスロンデスが、この大規模な武装反乱を引き起こした。[1]数百人からなるデスロンデスの軍隊は、ルイジアナ南部を通るリバーロードの蛇行する道に沿ってニューオーリンズまで進軍した。彼らには、敵の多くも驚くほどの軍隊規律があった。異なる国からやってきた、母国語も違う、部族も違う数百もの奴隷が、これほど効率的に組織を形成できるとは、考えるに驚くべきことだ。

反乱が起きたルイジアナのジャーマン・コースト――そこに入植したのがドイツ人移民だったためにその名がついた――では、全人口のおよそ六〇パーセントが奴隷だった。[2]武装蜂起が起こりそうな気配は、もう長いこと漂っていた。

その恐れは、ハイチ革命のあいだにますます拡大していった。ハイチでは、奴隷たちがフランス人に反旗をひるがえし、一八〇四年に世界初となる黒人主導の共和国が建国されていた。フランス軍は戦いと病気で窮地に追い込まれ、終戦する頃には、島に派遣された兵士の八〇パーセント以上が死亡した。[3]損失を切り捨て、ヨーロッパでの戦いに再度集中したいと考えていたナポレオン・ボナパルトは、フランス領ルイジアナの全領土をトーマス・ジェファーソンの交渉担当にわずか一五〇〇万ドル――一エーカー当たり約四セント——で売却した。ハイチ革命さえなければ、ナポレオンが当時のアメリカの二倍もの広さの土地を売ることはなかっただろう。とくに、ジェファーソンがミシシッピ川の物流中心部へのアクセスを確保するために、まさにニューオーリンズを購入しようとフランス側に働きかける気でいたときだったのだからなおさらだ。ハイチの勝利は、綿花畑の端から、騒がしい厨房の静かな片隅にまで、南部のプランテーションというプランテーションに広まった。この勝利は、〝新世界〟のほかのあらゆる地域で奴隷にされていた人々に、自分たちにも何が可能かを考えさせるきっかけとなった。

のちの一八一二年にルイジアナ州となる領土の知事だったウィリアム・C・C・クレイボーンも、ハイチからの奴隷の輸入を停止したがった。そのなかにハイチ革命に加担した奴隷もいるかもしれないと恐れたからだ。一八〇四年に、クレイボーンは当時アメリカ合衆国国務長官だったジェームズ・マディソンに手紙を書き、自身の懸念を打ち明けている。「いまのところ、混血人やニグロを恐れる必要はいっさいないと言っていいでしょう」と、大統領や閣僚らが抱く恐れのある当面の懸念をやわらげようとするところから、文面は始まる。「しかし将来のどこかのタイミングで、合衆国のこの地域も、サン＝ドマング（ハイチのこと）と同じ不幸にある程度は見舞われるのではないか（とわたしは懸念しています）。議会がアフリカ人の売買を引き続き許していたら、その時期は早まってしまうでしょう」そしてクレイボーンは、「サン＝ドマングの反乱に関与していた奴隷が持ち込まれるのを防ぐつもりだ」と書いている。[4]

歴史家のデイヴィッド・ブリオン・デイヴィスによると、「およそ七〇年ものあいだ、ハイチに対するこうしたイメージがまるで黒い雲のように南部を覆っており、奴隷制推進派の指導者たちにつねに引きあいに出された」[5]という。

一八一一年にルイジアナで起きた反乱では、太鼓の音を轟かせ、旗を頭上高く掲げた男たちが、川のカーブに沿って進軍する道すがら、ナイフ、マチェーテ〔農作物の伐採などに使われる山刀〕、マスケット銃などの寄せ集めの武器でいくつかのプランテーションを襲撃した。結果として、ふたりの白人男性が殺害され、財産も破壊された。彼らは、数カ月も前から下準備をするような陰謀家だった。注意深く秘密裏に計画を進め、賛同しない者に盗み聞きされて情報が漏れないように、暗号にした言葉を用いた。進軍しはじめの頃、驚くことが起こった。彼らが進めば進むほど、より多くの人が参加し、よりたくさんの武器が集まったのだ。[6] とはいえ、銃を持つ奴隷戦士は多くはおらず、彼らの解放を求めた行進を止めるには、ほんの少しの武装部隊で充分だった。

四八時間のうちに、反乱は地元の民兵と連邦軍によって鎮圧された。デスロンデスは、沼地に隠れて最初の殺戮の波からいっときは逃れたものの、すぐにつかまり処刑された。両手を切り落とされ、脚の骨を銃弾で砕かれ、最後は藁の俵の上で焼かれた。反乱軍の多くは、すぐその場で虐殺された。彼らの頭は切り落とされ、堤防に並べた杭にのせられた。反乱を起こせばこういう代償を支払うことになるという、ほかの奴隷たちに向けた警告だった。海軍士官のサミュエル・ハンブルトンはこう書いている。「彼らは、われわれの堤防を飾る頭を捧げるために、海岸まではるばる連れてこられた。まるで長い棒にとまったカラスのようだ」[6]

ナット・ターナーやジョン・ブラウンなどが率いたようなほかの反乱とは異なり、一八一一年の奴隷反乱は、人々の集合的記憶のなかでほとんど注目されずにいる。* 共謀者たちのあいだでどんなことが

* ただし、二〇一九年十一月、アーティストのドレッド・スコットが中心となり、一九世紀の服装に身を包んだ数百人が一八一一

話されていたかがわかるメモはひとつもなく、デスロンデスの考えを理解する手がかりとなるメモもほとんど残っていないからだ。しかし疑いようもなくたしかなのは、あの夜に集結したひとりひとりが、自分が関与することの危険性をわかっていたということだ。

ジョン・ショー提督は、反乱に加わった人々にこのような暴力で対抗し、ほかの多くの奴隷たちへの見せしめにするという強行に出ざるをえなかった農園主たちの恐怖心をとらえてこう述べた。「こうして最も迅速で勢いある手段に出なければ、この国全体が広く荒んだ印象を呈することになっていただろう。ありとあらゆる財産が破壊され、暴徒によってこの国が荒廃させられていたかもしれないのだ」[8] 奴隷所有者たちの最も恐れていたことが現実となったあとの反動は、手きびしいものとなった。不安を覚えたルイジアナの奴隷所有者たちは、地元の民兵を訓練するために資金を投じた。また奴隷パトロールは、黒人が大人数で集まることを制限するだけにとどまらず、彼らをますます頻繁に監視するようになった。

一方、連邦政府は一八一二年に奴隷州としてルイジアナを州と公式に認めることで、奴隷制度を守ると約束した。その後ルイジアナは、一八六一年に合衆国から脱退するまで州として存続した。ルイジアナ州の委員はその当時の分離独立会議の演説で、州の優先目標を次のように明確にした。「ルイジアナはアフリカ人奴隷からの恩恵を守るために、南部連合の結成に期待する」[9]

わたしの心が目の前の展示に戻ってくる。わたしは胴体のない像のひとつひとつに目をやった。彼ら

年の反乱の進路をたどるという再現が行われた。彼らはルイジアナ州ラプラスからニューオーリンズまでの約四〇キロの道のりを、二日間かけて行進した。

の拷問を受けた顔の隆起をまじまじと見つめながら、下のでこぼこしたレンガに合わせて足の位置を直した。

これらの顔は、ホイットニー・プランテーションがこの国のほかのプランテーションといかに異なっているかを示している。いくつものプランテーションがいまでは公式な記念式場や結婚式場として使われている州で、かつて奴隷のいた邸宅をめぐるツアーに参加すれば、昔の家の建築上の利点ばかりがノスタルジックに語られるという州で、奴隷にされた人々の実際の体験よりも、土地所有者がいかに「奴隷を大切に扱っていた」かという話をいまだによく聞く州で、奴隷たちの物語を中心に据えたホイットニーはまさに一線を画す存在なのだ。

ホイットニー・プランテーションに向かう途中のハイウェイには、黄色い野の花がずらりと咲き並び、車が通るたびに踊るように根元から揺れ動いていた。遠くの製油所から、煙が空へと立ちのぼっているのが見えた。いつ来るかもしれない冬から逃れて南下してきた鳥たちが、果てしない空に黒い翼を打ちつけながら、一斉に上昇と下降を繰り返していた。プランテーションは、州都バトンルージュから南東に約一時間、アンゴラとして知られる最高度に警備の厳重なルイジアナ州立刑務所から南東に約二時間のところにある。都市から田園地帯——片側に農地、反対側には堤防が続く——へと移るにつれ、ラジオがぷつぷつと音を立てはじめ、音楽はメロディよりも雑音が目立つようになった。ラジオのホワイトノイズに耳を奪われているうちに、速度制限を三〇キロは超過していたに違いない。ふと前方の雲に気を取られた。それはまるでカラーリリーの万華鏡のようだった。一車線通行のハイウェイに引かれた黄色い二重線が、通る人を迷わせようとでもするかのように、あっちへこっちへと曲がっていた。

プランテーションの看板が見えてきて、入り口へと続く砂利道に入った。わたしは一九九九年から二〇一九年までホイットニーを所有していたジョン・カミングスに会う予定になっていた。彼は、このプランテーションに一〇〇〇万ドル近くを投資していた。*

現在ホイットニー・プランテーションとなっているこの土地は、もともとはルイジアナへやってきたアンブロワーズ・ハイダルというドイツ人移民(彼の家族はのちに名字をよりフランスらしい〝ヘイデル〟に変更した)が、一七五二年に購入したものだった。アンブロワーズの死後、彼の末息子のジャン＝ジャック・ヘイデルがその土地を所有すると、一九世紀初頭のルイジアナ南部の農園主がほぼそうだったように、彼もまた砂糖産業に参入した。一八二〇年、ジャン＝ジャックはマーセランとジャン＝ジャック・ジュニアのふたりの息子に土地を譲った。彼ら兄弟は隣接するプランテーションを買いあげ、所有権をさらに遠くの川下まで広げた。マーセランの死後は、彼の未亡人のマリー＝アゼリー・ヘイデルがプランテーションを切り盛りし、その最も実り多い時期を監督することとなった。[10] マリー＝アゼリーのもとで、プランテーションはルイジアナでも指折りのサトウキビ栽培企業に成長し、一八四四年には、砂糖の生産量が三五万ポンドを超えた。そうしてマリー＝アゼリー・ヘイデルは、亡くなる頃には州でも一、二を争う奴隷所有者になっていた。南北戦争が終わったのち、プランテーションはブランディッシュ・ジョンソンの所有となった。[11] 彼はそこを、義理の息子の名字であるホイットニーと改名した。戦争は終わっても、ホイットニーで奴隷にされていた人々の多くは、その地に残って働きつづけた。[12]

* カミングスは二〇一九年にホイットニーを寄付し、非営利団体にした。

ホイットニーで奴隷をしていた人々の子孫たちは、いまでもその周辺地域に住んでいる。現在、ディレクタークラスの役職から、ツアーガイド、フロント受付まで、数名の子孫たちがホイットニーで働いている。とはいえ、彼らコミュニティのほとんどは、奴隷解放から一世紀半が経ったいまでも、複数の世代にまたがる貧困に苦しんでいる。このことは、かつて奴隷コミュニティだった、ほかのたくさんの地域を同様に悩ませている問題だ。ホイットニーのあるルイジアナ州ウォーレスは、人口の九〇パーセント以上が黒人という地域で、貧困が常態化している。[13] またウォーレスは、バトンルージュからニューオーリンズまでのミシシッピ川沿いに続く、黒人が多数を占めるコミュニティ一帯の一部に当たる。その一帯は石油化学工場に近接しており、〝がん回廊《キャンサー・アレイ》〟と呼ばれている。というのも、このあたりが国内でも最も発がんリスクの高い地域に数えられているからなのだが、[14] ほかにも石油化学工場から排出される化学物質は、心臓血管や呼吸器系の疾患、また発達障害の発症にも関係しているという。公民権運動の指導者ウィリアム・J・バーバー二世牧師は、ミシシッピ川沿いに並ぶ工場や製油所の風景をこのように表現している。「奴隷制によって人々を囚われの身にしてきた同じ土地が、今度は環境による不公平と荒廃によって人々を囚われの身にしている」

ジョンとの約束より早く着いてしまったわたしは、ホイットニー・プランテーションの運営責任者で、その日の案内を急遽引き受けてくれたイヴォンヌ・ホールデンのあとについてプランテーションを見学してまわった。イヴォンヌは、熱いながらもたしかな説得力のある話し方をした。膨大な量の歴史的事実を話してくれたが、不確かなことがあるときは慎重にそれを認めて、わたしに別の資料でも確認したほうがいいと念を押した。イヴォンヌは、濃い青緑色のブラウスに、黒のジーンズ、足元は色褪せたグレーのコンバースのローカットスニーカーというカジュアルな格好をしていた。彼女が歩くたび、スニーカーの白い靴紐が軽やかに跳ねた。肌はライトブラウンで、黒い巻き毛を頭のてっぺんでしっかりと団子にしていた。

シカゴで生まれ育ったイヴォンヌは、同市の飲食産業、とくに高級ワイン業界で長年働いていた。一〇年ほど経った頃、彼女は次第に仕事に不満を感じるようになった。レストラン業界で受けた絶え間ない人種差別や性差別のせいで、その思いはますます強くなったという。こうした状況は彼女の昇進を難しくし、イヴォンヌはそこでうまくやっていくことにほとほと疲れ果ててしまった。「当時のわたしは、あのような状況で、自分がつねに不利な立場に置かれていると訴えつづけられるような人間にはなれませんでした。女性というだけではなく、黒人女性だったから。このことが、わたしにとっていかに飛び越えるには高すぎるハードルをつくりだしていたか。キャリアを切り開くこともできたかもしれない。いまだってできるはずです。でも、もっと意味のある、コミュニティに寄り添ったことがしたいと思ったのです」

言ってみればふとした思いつきで、三〇代だったイヴォンヌは、新たなキャリアに移行できればという希望を胸に、二〇一五年にニューオーリンズに引っ越した。そこならいろいろと手頃で、ほかではまず無理であろう興味を追求するのに経済的にも社会的にも自由がききそうだったからだ。

ほどなくしてわたしは、イヴォンヌのいまの仕事には、彼女の家族の歴史が深く関わっていることを知った。イヴォンヌの祖母はミシシッピ州、祖父はアーカンソー州で生まれ育った。この会話をした当時に齢九〇だった彼女の祖父は、九歳だった一九三八年に、当時南部の多くの人々を苦しめていた人種差別の恐怖から逃れたくて、一六歳だった兄とともにアーカンソーを離れる決意をした。しかし彼らが旅立つ頃には、南部の白人たちはすでに〝大移動〟を目撃していた。この大移動で、一〇〇万人をはるかに超える黒人が南部を去り、それに伴い、白人の地主は慣れ親しんでいた安価な労働力を失った。イヴォンヌによると、このような勢いで大量流出が続くことを防ぐために、白人たちは北へ向かう黒人たちの列車を止め、乗客を強制的におろしたり、列車ごと引き返させたりするようになったという。祖父たちふたりの少年は、アーカンソー州のフォレストシティからイリノイ州のシカゴまではるばる歩いていった、というのがイヴォンヌ家に伝わる話だそうだ。「少なくとも、どこか途中で列車に飛び乗ったと考えるほうが自然でしょう」と、イヴォンヌはのちに言った。「一九三〇年代に、イリノイ州の田舎の平坦地を歩くふたりの幼い黒人なんて、まさに避けようとしていた注目を浴びてしまうに決まっているもの」

イヴォンヌにとって、家族が感じていた恐怖――つまりは、ジム・クロウ法のもとで暮らしていた大勢の南部の人々が感じていたこと――はどこか抽象的なものでしかなかったそうだ。しかし、この国の人種差別による恐怖の歴史を記録することに注力しているまた別の博物館に行ったことが転機となった。その平和と正義の国立記念博物館は、アラバマ州モンゴメリーにある。公民権運動家の弁護士ブライアン・スティーヴンソンが設立した非営利団体〈イコール・ジャスティス・イニシアティヴ〉が運営するこの博物館は、おもに南部全域で行われた私刑《リンチ》の歴史を記録し、各州の郡ごとに殺された人々の名前をリストにしている。「祖父のいた郡の記録もあって、そこで私刑にあった人々の名を見たのです」とイヴォンヌは言った。これこそ、イヴォンヌの祖父と大伯父が逃れようとしていたことだった。

その博物館を訪れた経験が、イヴォンヌを変えた。彼女は「遺産とは正確には何か」ということを理解するようになったという。「遺産とは、わたしたちが選んだものだけではありません。その多くは、わたしたちが選ばなかったものなのです。こうしてわたしは、自分の家族がこの歴史と非常に深く関わっていることを正確に知るようになったのです」

ホイットニー・プランテーションがツアーガイドを雇っていると知ると、イヴォンヌはすぐさまその機会に飛びついた。そして、奴隷制関連の歴史文献にのめり込んだ。奴隷制とは何かを自身でももっとよく理解するために、またこの歴史を効果的に伝えられるようになるために、大量の分厚いテキストを読みあさった。

「ここで奴隷にされていた人々は、おそらくわたしの直接の先祖ではありませんが、（中略）ここは祖先につながる場所です。そして、ここは彼らの苦しみを浄化する場所なのです。ここで働くことは、何よりも天職になりました」

わたしたちはまず、大きな白い教会に立ち寄った。ファサードには薄片状のデザインが施されていたが、建物の外側全体に染みついた土の薄膜に覆われてしまっていた。それぞれ一二に区切られた枠を持つゴシック様式の窓が二枚、黒い板を重ねた屋根に向かってとがった形になっていた。ドアを開けると、ヒューッと笛のような音が鳴った。足元でシナモン色の木の床がうめき声をあげるなか、わたしたちは室内に入って後ろ手にドアを閉めた。南北戦争のあとにつくられたこの教会は、解放奴隷たちの手によって建てられたもので、現在は未舗装の道路の脇に位置している。もともと解放奴隷たちは、かつて自分たちが置かれていた隷属の身に対する意思表示と、〝キリスト教のゆりかご（発祥の地）〟として知られるアンティオキア［セレウコス朝シリアの都市で、初期キリスト教の要地。新約聖書によれば、〝クリスチャン〟という語が初めて生まれたのがアンティオキアだとされている。英語読みで〝アンティオーク〟］への同音異義語による敬意を表して、これを〝反隷属《アンチョーク》・バプティスト教会〟と呼んでいた。*

この古い教会はもとからこのプランテーションにあったわけではなく、一九世紀後半以降そこに住んでいた信徒たちから博物館に寄贈されたものだった。だが、この移築に誰もが賛成しているわけではない。この教会を含む、プランテーションのオリジナルではない展示物――たとえば、プランテーションの土地の中央に置かれた三部屋の監房は、もとは一八六八年にペンシルヴェニア州に建てられたものだった――について、ホイットニーの歴史的完全性を損なっているという意見を耳にしたことがある。「レンブラントの作品を額縁から外して、作品だけを取り除いてしまうようなものです」[15]と、ニューオーリンズで歴史的建造物の保存修復を行っている建築家ロバート・カンゲローシ・ジュニアは、バトンルージュを拠点とする『アドヴォケイト』紙のインタビューで語っている。彼の会社は、たくさんの地方プランテーションを手がけている。「遺跡と場所はそろってそのままでなくてはなりません。観光客が多いからと、プランテーションを地方からニューオーリンズの繁華街に移すことを想像してみてください。そんなのは、まったくふさわしくありません」しかし、わたしがほかに話を聞いた人のなかには、これらの移築について、プランテーションだけにとどまらない記憶の空間としてのホイットニーの役割を強化するためのプロジェクトの一環のように感じている人もいる。また、黒人の抑圧された状況を伝えるために、オリジナルかどうかは関係なく、さまざまな展示を用いることを意図した芸術的試みのようなものだと見ている人もいる。歴史家のジェシカ・マリー・ジョンソンは、ホイットニーを訪問後に、監

* 一八九〇年に、信徒たちは〝アンチヨーク〟から〝アンティオキア〟に名を改めた。

房について次のような見解を示した。「奴隷解放後に建てられたと思われるペンシルヴェニアの監房を持ってきて、奴隷小屋と物理的に対峙させることは、人種によって特徴づけられた集合として、文字どおり黒い闇に触れてみるということ、その風景に闇を描きだすということだ」そしてジョンソンは尋ねる。「ならば、この建物に囚われた黒人が奴隷だったかどうかは重要だろうか？　奴隷の世界における自由とは何か？　監禁とは何か？」[16]

教会のなかには、木製の信徒席が六角形の白い柱で隔てられるように二列に並んでいた。そのいたるところに――信徒席の横に立っていたり、床に座っていたり、隅に隠れていたりと――手彫りの小像が散らばって配置されていた。それは、二〇体を超える幼い子どもたちの等身大の粘土彫刻だった。どれも唇の輪郭から鼻筋にいたるまで細かくとらえられており、彫刻なのにまさに生きているようだった。角を曲がってそれらを目にしたとき、一瞬、本物の子どもたちかと思い、わたしの心臓は跳ねあがった。彼らの服装は簡素でお粗末だった。少年たちはだいたい大きめのオーバーオールを着ているが、なかには短パンだけで、胸部をあらわにした子もいた。目のすぐ上にバケツ型の帽子をのせた子もいる。少女たちはシンプルなワンピースという格好だった。髪を押さえるために頭に布を巻いた子、額に少量の毛束を落とした子。彼らの目はうつろだがやさしかった。教会のゴシック様式の窓から差し込む日の光が小像にまっすぐ落ちて、みな太陽の光のショールをまとっているみたいだった。

これらの像は、プランテーションの風景に新たな層を加えるために、アーティストのウッドロウ・ナッシュが特別にデザインした《ホイットニーの子どもたち》という作品だ。「奴隷制については非常に多くの誤解があります」と、イヴォンヌは言った。「連れてこられたり、このシステムのなかに生まれた子どもたちのことを、人々はあまり考えません。ここへ来た人たちに聞く耳を持ってもらう隙をつくらせるために、奴隷制の現実に直面させるという方法を取っています。奴隷制の現実とは、つまりは子どもたちが奴隷にされていたということです」

とくに大西洋奴隷貿易が一八〇八年に正式に廃止されたあとは、子どもたちが奴隷制を支え、体現していた。一八六〇年には四〇〇万人近くの奴隷がいたが、そのうちの五七パーセントは二〇歳以下だった。[17]ヴァージニア州で奴隷として生まれ、四〇代で脱走したフランシス・フェドリックは、奴隷の子どもたちが置かれた悲惨な状況について、自伝にこう書いている。「子どもたちはまるで豚のように飼い葉桶で食べものをもらっていた。わずかしか与えられないので、食事をめぐって喧嘩や口論が絶えず起こった」[18]一八五〇年の黒人の死亡数のうち、五一パーセントが一〇歳以下の子どもだった[19]（それに対し、白人は三八パーセントだった）。ミシシッピ州の農園主だったM・W・フィリップスは、また違った書き方をしている。「生まれた（奴隷の）子どものうちの四分の一は成長しない」[20]

「わたしの話で恐縮ですが」イヴォンヌの声がやさしくなった。「この教会に初めて入ったとき、（中略）これらの像を見て思わず泣いてしまいました」彼女の目が、一体の小像から次の小像へとゆっくりと移動していった。「各見学者には、この彫刻の写真つきのストラップが配られます。その写真は、連邦作家計画《フェデラル・ライター・プロジェクト》からの抜粋と対《つい》になっています。ひとりの奴隷の物語になっているんです」

ホイットニーでは、奴隷にされた人々の声を集めるのに役立つとして、連邦作家計画が重要な役割を果たしている。ニューディール政策の一環として公共事業促進局が立ちあげたこのプロジェクトには、奴隷制の実体験を記録するという試みも含まれていた。一九三〇年代後半に、局員たちは二三〇〇を超える元奴隷たちの生の声を、さらに五〇〇枚に及ぶ白黒写真を収集した。その後、これらの資料は一七巻にまとめられた。

イヴォンヌは、こうした物語をアメリカ史において最も重要な記録文書のひとつと考えているが、その存在を知っている人があまりに少ないことにいつも愕然としてしまうという。「この歴史には、本当にたくさんの悲劇が埋め込まれています」と、彼女は言った。「でも、わたしにとって何よりの悲劇は、人々が自分の歴史を記録に残せなかったということです。わたしたちが本気で深い洞察を必要とするものといったら、一九三〇年代に集められたこれらの物語くらいになってしまうのです。もちろん、フレデリック・ダグラスや、ハリエット・タブマンや、ハリエット・ジェイコブズなどは別ですが。彼らのように自由を求めて脱走し、生きているあいだに自らの体験を書き残すことのできた人による物語もいくつかありますが、全体的に見れば、(中略) わたしたちはその歴史を失ってしまったのです」たしかにイヴォンヌが言うように、連邦作家計画のコレクションも、この国が持つ非常に重要で広範にわたる奴隷たちの一連の物語に違いないが、奴隷だった人々が自分たちの物語を語る方法はほかにもあると、複数の歴史家は指摘している。たとえば、かつて奴隷だった人々の声は、奴隷制廃止論者とのインタビューを通しても知ることができる。ほかにも、フィスク大学、サザン大学、現プレイリービューA&M大学などの歴史的黒人大学［おもに南北戦争以後に、黒人の高等教育のための設立された大学またはカレッジ］で一九二九年より行われている、元奴隷たちに関するオーラル・ヒストリー・プロジェクトもある。[21]

奴隷にされた人々の声や物語は、見学者がホイットニーで経験することの基礎となっている。これらが非常に重要なのは、かつてこのプランテーションで暮らしていた大勢の人々の写真も物語も、ある奴隷男性のたった一枚の写真を除いては何も残っていないからだ。「彼らの声は永遠に消え去り、沈黙させられてしまったのです」と、イヴォンヌは言った。

フレデリック・ダグラスのような人生はたしかに注目に値するが、奴隷制のなかで生きたすべての人がみなダグラスのようなわけではなかったことを忘れてはならない。ほとんどの奴隷たちは、読み書きができなかった。白人の奴隷調教師《スレイヴ・ブレーカー》と直接対決などしなかった。逃亡の希望を抱けるほど、北部の自由州の近くに住んでいなかった。奴隷であろうがなかろうが、ダグラスみたいな人など、そういないのだ。とはいえ、奴隷制下で生きた非常に卓越した人々はほかにもいて、その多くが数えきれないほどの方法で奴隷制に抵抗した。しかし、この国の奴隷制に関する教育は痛ましいほどに限られており、たいていは英雄的な奴隷の物語にばかり焦点が当てられる。その裏で、センセーショナルではないかもしれないが、語られる価値の決して劣っていない物語を持つ、何百万という男女が犠牲になっているのだ。

わたしは自分の初等・中等教育のことを思った。思いだしたのだ。どうして奴隷の人はみなダグラスやタブマンやジェイコブズのように単純に逃げられなかったのだろうかと黙々と考えているうちに、恐ろしいほどの罪悪感に襲われたこと。そのときわたしは、逃げなかった人々の話に腹を立てている自分に気づいたのだ。彼らは充分な努力をしなかったのか？　何かしようという気にはならなかったのか？　奴隷でいることを選んだのか？　これこそが白人至上主義の狡猾なやり口の一端なのだと、いまならわかる。このうえなく残忍な状況のなかで、超人的な高みに達することのできない人々を暗に非難するために、例外的に優れた人に光を当てるのだ。そのシステム自体を、それを築いた人を、それを維持した人を非難せずに、そっちを責めるのだ。

自分の先祖たちを過度に神話化して語るうちに、わたしたちはあまりにも重要な現実を忘れてしまう。つまり、大多数はふつうの人々だったということ。彼らもほかの人と変わらない人々だったということ。ふつうであるということは、抑圧の正当化に使われるときのみ恥となる。この正当化こそ静かな暴力だ。

わたしたちは教会を出て、どんよりとした空の下に戻った。教会からそう遠くないところに、背の高い黒々とした御影石の板を並べた、横長の白い石壁があった。

「ようやく最初の記念碑ですね」イヴォンヌは言った。「これは《名誉の壁》です。このプランテーションで奴隷にされたという記録のある三五四人の人々に捧げられたものです」

それぞれの板には何十もの名前が白字で刻まれている。その名前のひとつひとつに生年月日と、ときに部族名が添えられている。部族名がある場合、それはその人がアメリカの奴隷制のなかで生まれたのとは違い、大西洋奴隷貿易によって新世界に直接連れてこられたことを意味している。

「わたしたちは記念碑を二面に分けました。一七五二年にこのプランテーションができたとき、ここは砂糖のプランテーションではなく、藍のプランテーションでした」イヴォンヌは、ここができた頃の時代について説明した。その頃は、米と藍がルイジアナ南部のプランテーション経済の中心だったといい、米と藍の種を運ぶのと同時に、北アメリカに到着後にそれらを栽培する方法を知っている人も一緒に連れてくるために、フランス船がルイジアナと西アフリカを行き来していたそうだ。ルイジアナに到着したアフリカ人奴隷はおもにセネガンビアの出身で、ルイジアナの奴隷の実に六〇パーセント以上がその地域からやってきた人々だった。[22]

イヴォンヌは壁のほうを向いた。「ということで、こちらはその時代にここで奴隷にされていた人々を示しています。大西洋奴隷貿易のときにここで奴隷にされていた人々でもあります」それからイヴォンヌは、〝砂糖時代〟と呼んでいるという記念碑の反対の面を指さした。彼女はまるでのぞき込むかのように壁を見つめた。「こちら側には、アメリカの国内奴隷貿易中にここで奴隷にされた人々が示されています」

一七九五年、ルイジアナには二万人近くの奴隷がいたが、そのうちのおよそ三〇〇〇人はジャーマン・コーストに住んでいた。トーマス・ジェファーソンが大統領任期中の一八〇八年、アメリカは大西洋奴隷貿易を正式に禁止した。大西洋をはさむ奴隷貿易がぴたりと止まることはなかったが、アフリカ人をとらえてアメリカに輸入することは犯罪行為となった。しかし、一部の船は西アフリカやカリブ海から人々を密輸しつづけた。半世紀が過ぎた一八六〇年、ルイジアナの奴隷の数は三三万一〇〇〇人以上と、一六倍に増えていた。増加のおもな原因は、国内の奴隷貿易の結果として奴隷人口が爆発したことによるが、一部には違法の奴隷貿易が続いていたことも起因している。[23]

わたしは御影石の板が並ぶ壁に顔を向けた。板の一部には、次のように書かれていた。

ルビン アド族 1767年頃生まれ
マドゥ マンディンカ族 1781年頃生まれ
イエロ プーラード族 1768年頃生まれ
ヴァレンティン チャンバ族 1778年頃生まれ

チャールズ マンディンカ族 1764年頃生まれ	**ジーン** ナード族 1764年頃生まれ
サラ マンディンカ族 1774年頃生まれ	**フランソワ** カンガ族 1779年頃生まれ
コンスタンス コンゴ族 1759年頃生まれ	**ディック** スースー族 1758年頃生まれ
コアクー ミナ族 1768年頃生まれ	**サンバ** プーラード族 1768年頃生まれ

文字に指を走らせると、肌が石のなかに沈み込んでいくような気がした。刻まれた文字の谷間のひとつひとつが、わたしの知らない命をよみがえらせていた。

名前に加えて、何枚かの御影石には、連邦作家計画で集められた物語からの抜粋が書かれていた。痛み、トラウマ、搾取、性的暴力などをつまびらかに語ったこれらの物語は、孤独な名前の海にひどく悲しい心模様を添えていた。

わたしの目の前にある壁には、一八五一年に生まれ、ルイジアナで奴隷にされていたジュリア・ウッドリッチの言葉が書かれていた。「母には一五人の子どもがいたけれど、誰ひとり同じ父親の子ではなかった。売られるたびに別の男を手に入れたのさ。母はひとりの坊やをよくそばに置いてたけど、それはわたしの消えた兄さんの子だった。母は売られるたびに別の男のものにならなきゃならなかった。最後に売られたときには、一五人の子どもができてた」

イヴォンヌは後ろに立ち、わたしが自分の読んでいるものを消化するまで待っていてくれた。わたしは、何度も何度もこの悲惨な文章に目を走らせた。「ほかの話もお見せしましょう」一分ほど経ってから、イヴォンヌは言った。「これです。ジュリアがお姉さんについて語っています。農園主が夜になるとお姉さんを連れだしに奴隷小屋へやってきたという話。わたしはこれらを見学ツアーへの導入として話しています。というもの、奴隷制を真に理解するためには、女性にとって奴隷制とは何を意味するかを理解しなければならないからです」

ウッドリッチの物語は、右側の石板に書かれた短い文章からこう続いていた。「所有主がいつもやってきては、姉さんを連れていったことを覚えている。姉さんを風呂に入れさせて、髪を梳かさせて、一晩じゅう自分の家へ連れていって。それで翌朝ぷらっとやってきて、気分はどうかいなんて姉さんに尋ねる神経をしてたこと」大西洋を横断する奴隷船に女性が乗せられた場合、航海中に白人の船員にレイプされるのはもはや日常茶飯事だった。[24] 性的暴力は奴隷制のどこにでも存在し、奴隷にされた女性がどこに行こうがついてまわるものだった。

ジュリアの母親や姉が受けた暴力は、黒人女性が望ましくない存在であると同時に、性的対象として見られてきた長い歴史の一端だ。これこそ白人至上主義の非論理的なところだ。そこには知的連続性など必要ない。この非論理性が対象から〝人間性を奪う〟のだと言いたくもなるが、一部の歴史家はそうした特徴づけは正しくないと主張する。歴史家のウォルター・ジョンソンは、こう的確に述べている。

「〝人間性を奪う〟という言葉は誤解を招く恐れがある。なぜなら、奴隷制とは奴隷の人間的な能力に依存したものだったからだ。それは彼らの生殖、労働に依存していた。そして彼らの感性に依存していた。奴隷にされた人々はいろいろと教え込まれたのだろう――知性は彼らの価値をあげるからと。彼らは操られたのだろう――欲望を利用すれば、うまいこと懐柔できるだろうからと。彼らは恐怖を植えつけられたのだろう――恐怖は彼らを支配しやすくするからと。そうして彼らは拷問されたのだろう――殴られ、食事を与えられず、レイプされ、屈辱を受け、人として堕落させられたのだ。この最後に挙げたものが、奴隷所有者の行為のなかでも最も〝非人間的〟で、また最も〝人間性を奪われた〟奴隷の姿であると一般的には理解されている。だが、これらの行為はむしろ、こうした用語が奴隷所有者による暴力のどこが問題かをとらえられていないことをよく表している。つまり、暴力を受けた奴隷が都合のいい証言をしてくれ、満足を与えてくれ、自分の権力の生きた人間の記録機になってくれることに、奴隷所有者たちがいかに依存していたかが、とらえられていないのだ」[25]

ジュリア・ウッドリッチの言葉がいつまでも尾を引いた。所有者がジュリアの姉をベッドに横たえさせたとき、その男は彼女を人間以下の存在だと考える必要はなかった。ただ、彼女には自分を止める力などないことを知っていればよかったのだ。たしかに、奴隷にされた女性たちが、ときにこうした性暴力に大なり小なり抵抗したこともあったが、そのとき彼女たちが立ち向かっていたのは、暴力を振るう人間の物理的な力だけではなく、州の力、家父長制の力、社会の力でもあった。というのも、これらの行為はただ許されていたのではなく、法的に奨励されていたのだ。現に、白人が黒人に対して行った犯罪のほとんどは、実際にはまったく犯罪ではないとする法律が存在していた。[*] ここにある非論理性は、よく見失われがちな単純な真実を明らかにしているように思える。つまり、迫害は決して人間性やその欠如の問題ではない。それは、いまも昔も変わらず権力の問題なのだ。

こうした暴力と権力の類似についてイヴォンヌに話すと、彼女はうなずき、それから目を閉じて深呼吸をした。それは彼女が何度となく繰り返した深呼吸なのだろうと、わたしはつい想像してしまった。イヴォンヌはふたたび目を開けると言った。奴隷たちが物理的に奪われたものについて際限なく考えてしまう。でも何より悪辣なことは、こうした搾取が彼らの死後も終わらなかったという事実だ、と。彼女は、科学や医学の分野で奴隷たちがどんな役目を果たしていたかを語りはじめた。奴隷にされた人の体は——生きていようが死んでいようが関係なしに——医学界全体を発展させるための実験の道具となっていたという。

「奴隷制の歴史では、多くの医学校が奴隷にされた人々の遺体に大きく頼っていました。それでみな練習をしていたのです。（中略）婦人科などの医学を発展させるための実験に、黒人女性たちの遺体が使われたのです。わたしたちは歴史で〝ゆりかごから墓場まで〟と習いますが、では死後は？　死後、黒人たちに何が起きたでしょうか？　彼らの体は、何歳だろうが、たとえ死んでいようが、搾取されつづけているようなものです」

＊　たとえば、悪名高いヴァージニア州の奴隷法規には、次のように定められている。「奴隷が主人、または所有者などに抵抗した場合、その者によって奴隷を是正すること。その是正の際にたまたま死亡したとしても、重罪にはならない」（ルイーズ・A・ブリーン編著、『収斂する世界：植民地アメリカの社会と文化の一次資料集（*Converging Worlds: Communities and Cultures in Colonial America, A Sourcebook*）』〔未邦訳〕、ニューヨーク：ラウトレッジ、二〇一三年：九三ページ）

歴史家のダイナ・ラミー・ベリーは、著書『人間の値段（*The Price for Their Pound of Flesh*）』（未邦訳）のなかで、この国の一流医科大学――ハーヴァード大学、メリーランド大学、ペンシルヴェニア大学、ヴァージニア大学など――が、研究や医学教育のための道具として、奴隷たちの遺体をときおり闇市場で購入し利用していたことを紹介している。「死体の売買は、アフリカ人を新世界に輸送してきたり、国内でアフリカ系アメリカ人を転売したりする、大西洋間や国内の奴隷貿易と変わらないほど手の込んだものだった」[26]と、ベリーは自身の研究に基づき、『ニューヨーク・タイムズ』紙に寄せた論文に書いている。「しかし奴隷が死亡すると、彼らはふたたび売られ、生きているあいだに旅したのと同じ道路や水路を通って不正に取引されることもあった」医学校では、処刑された犯罪者の遺体や、刑務所や救貧院で引き取り手のなかった遺体などを使用することが一般的だった。それ自体も忌まわしい慣習だが、解剖学の授業に必要な死体が足りなくなると、学校側は人を雇って墓地へ行かせ、奴隷の遺体を掘り起こさせた。

イヴォンヌは続けた。「それから、もし子どもが生まれれば、農園主はもちろん自分の子も奴隷にしていたでしょう。そういうことが年じゅう起こっていたのです。ここの見学者の多くは、このことをまったく知りません」アメリカ独立戦争で戦い、数年後の一七八三年にルイジアナのプランテーションに売られた奴隷男性のジェームズ・ロバーツによると、「五〇～六〇人の女性たちがつねに生殖のために囲われていた。白人の男以外は、誰もそこに行くことを許されなかった。そのプランテーションでは、毎年二〇～二五人の子どもが生まれていた。市場に出す準備ができると、その子らはまるでラバや牛みたいにすぐに連れていかれ、売られた」[27]という。

わたしはイヴォンヌに、ホイットニーに来る人と、一般的にプランテーションを訪れる人に違いはあるかと尋ねてみた。「ここへ来る人のほとんどは、自分の意思でやってきます」とイヴォンヌは答えた。「自分が来ているところがどういう場所かを知らずに来る人はあまりいません。つまり、ビッグハウス「ホイットニーに現存するコロニアル様式の邸宅建築」の建築を愛でたいという思いだけでホイットニーを訪れる人はいません。こうした歴史にはかなり詳しいと自負した人々がやってきます」それから彼女は、ただし、とつけ加えた。「ただし、彼らも結局のところ、わたしたちみんなと同じ教育システムで育っているのですが」

わたしは、この場所で体験することに白人と黒人で違いはあるかをイヴォンヌから聞きだしたかった。どんな回答でも一般論になり、見学者全体の感情や経験を必ずしも反映するものにはならないだろうと思っていたので、やんわりとした質問になってしまったが、それでも興味があったのだ。

「（白人の見学者から受ける）いちばんの質問はこうです。『奴隷制がひどいものだったのはわかります。（中略）変な意味はないのですが……よい奴隷所有者というのもいたのでしょうか？』」

イヴォンヌがふたたび深呼吸をした。その質問に我慢していたときのことを思いだしたのだろう。顔にいらだちが表れていた。プロとして我慢に徹したものの、個人としては、それによって感情が犠牲を強いられることにほとほと疲れた、といった表情だった。「これには、短いけれどニュアンスを含めた回答をします」と、彼女は言った。「自分が所有する人々にどれだけ食事を与えてやろうと、服を着せてやろうと、決して手を出さなかったにしても、彼らがこのシステムを是認していたことに変わりありません。（中略）『ねえ、この人はあなたの子どもを誘拐したけど、しっかりご飯を食べさせてくれたのよ。いい人だったわ』とはならないでしょう。これがどれだけばからしく聞こえることか」

たとえ見学者は気づいていないにしても、こうした質問は、二〇世紀初頭の歴史家ウルリッヒ・ボンネル・フィリップスに一部端を発し、そこから何十年も主流だった歴史思想と結びついている。フィリップスは、奴隷労働者たちによい生活をさせた親切な所有者も実はたくさんいたのだという考えを広めた。彼の主張は、奴隷制とは劣等なアフリカ民族を向上させ、保護し、文明化させる、大部分において善意あるシステムだという前提に基づいていた。一九一八年の著書『アメリカの黒人奴隷制（*American Negro Slavery*）』（未邦訳）で、フィリップスはこう書いている。「概してプランテーションは、アメリカのニグロの大多数に代表される、やや鈍く後進的な人々を一斉に訓練するために考案された、これまでで最も優れた学校であった」[28]歴史家のドリュー・ギルピン・ファウストが指摘しているが、ケネス・M・スタンプの著書『アメリカ南部の奴隷制』（疋田三良訳、彩流社、一九八八年）が一九五六年に出版されてから、ようやくこの広く普及した解釈に変化が現れだした。[29]スタンプの歴史は、多くの先人たちのものとは違い、黒人と白人は平等であるという大前提――それまでの白人の歴史家たちが当然のこととして受け入れなかったことだ――のもとに書かれた。

一方、ホイットニーを訪れる黒人は、自分たちの関心や疑問や不安をプランテーションに持ち込んでくるそうだ。ときどきイヴォンヌは、黒人の見学者がホイットニーに対して、その歴史を白人に紹介する際にはさらに踏み込んで話してほしい、暴力と残虐行為についてありのままの物語を伝えてほしいと願っているように感じるという。ヴェールを取り払い、ほとんどのプランテーションが認めようとしてこなかったことを伝えてほしいと。「わたしたちが残虐行為、たとえば、どれだけ人々が殴られたか、どれだけひどい扱いを受けたか、どれだけ若い少女がレイプされたか、といったことを充分に話さずにいると、（中略）ときおり人々は、わたしたちが歴史を美化している、非道の部分だけを話さずにいるのではないかと思うようです。以前にそのようなクレームを受けたこともありますが、それもごもっともだと思います。『われわれが経験したことについて、あなたは充分に話してくれなかった。これを言わなかった。これも言わなかった。あれも言わなかった』といった感じでしたが、その気持ちはわかります。本当によくわかります。『おっしゃることはよくわかります』と」

イヴォンヌの声が、共感の入りまじったものに変わった。そこには、心を決めたような感じもあった。

「まず何より、わたしたちのツアーは九〇分です。充分とは言えない長さです。それに、奴隷にされた人々を、彼らの身に起こったことだけを通して見つづけるわけにはいきません。（中略）わたしたちは、彼らがどういう人たちなのか話さなければなりません。彼らのめげない力、抵抗する力、強さ、決意を話さなければなりません。そして、彼らが自分たちの遺産を語り継いだという事実についても話さなければなりません。それは形ある遺産ではないかもしれませんが、何世代にもわたって語り継いだ遺産です。それらは今日のアフリカ系アメリカ人の心のなかにしっかりと息づいているのです」

「もし彼らを人として見ることができないなら、わたしのことも人として見ることはできないでしょう。わたしは人々に彼らを見てもらいたいのです。黒人女性として、社会において自分の挑むべき課題が何かを知っているからこそ。それはこの歴史からつながっているのです。ですから、人々に彼らを見てもらえなければ、目の前に立っている自分のことも見てもらえないのです」

ホイットニーの古い奴隷住居は、かつて川岸を飾っていた糸杉から削りだされた木の板を重ねたり並べたりしてつくられていた。小さな建物の正面に並べられた二世紀前の板が時と天候によって変色し、木の板の半分あたりまで色褪せ、淡い緑色になっていた。まるで、顔の下まで届くことのなかった涙の跡のように見えた。奴隷住居はいくつかの小さなレンガの土台の上に建てられていて、簡素な木製の階段が三段、玄関ポーチとふたつの入り口へと続いていた。部屋は、一歩でも踏み間違えれば歴史の一部を壊してしまいそうな、そんな脆さを感じた。

南北戦争以前、ホイットニー・プランテーションには二二棟の奴隷小屋があった。もともとの小屋のほとんどは取り壊されてしまったが、二棟が残った。そのうちのひとつに、わたしたちは立っていた。なかに入ると、木の板の隙間の穴から小さな光がいくつも差し込んでいた。同じ隙間から空気がすーっと吹き込み、わたしの顔の肌を舐め、ウールの帽子の下を這った。「わたしたちは、快適さとは何か、食べものとは何かについて、非常に具体的な考えがあることを、来た方に理解してもらいます――そして、それらのものがここには当てはまらないことを伝えるのです」イヴォンヌは言った。わたしたちは小屋のなかに立っていた。「これは家ではありません。これは人を収容するための建物です。狭く、うるさく、風雨にさらされています。外にあるはずのすべてが、なかにあるのです」建物に宿った感情の力のせいか、その場所はどんなに多くの人がいようと孤独を感じさせた。

その感覚は、モンティチェロの小屋のなかに立ったときに感じたものとは、明らかに異なっていた。モンティチェロの小屋が昔の奴隷住居をわかりやすく再現したものだったのに比べ、両手を二世紀前の木材に走らせながら、かつて奴隷だった誰かの指も同じ隙間を実際になぞっていたのだと考えると、なんとも不思議な感じがした。床のきしむ音を聞きながら、そこに直に寝るほかなかった人々の体の下で、この床板がきっと同じようにうめくような音をあげていたのだろうと考えると、なんともいえない気持ちになった。「こうして、ここの歴史がまた現在と結びつくのです」とイヴォンヌは言った。「何しろ、奴隷にされていた人々が住んでいたこの小屋には、一九七五年までその子孫が住みつづけていたのですから」

　奴隷小屋は、複数の砂糖釜に囲まれていた。そのうちのいくつかは、プランテーションにもともとあったものだ。雨水のたまったその大きな金属のボウルは、かつては糖の汁を煮詰めるのに用いられていた。この釜の存在が、奴隷貿易に関するより大きな物語へと誘った。

「この釜からは、奴隷制のさらに大きな経済圏について知ることができます。ここで生産された砂糖の多くはルイジアナにとどまっていたわけではなく、北の造粒工場に送られました」イヴォンヌは言った。「ここからは、織物産業や工業化の勃興といった話もできます。それから北部についても。北部は、どこから綿花を調達していたのでしょうか？　さらに、銀行、保険会社、奴隷商人など、つながりのあるより大きな経済についても話すことができます。これらすべてが、これらすべての家内工業が、結局はこの大きな奴隷制というシステムに流れついたのです。ですから、人々がここにやってくるとき、彼らはプランテーションの所有者だけに注目するのではありません。奴隷制とは社会全体、国全体のことなのです」

「プランテーションの所有者を見て、『この歴史はひどい。彼らは悪いやつらだったんだ』と言うのは簡単です」そこでイヴォンヌはいったん間を置いた。「たしかに彼らは悪いやつらでしたが、グローバルな社会が意味するもっと大きなこととはなんでしょうか？　イギリスでは、一九世紀に工場労働者が働きに出るようになっていたのですが、あるとき突然、糖液が市場に出まわるようになりました」イヴォンヌは例として、イギリスで砂糖が安く手に入りやすくなり、工場労働者でも買えるようになったことを指摘した。「以前は上流階級だけが手に入れられた甘味料を、いまや貧しい人々も買えるようになったのです」わたしはうなずいた。「こうして人々は働きに出て、アフタヌーンティー用の甘味料を買えるようになり、（中略）今度は要求もできるようになりました。ここに、プランテーションで働かされていた人々と直接の関わりができるのです。こう考えると、単純なことではないとわかってもらえるでしょう。これは単に『監督者たちはサディストだったんだ。プランテーションは道徳的に破綻し腐っていた』という話ではありません。ええ、たしかにそうでした。ですが、それだけではありません。ヨーロッパでひとたび砂糖やチョコレートやコーヒーや安価な繊維製品などへの欲が市場にあふれだすと、資本主義と消費の大きなシステムが受け入れられるようになったのです。その裏にいたのは誰でしょうか？」

イヴォンヌとビッグハウスに向かって歩いていると、大きなつばのついた帽子の下に白髪を左から右に梳かしつけたジョン・カミングスが、冷たい空にモーター音を轟かせながら、ゴルフカートに乗ってやってきた。彼の存在は、ホイットニー・プランテーションの注目すべき事実を浮き彫りにしていた。つまり、それまでわたしが会ったツアーガイドのほとんどが黒人女性だったのだ。このことをイヴォンヌに指摘すると、彼女はにっこりとうなずいた。「わたしたちはここを、アフリカ系アメリカ人が中心となって運営する博物館にしたいと思っているんです」イヴォンヌは、白人のガイドも何人かいることにきちんと触れたうえで、「白人もこの仕事をするべきだと強く思っています」と言った。だが、黒人の体験を中心に据えた博物館では、黒人が主体となって働くべきだと強く感じているようだった。スタッフの大半が黒人というなか、この地を購入し、私財を投じて博物館に発展させたジョンは、齢八〇代の白人だ。

わたしがジョンと初めて会ったのは、ホイットニーを訪れる数カ月前のことだった。場所は、ヴァージニア州ミドルバーグの広大な農地に立つ彼の別荘だった。わたしたちは、ジンジャーと緑茶の香りがするキッチンのテーブルを囲んだ。袖をまくりあげ、椅子にもたれかかったジョンは、自信と活力にあふれていた。分厚い白髭が顔の下半分を包み込み、わずかに傾いた細いフレームの長方形型のメガネが、とくに彼が興奮すると、ゆっくりと鼻を滑り落ちた。彼のルイジアナ南部特有の抑揚がゆっくりとシンフォニックに上下行を繰り返し、謙虚にへりくだる文章の合間で長い休止をはさんだ。億万長者のジョンは、自分の財産をどう使うべきかという現在進行形の問いに答えつづけており、白人として、人生最後の四半期でようやく黒人が経験してきた迫害の全体像を理解するようになったという。

ジョンはニューオーリンズで育った。幼稚園から大学までカトリック系の学校に通い、ロヨラ大学ニューオーリンズ校を卒業した。取得した学位はビジネスと法律だった。彼は不法行為絡みの大規模集団訴訟案件を得意とする弁護士として成功し、ニューオーリンズ、フィラデルフィア、シアトルに事務所を立ちあげた。弁護士業に従事し手を広げていくかたわら、法廷以外でもやりがいを見いだした。自称リベラル派のジョンは、黒人活動家たちと協力し、ニューオーリンズ市が総合施設化を避けるために閉鎖していた、オーデュポン・パークのスイミングプールを再開させた。

ジョンは弁護士であると同時に、不動産業でも成功をおさめていた。一九九八年のある日、ひとりの友人から電話がかかってきて、当時プラスチックと石油化学を扱うフォルモサ・ケミカルズ・アンド・ファイバーという台湾企業が所有していた古いホイットニー・プランテーションが売りに出されていると知らされたという。その時点では、その場所が歴史的に重要だからというわけではなく、単に収益の見込めそうな不動産だったから獲得したにすぎなかった。

プランテーションの状態はひどいものだったが、ジョンはそこを整備し、南部じゅうのほかのプランテーションみたいに観光地にしようと考えた。

その考えが変わったのは、フォルモサの依頼で作成された報告書を受け取ったときだった。同社は、ミシシッピ川のそばに七億ドルを投じて二〇〇〇エーカーの広さの化学工場を建設することと、そのような歴史的重要性を持つ土地を占有することに対して懸念を示す環境保護活動家やその支持団体をなだめるために、利害関係のない専門家を雇い、その土地の歴史について報告書を提出したのだった。八巻に及ぶ文書のほとんどがその土地の建築物とインフラについての報告だったが、プランテーションが奴隷売買をしていた過去についての概略も記載されていた。「目録を見たが、そこには一〇一人の奴隷がいた。名前、年齢、彼らがプランテーションでなんの仕事をしていたかが書かれた欄があった」とジョンは言った。「ひとりひとりの値段も」

報告書を読み終えたのち、ジョンは奴隷制に関する資料をさらに探すことにした。最終的に彼の背中を押したのは、別のプランテーションから入手した目録のある部分だった。それを読んだジョンは、ホイットニーを自分もいま初めて知ったような歴史を見つめ直す場所にしようと心に決めた。

「うちのプランテーションではないが、二九歳の女性の目録を見てね。名前は忘れてしまったが」ジョンは体を前に傾けて、両手を合わせた。「二回言わせてもらう。そのプランテーションには、〝多産〟という仕事があった。彼女は〝多産〟だった。一一年間で九人の子どもを産んでいた。〝多産〟とはね」ジョンは頭を振った。「そのことを考えない日はほとんどなくなったよ。わたしが変わったのはそのときだ。この土地を所有しておいて、人間を搾取していたやつらの人生を賛美するような観光地にはできないと気づいた。もはやそんなことは無理だった。できやしなかった」

ジョンは続けた。「わたしは恥ずかしくなった。ニューオーリンズ出身の大物として——自分を世界一賢い男だと思っていたんだ——、そのことを知らなかったのだから。わたしは思った。〝で、これからどうする？〟と。わたしが知らないなら、同じ肌の色をしたわたしの知りあいもみな知らないだろうと思った」ジョンは指の背で前腕をなぞった。「われわれの教育にはなかったからね」

ジョンは学び直しを始めた。「奴隷制について調べはじめてから、おそらく一一〇〇ほどのオーラル・ヒストリーを読んだ。わたしは思っていた。そのうちきっと、女性がレイプされたり、脱走しようとした男が殴り殺されそうになったり、焼印を押されたり、指や耳を切り落とされることのない物語にたどり着くだろうと。だが、いまだ見つかっていないよ」ジョンはさらにこう言った。「なんとも薄気味の悪い気分になるものだよ。多かれ少なかれ、それは彼らの言葉なのだから。まるで声を持ったことのない誰かが話しかけてくるような気がして（中略）それで突然、ものすごく奇妙な気持ちに襲われる。罪悪感とは違う。それは〝無知を知った〟という感覚だ。ほかにどう説明したらいいだろうか。〝こんなことが起きていて、自分は何も知らなかっただと？　どうしてそんなことがありうる？〟と、不思議に思うときがあるだろう」

修繕にかかった一五年間で、ジョンはこの博物館に一〇〇〇万ドル以上の私財を投じた。

ジョンがかつてプランテーションだったところに奴隷制に特化した博物館をつくっているという噂が流れると、彼の行動や理由について懐疑的な反応を示す人もいた。ニューオーリンズの郷土史家で活動家のレオン・A・ウォーターズと会話したとき、彼はジョンを「傲慢」な「優越主義者」と呼び、ジョンの動機とホイットニーに対する取り組み方に疑問を呈した。

ジョンいわく、黒人の苦難の歴史を利用して金儲けをしようとしているのではないかと指摘されることもあるそうだが、そうした主張を彼は強く非難する。「わたしはここではいっさい儲けていない」と、ジョンは言った。「わたしはここに一〇〇〇万ドルを費やした。調べてくれてもいい。誰かを派遣して、帳簿を監査させればいい。わたしはいっさい報酬をもらっていない」声の音量が増していき、口調が変わった。「わたしはここを軌道にのせるために、毎月一〇万ドルの資金を出しつづけてきたんだ」

ホイットニー・プランテーションのオープン初日にやってきたのはたったの四人で、「そのうちのふたりは迷子だった」とジョンは言った。彼はその記憶を笑い飛ばした。「ふたりは別のプランテーションを探していたらしいが、わたしが引きとめると、ツアーに参加してくれたよ」とはいえ、ほどなくして評判が広まり、一年目の終わりには約三万四〇〇〇人がホイットニーを訪れた。ニューオーリンズから一時間も離れ、ほかに有意義な観光名所もないところにあるプランテーションにしては、かなりの数だった。それからも見学者数は着実に増えつづけ、二〇一七年には六万八〇〇〇人に達した。二〇一八年の終わりに話したとき、彼は今後の五年間で年間見学者数二〇万人を達成したいと考えていた（だが、二〇二〇年に新型コロナウィルス感染症〔COVID-19〕が全米に一気に蔓延したことで、この計画は頓挫した)。

学術の塔から奴隷制について書いても、それらの多くが幅広い読者に届かないなら、充分とは言えない、というのがジョンの信念だ。ホイットニーはそうではないものを、もっと活気あるものを提供していると彼は考える。「わたしも素晴らしい実証研究に出会ってきたが、どれも図書館の棚で埃をかぶっていた。誰も読まないいんだ。われわれは大衆に届けたい。大勢の人に届けたいんだ」

イヴォンヌとプランテーションのメインオフィスが入る建物へと歩いていると、雲が見えない手に押されているかのように空を横切った。イヴォンヌは、ホイットニーの建設当初からジョンのパートナーである、ドクター・イブライマ・セックを紹介したいと言った。セネガル人の歴史家でホイットニーのリサーチ・ディレクターのセック氏は、ルイジアナ南部とセネガルの首都ダカールを忙しく行き来している。わたしが会ったときも、彼はニューオーリンズの自宅からプランテーションに着いたばかりだった。セック氏はコートの下に、黒と白の格子縞のオックスフォードシャツを着ていた。そのボタンを首まですべてきっちりととめ、裾の折り返し部分にしわの寄ったグレーの色褪せたジーンズにたくし込んでいた。彼のなめらかな黒い肌からは、年齢を推し量るのが難しかった。話すときのしぐさが思慮深さを表しているようで、手を持ちあげるのも、顎を撫でるのも、意図せずやっているようには見えなかった。英語は第四言語だそうだが、雄弁に流暢に話した。文章終わりの最後の子音が、唇の上の空気に羽音のような音を残してから、次の言葉へと溶けていった。

セック氏はセネガル北東部の町で生まれ育ち、ダカールで高校の教師になった。教壇に立っていた頃に、アメリカ合衆国広報文化交流局のインターナショナル・ビジター・プログラムの参加者に選ばれ、その文化交流プログラムの一環としてアメリカのいくつかの州を訪れたという。「ミシシッピ州も訪問先のひとつでした」と、セック氏は言った。〝ミシシッピ（Mississippi）〟の〝s〟が、まさに同じ名の川の底流さながらに一緒になって転がった。「オックスフォードを訪れたとき、ベテランのデルタ・ブルース・シンガーのジェームズ・〝サン〟・トーマスを見に連れていってもらいました。彼が演奏を始めると、わたしはとろけてしまいました。そのとき自分にこう言ったんです。『この川沿いには――ミシシッピ川沿いには、何か調べなきゃならないものがあるぞ』と」

トーマスの演奏を聴いたとき、セック氏は自分の祖国との直接のつながりを感じたという。「デルタ・ブルースは、アフリカのサハラ砂漠に根づく、わたしたちの音楽文化にとてもよく似ています」と、彼は言った。「砂漠に近づくにつれ、アフリカン・バンジョーの伴奏に合わせて歌う人々にたくさん出会えます。とても悲しい歌です。そこに多くの類似点を感じたのです」

この音楽がどのように海を渡り、アメリカ南部のこの小さな都市にたどり着いたのかを研究したいとセック氏は思ったが、それには、大西洋奴隷貿易の歴史について――とくに現在のセネガルからミシシッピ川河口までの経路について――理解することから始める必要があると考えた。

「ほとんどのアフリカ系アメリカ人はアフリカやアフリカ人のことをよく知りませんし、ほとんどのアフリカ人はアフリカ系アメリカ人のことをよく知りません。音楽なら知っているかもしれない。文化に関連したことなら知っているかもしれない。けれども、西半球の奴隷制の歴史についてはあまりよく知らないのです」そうセック氏は言った。「それで、そのとき離散させられ、移住させられた人々のことをもっとよく知る必要があると強く感じたのです。まさにそのようなテーマを研究できることになって、とてもありがたく思いました」

セック氏は、研究するならルイジアナ州がうってつけの場所だと感じた。州を流れるミシシッピ川は、彼いわく「アフリカ文化をここまで伝え、アメリカの文化とアイデンティティとは何かを定義するうえでとても重要な役割を果たした大動脈」だったからだ。

セック氏はフルタイムで教師の仕事をこなしながら、アメリカンセンター・ダカールで英語のクラスを受講しはじめ、さらにはダカールにあるシェイク・アンタ・ジョップ大学の博士課程に通いはじめた。ミシシッピ州への最初の旅から六年後、彼はフルブライト奨学金に応募し、無事に受給が決まるとアメリカ南部へ戻ってきた。それからの数年間はアメリカとセネガルを行き来しながら過ごし、やがて大学准教授となって、そのかたわらで自身の研究を続けるようになった。二〇〇〇年に入り、〝アフリカ・ルイジアナの歴史と系譜データベース〟を構築した歴史家で、数年前にセネガルで講演を聞いて以来セック氏が師と仰ぐグウェンドリン・ミドロ・ホールから、ジョン・カミングスを紹介された。

「彼からは、当初からすごい責任感が伝わってきました」ジョン・カミングスについて、セック氏はこう語った。「彼は人の話に心から耳を傾けられる人です。これこそやるべき正しいことだと確信すると、もう誰も彼を止めることはできません。ですから、わたしは最初から思っていました。彼がお金のためにやっているのではなく、このコミュニティのためにできることをしているのだと」

わたしは、ジョンを疑わしく思ったことはないかとセック氏に尋ねた。その行動で、決して少なくない人の神経を逆撫でしている南部の白人億万長者のことを。自分がちょっと閃いただけのものをつくる手伝いをさせるために、海を渡ってきてくれと頼んでくるような男を。

「いいえ、不安はありませんでした」首を振りながら、セック氏は答えた。「ときどき彼は、人を怒らせるようなことを言ってしまうかもしれません。ですが、それは傷つけようとしているのとは違います。ただの誤解なんです」セック氏にとって、ほとんどの教育が避けてきたもの――つまり、彼がアメリカに滞在した短いあいだに目の当たりにした奴隷制をめぐる大きな隔たりに、人々が向きあうきっかけとなるプロジェクトの一員になれるメリットのほうが、どんな不安にも勝ったのだろう。

「この国の――世界じゅうどこも同じですが――問題は、誤った教育です。心と隠匿された歴史に対する誤った教育です。わたしはアーカイヴでたくさんの資料を見ました。もう何年も没頭し、本当にたくさんのことを知りました。『みんなもこれを知るべきだ』と、わたしは言いました。当たり前のことですが、わたしが関わるより早くそういうことが書かれていたわけです。でも、『著書は本当に素晴らしい。なのに誰が読める？　誰がここまで来れる？』と。この場所は開かれた本であるべきです。空の下に。ここへやってきたみんなの目に入るように」

ホイットニーをあとにする人々には、世代を超えて繰り返された暴力の点と点を結びつけられるようになるだけではなく、アフリカ人が輸入されたことによってこの国の経済基盤と文化が築かれたことも理解できるようになってほしい、とセック氏は願う。「みな、酷使された子どもたちのことを知るでしょう。酷使された女性を、体を切断され、首をはねられた人々のことを」と、奴隷制について彼は言った。「ですが、わたしはいつも来てくれた人々に、その先にも行かなくては、と伝えています。ええ、たしかに彼らは多くの苦しみを味わいました。この国の経済の基礎を築きあげました。しかし、その先へ行って、現代のアメリカ人がみな享受している文化の構築に、彼らがどんな貢献をしたかも見てみませんか。さらに、外の世界にもその文化はいたるところに広がっています。アメリカの文化をこんなにも海外で活気づかせているものも、このプランテーションで生まれた文化と関係があるのです」

わたしはイヴォンヌと、プランテーションの《天使たちの園》と呼ばれるところへ歩いていった。そこは、一八二三年から一八六三年までのあいだに、ここセント・ジョン・ザ・バプティスト郡で亡くなった、二二〇〇人の奴隷の子どもたちの命を称えるために建てられた。その一画は小さなレンガづくりの中庭になっていて、まわりを子どもたちの名を記した腰くらいの高さの黒い御影石のプレートが取り囲んでいた。

中庭の中央、高くなった柱の上に、片膝をついた女性の像がのっていた。胸はむきだしで、肩甲骨のすぐ下あたりからは一対の大きな翼が突きでていた。腰のまわりにゆったりとかけられた深くしわの寄った布が、両脚から足元近くの地面へと落ちていた。髪は、頭皮の両側に水平に引っ張るように太く何列かに編み込んであった。首がなめらかな曲線を描いて折り曲げられ、両手に抱いた小さな子どものぐったりとした体に視線を落としていた。

当時、わたしの息子は二歳になって数カ月だったが、彼の妹はこの世に生まれて数週間のまだ赤ん坊だった。アーティストによって表出された、天使の手に抱かれたこの子どもの像は、わたしに準備もしていなかった何かを呼び起こした。わたしは、血液が指先から心臓に向かって矢のように戻っていくのを感じた。喉の奥から唾液がぶくぶくとこみあげ、まわりの空間がなんとも表現できない悲しみにふくれあがった。わたしはその手に抱かれたわが子のイメージをさかんに頭から追いださなければならなかった。それから自分が息を止めていることに気づき、呼吸するんだと自らに言い聞かせた。

「ここにあるのは、名前、死亡日、死亡時の年齢といった死亡記録です」イヴォンヌは言った。「それから、情報が記録に残っている場合は、母親の名前も書かれています。ここに書かれた子どもたちのほとんどが、幼児期に亡くなりました――とても幼くして亡くなってしまったのです」彼女は御影石のプレートに刻まれた名前を見渡した。「ほとんどの子が、栄養失調や病気で亡くなりました」

「ほかの人から聞いた話ですが、奴隷にされた女性たちは、ときに自分の子を殺してしまうことがあったそうです。同じシステムのなかで育ってほしくなかったから。とはいえ、この子たちがなぜ死んだのか正確にはわかっていないので、ここで公式にそう言うことはできません。ですが、これこそ、わたしたちがこの歴史のなかで目の当たりにすることです。女性たちは本当に、本当に想像を絶する決断をしたのです。なぜなら、彼女たちにはわかっていたからです。とくに幼い少女を子に持つ場合は、その子がどんなことになるか」

《天使たちの園》を訪れたあと、わたしは奴隷小屋のひとつに戻った。玄関ポーチに立ち、目に入る限りのプランテーションを見渡しながら、広大な土地の起伏をなぞった。空は柔らかな銅色に変わっていた。さらにたくさんの人が到着し、プランテーションはますます冷え込む昼さがりのなかにぎわいを見せていた。

左手にビッグハウスが見えた。枝が三日月のように歪曲したオークの木が列になって並び、その絡みあった大枝のなかで風が鐘のように歌っていた。色づいた葉が互いに折り重なり、茶色の薄い毛布となって石畳の小道についた土を覆っていた。その道の突き当たりに、退廃的な雰囲気に包まれたビッグハウスはあった。白いファサードの一〇を超えるドアや窓は開け放たれ、風で鎧戸が窓枠にばたんと打ちつけられていた。

わたしの後ろには、交差する白い仕切りでできた記念碑があった。ルイジアナ州で奴隷にされた一〇万人もの名前が、その黒いプレートの一枚一枚に刻まれていた。先に見た《名誉の壁》にも似ていたが、こちらのほうがはるかに大きく、さらに多くの名前が記されていた。記念碑の壁は、まるで地面にしっかと固定された影のように、まるで黒い石に刻みつけられた失われた声たちの迷路のように、立ち並んでいた。その人数のあまりの多さと、またその数が自分の人生において意味するものを考え、愕然としてしまった。ここに名のある人々の子孫や、そのあとに続く黒人ルイジアナ人の系譜のすべてに、わたしは思いを馳せた。この壁に刻まれた名前から数世代くだった子孫たちは、もしかしたらわたしが道ですれ違ったことのある人、学校で一緒だった人、スーパーで並んで食料品を吟味していた人かもしれない。もしかしたら、わたしの家族だったかもしれない。血筋とは、空のなかへと進んでいく一筋の煙だ。ただし、それはどこから来たのかつねにわかるわけではない。ときに空自体と区別がつかないこともある。

わたしの前を、黒人の女性が引率するツアーの一行が通り過ぎた。彼女はここで奴隷にされていた人の子孫なのだと、イヴォンヌは言った。その女性が、イヴォンヌから聞かせてもらったようなことを話しているあいだ、見学者はうなずきながら熱心に耳を傾けていた。わたしはポケットから紙切れを引っ張りだした。「開かれた本、空の下に」先ほどホイットニーについて語っていたセック氏の口からこぼれ落ちたこの言葉を、わたしはノートに書きとめていた。そのあとページを破り、ポケットに折りたたんで突っ込んでおいたのだ。それをいま持ちあげ、破けた紙の不ぞろいな端の部分を指のあいだで動かした。インクは、体温と摩擦でいまや滲んでしまっていた。わたしは血を流したような言葉を見つめた。

ホイットニーは、歴史的野心を叶えるための実験室として存在している。はるか昔に書き換えられてしまったものを、また書き換えるための実験の場として。そこは、四世紀も曲がったままだった釘をまっすぐに伸ばそうとするハンマーだ。そこは、これだけ長いあいだ誤って伝えられてきた物語を、あなたならどう語る？　と問いかけてくる場所だ。ある人にとっては、そこはその野心に完全には応えられていない場所だ。寄せ集めの展示品をばらばらと置いてあるだけで、まとまった物語を伝えられていないと。またある人にとっては、そこは、たとえ完璧ではないにしても、長らく誤って伝えられ、あるいは無視されてきた歴史を正すために必要な場所、害よりもはるかにたくさんの益をもたらす場所だ。いずれにせよホイットニーは、これまでほぼどこもやってこなかったやり方で、奴隷制の真実をどう明らかにしていくべきかという議論のきっかけをつくりだしている。

わたしは奴隷小屋のきしむ玄関ポーチからおりると、一八一一年の奴隷反乱に捧げられた記念碑のある方角に向き直った。それはプランテーションの端っこに置かれていた。わたしは思った。ルイジアナ州で育っておきながら、アメリカ史上最大級の奴隷反乱が自分の育った都市からたった数キロのところで起きたことをまるで教わっていなかったことを。ルイジアナ買収がハイチ革命の直接の結果だったことも、そのハイチでの反乱がそのあとに続いた奴隷反乱すべての礎となったことも、まるで教わっていなかった。

　奴隷小屋から五〇メートルほど離れたところに大きな鐘があった。鋳鉄製の鐘は、まるでその下の大地をもっとよく見ようとしているかのように縁の部分が広がり、風雨に長年さらされていたせいで鈍い色合いになっていた。薄茶色の繊維をぐるぐるときつく編み込んだロープが、鐘のてっぺんから脇に垂れさがっていた。プランテーションにある鐘には、歴史的にふたつの役割があった。ひとつに、一日の初めに畑に出る時間と、終わりに帰る時間を知らせるために用いられた。もうひとつに、奴隷にされた人々を呼びだすためにも使われていた。それはたいていは誰かが罰せられるときであり、つまりは奴隷たちの絶え間ない恐怖を示す音のシンボルだった。ホイットニーでは、この鐘は別の目的に再生利用されている。見学者はプランテーションの別の場所に移動する途中で、自由を求めてもがきながらここで暮らし、死んでいった人々に敬意を表して鐘を鳴らすよう勧められる。わたしはロープを引いた。鐘の金属でできた舌が内側で揺れ、重く沈んだような音が鳴り響いた。

“ここで起きたことは変えられない”

アンゴラ刑務所

わたしにとって、ニューオーリンズから州間高速道路一〇号線を西へと走った旅の思い出といえば、ボーイスカウトのキャンプやサッカーの試合へ行ったとか、近くの州に住む家族を訪れたとかいったものだ。だがある人々にとっては、この特別な道路はルイジアナ州立刑務所へ連れていかれるという、まったく異なる旅を意味する。わたしは都市の高層ビル群が広大な沼地や湿地帯へと溶け込み、その湿地が緑の牧草地帯へ変わり、その牧草地が移りゆく季節とともに葉を黄色く色づかせたモミジバフウの木々に取って代わられる様子を眺めた。

アンゴラとも呼ばれるその刑務所に向かうバスのなかで、わたしはノリス・ヘンダーソンの隣に座った。選挙権をめぐる政治活動をしている彼のことは、もう何年も前から知っている。ノリスは、本人がやっていないと否定しつづけた罪で、三〇年近くもアンゴラ刑務所に収容されていた。彼は頭をきれいに剃りあげ、グレーと黒の入りまじる髭をうっすらと生やしていた。一九五三年生まれのノリスは、親しみを込めてひとりひとりと向きあうところが、子どもの頃に好きだったアメフトのコーチを思いださせた。

血筋ではなく、同じ伝統や文化を持つ共通のコミュニティとのつながりによって家族となる、ニューオーリンズのような場所で育った人々によく見られる接し方がよく似ていた。

ノリスいわく、二〇〇三年に釈放されて以来、彼はアンゴラ刑務所に向かうこの行程を一〇〇回以上は繰り返しているという。「家に戻って一五年になる」と言いながら、彼は座席の背にもたれかかった。「アンゴラには月に一度は訪れているってことだ。家に戻ってから毎月だ」

ノリスはときおりこうしたツアーを、刑務所から南東に二時間のところにあるホイットニー・プランテーションのツアーと併せて行っている。そうすれば、ふたつの施設や、それぞれの歴史とのあいだのつながりが明確になるからだ。「大量投獄を終わらせたいなら、それがどこから始まったのか、どうしていまも存在しているのか、いったいどういうものなのか、といった歴史を知らなければならない」彼の声には、古いブルースシンガーのような質感がある。口調の端々に、いかにもニューオーリンズっ子らしい軽快さが入りまじる。〝ポイント（point）〟や〝ジョイント（joint）〟のような言葉の母音が舌から蒸発し、彼の語りをジャズへと変えるかすかなrに取って代わる。〝コーナー（corner）〟のような言葉は、いったん口の端をぐるりとまわってから、風にのって消えていった。

ノリスはアンゴラ刑務所の正式なツアーガイドではないが、二七年間も投獄されていたことから、その地理については熟知している。出所して以来、彼はルイジアナ州をはじめ全米で刑事司法の改革を提唱しつづけてきた。今回の訪問のつい数週間前にも、収容者や元収容者、さらに支持者たちを集めて、州憲法も改正させた住民投票によって、ルイジアナ州における全員一致を必要としない陪審員評決の慣わしを廃止させていた。それまでルイジアナ州は、陪審員の評決が全員一致にいたらなくとも重大事件に有罪判決をくだせる、全国でもわずか二州のうちの一州――もうひとつはオレゴン州――だった。

歴史家のトーマス・アイエロは著書『ジム・クロウ法の最後の砦：ルイジアナ州の全員一致不要の刑事事件陪審評決（*Jim Crow's Last Stand: Nonunanimous Criminal Jury Verdicts in Louisiana*）』（未邦訳）のなかで、このような評決方針の根拠は、各州の憲法の純粋な違いではなく、人種差別の歴史に基づくものだと述べている。南部再建後の白人至上主義に由来するこの方針は、奴隷解放の結果失われた労働力の部分的置き換えとして、黒人を〝囚人貸出制度〟に送り込むことを目的としていた。同時にこの方針は、ルイジアナ州に住む黒人の政治的・司法的権力を抑え込む効果もあった。

一八〇三年にアメリカがルイジアナを買収したとき、陪審員の評決は全員一致だった。しかし南北戦争が終わると、南部の白人民主党員たちは、ようやく自由になった奴隷たちの権利を打ち砕こうと、新たな支配体制を強いた。それが囚人貸出制度だ。一八六五年、アメリカ合衆国憲法修正第一三条によって、「当事者が正式に有罪判決を受けた犯罪に対する罰としての場合を除き」、自発的ではない強制労働が禁じられた。囚人貸出制度は、黒人を偽の罪で何年も刑務所にぶち込み、企業に〝貸し出し〟することを許すものだった。奴隷の労働力を当てにして事業を築いてきたこれらの人々や組織は、奴隷制の廃止後に数年のあいだ空白のときを過ごしていた。だが、この囚人貸出制度によって、今度は囚人となった黒人たちが、彼らの鉄道や、プランテーションや、事業のために労働力の提供を合法的に強制されることになったのだ。

多くの南部州では、いわゆる〝pig law（豚法案）〟が次々と可決された。たとえば、ミシシッピ州では一八七六年に、一〇ドル以上相当の財産、または一ドル以上相当の家畜の盗みを〝重窃盗罪〟とし、最高で五年の刑を受けることが定められた。「南部の人々は有罪判決に持っていくために、絶えず法律を操作していました」[1]と、アイエロは述べている。「豚法案はさらに多くの囚人を生みだしました。その囚人は黒人であることが圧倒的に多く、貸し出される機会も圧倒的に多かったのです」

囚人貸出制度下の状況は、奴隷制下にあったときと変わらず恐ろしいものであることがほとんどだった。その状況はあまりにひどく、ニューオーリンズの『デイリー・ピカユーン』紙の編集者だったC・ハリソン・パーカーが、一八八四年、アンゴラ刑務所で囚人貸し出しの刑を言い渡された人々について、「六年以上の囚人貸し出しを宣告された囚人は、みな死刑にされたほうが人道的である」[2]と書いているほどだ。なぜなら、囚人貸し出しの刑を言い渡された囚人は、どのみち平均して六年以上生きることはなかったからだ。一八八三年に開催された全国慈善および矯正会議で、ある人がこう語った。「南北戦争前までは、われわれはニグロを所有していた。所有しているのが優秀なニグロなら、病気になれば医者に診せるなど、こっちで面倒を見てやれた。金歯を入れてやることもあったかもしれない。だがこの囚人たちは、自分らが所有しているわけじゃない。ひとり死んだら、またひとり仕入れるだけだ」[3]

ルイジアナ州では、より多くの有罪判決を出すことで労働に使える囚人を確実に増やそうと、一八八〇年に州議会が陪審評決の要件を全員一致からその必要なしに変更した。こうすることで裁判所は、解放奴隷としての新たな権利に従い、少数の黒人を陪審員にすることを認めるようになった。だが実際には一二人いる陪審員のうちのたった九人が有罪判決を求めればよいことから、黒人や彼らに同情する人々が持てたかもしれない政治的権力を事実上奪っていたのだ。この変更を実施した人々は、その根拠について曖昧に濁しはしなかった。この新たな法が正式にルイジアナ州憲法の一部となった一八九八年の憲法制定会議で、司法委員会委員長は会議の目的について、「白人の優位を確立するため」[4]とはっきりと要約している。全員一致を必要としない陪審方針は、必然的に人々を有罪にしやすくする。こうした有罪判決は、ルイジアナ州における囚人貸出制度の要となった。そのような歴史にもかかわらず、この法律は一九七二年の最高裁判決でも支持され、一九七三年に有罪判決に必要な陪審員の数が一二人中九人から一〇人へと、わずかに改正されたにすぎなかった。

バトンルージュを拠点とする『アドヴォケイト』紙は、二〇一一年から二〇一六年までに出された約一〇〇〇件の重罪判決を検証し、一二人の陪審員による有罪判決の実に四〇パーセントで、評決に同意しなかった陪審員がひとり、またはふたりいたことを明らかにした。さらに、これらのケースでは、黒人の被告が白人の被告よりも三〇パーセントほど有罪となる率が高かったこともわかった。[5]冤罪を晴らす活動をしている団体〈イノセンス・プロジェクト・ニューオーリンズ〉は、過去三〇年間にルイジアナ州で起きた冤罪事件のうち、全員一致の評決を必要としなかった裁判の四五パーセント以上で、陪審員の意見が割れていたことを突き止めた。[6]

ノリスは、アンゴラの囚人の約三五パーセントが陪審員の意見が割れたまま有罪になったと考えているという。考えもしなかったことだろう、と彼はわたしに言った。長らくこの州では、検察官が被告から司法取引を引きだすための切り札として、全員一致を必要としない陪審制を利用してきた。たとえば検察官が部屋に入ってきて、「いいか、わたしはこの陪審員一二人のうちの一〇人を寝返らせればいいんだ。全員にわたしの言っていることを信じさせなくていいのさ」と言ったら、被告人は自分が法廷で無罪になる見込みなどほとんどないのではないかと、恐怖を植えつけられてしまう。「多くの人が、一〇対二だとか、一一対一だとかの評決を受け止めなければならない事態を避けるために、(裁判の前に)有罪を認めたのかもしれない」そうノリスは説明したが、本当の正義がどちらか、またこの法律の代償がどれだけのものだったかは知る由もない。*

バスは、刑務所への唯一の入り口である幹線道路六六号線へとゆっくり曲がった。アンゴラの入り口は、ハイウェイの脇にでもありそうなドライブインのように見えた。大きな白い三角形の張りだした屋根があり、その下にハイウェイの料金所で見かけるような小さなブースが置かれていた。その両側から、複数の車が出入りしていた。張りだした屋根の中央に〝LOUISIANA STATE PENITENTIARY(ルイジアナ州立刑務所)〟と太い赤字で書かれた黒い看板が見えた。入り口手前の右側には、アンゴラ博物館があった。小さな白い建物で、その正面全体を覆うように長い玄関ポーチがついていた。そこが今回のツアーの出発地点だ。その日のガイドとバスの外で落ちあう約束の時間まで、わたしたちは博物館内を各自で見てまわる時間が与えられた。

冷たい空気が肌をかすめた。もう一一月だというのに、柔らかく湿った土の上をブヨが飛び交っていた。わたしは、そこの景色のあまりに荒涼とした雰囲気に打ちのめされてしまった。なんと生気のないことか。灰色の空がどこまでも続き、あたり一面の雲がその上にあるものをすべて抱え込んでいるかのようだった。雲の背後から、わずかな光があちらこちらに細く伸び、そよ風が博物館前の刈り取られて

* 二〇二〇年四月、アメリカ合衆国最高裁判所は、重罪に関わる事件について、全員一致でない評決は違憲であるとの判決をくだしたが、この決定は二〇一八年以降に実行された犯罪のみに適用される。

いない芝生の上で震えた。

博物館のなかで最初に目にとまったのは、レジカウンターの後ろの壁だった。幅六メートルはある写真がかけられていて、わたしはその場に立ち尽くした。〝LOUISIANA STATE PENITENTIARY〟の文字の下にあったのは、二〇人以上の黒人たちが、それぞれ長く黒い鍬を持って畑へと行進させられている写真だった。みなグレーのトレーナーと白のTシャツという組みあわせで、ほとんど見分けがつかなかった。右の隅のほうには、背中まで届く長いブロンドのポニーテールを黒いキャップから垂らした、馬の背に乗った白人女性が写っていた。白黒写真のなかでさえも光り輝く太陽が遠くの木々のすぐ上にのぼり、男たちの一日がこれから始まることを告げていた。黒い鍬を持って畑へと向かう黒い肌の行列からは、それぞれの男たちのアイデンティティが見事にぬぐい去られていた。写真のなかの彼らは、個々の人間としてではなく、均質な、交換可能な集合体として存在しているのだった。

わたしは何度も目をそらしては振り返り、自分の見ているものをちゃんと理解できているか確かめた。その写真は最近撮られたもののようだった。過去の名残でもなんでもなく、たしかに馬に乗った白人が、黒人しかいないと思われる集団を強制労働させる畑へと引き連れていくところだった。このような写真が、アンゴラの名がでかでかと印字された豊富な品ぞろえのギフトショップへと人々を歓迎しているという事実が、その写真の内容と配置をより不穏なものに感じさせた。

ギフトショップの比較的こぢんまりとした部屋を見てまわっていると、〝アンゴラ刑務所ロデオショー〟の宣伝Tシャツが何種類も置いてあるのが目についた。年に二回、一〇月の毎週日曜と四月のいずれかの週末に開催されるイヴェントだ。ほかにも、〝ANGOLA STATE PEN（アンゴラ刑務所）〟

とシンプルに書かれたキャップもあれば、車のナンバープレートでできた灰皿も山積みに重ね置かれていた（ルイジアナ州のナンバープレートは、すべてアンゴラ刑務所でつくられているのだ）。自分の行動をきびしく制限されている人々が、ほかの多くの人々の移動を容易にするものをつくっていることに、残酷な皮肉を感じてしまう。ショットグラス、サングラス、胸の部分に刑務所の名が印字されたTシャツ。だが、ギフトショップのなかで何より目を引いたのは、店のいちばん奥の棚に置かれた白いマグカップだった。フェンスに囲まれた見張り塔に座る看守のシルエットが描かれていた。その絵の上には〝ANGOLA〟、下には〝A GATED COMMUNITY（ゲートに閉ざされたコミュニティ）〟と書かれていた。

わたしはギフトショップをもう一周見てまわりながら、ここは誰をもてなそうとしているのだろうと不思議に思った。この国で最も警備の厳重な刑務所を、いったい誰が観光地みたいに見るのだろうか？

ギフトショップから出たわたしは、博物館内で一枚のプレートを見つけた。そこにはアンゴラ博物館の目的として、「アンゴラの過去を立証し保存すること、また来館したすべての人に、この刑務所農場がルイジアナ州の歴史に果たしてきた役割を伝えること」と書かれていた。しかし、博物館の展示室から展示室へと歩いているうちに、この施設が〝犯罪者〟と、彼らを監視する人々とのあいだに確たる誤った境界をつくってしまった歴史を保存することにしか興味がないことがわかってきた。

次に、わたしはアンゴラ刑務所ロデオショーに特化した展示室に入った。そこは過去のロデオショーのポスターや写真で埋め尽くされていた。黒いカウボーイハットと大きな青いカウボーイチャップス［ズボンの上に身につける革製の防護具］に身を包んだマネキンまでもが展示されていた。自称「南部でいちばんワイルドなショー」は、毎年何万人もの観光客をアンゴラにもたらしている。学者デニス・チャイルズは、著書『州の奴隷たち：鎖につながれた強制労働から刑務所収容までの黒人囚人たちの実態（*Slaves of the State: Black Incarceration from the Chain Gang to the Penitentiary*）』（未邦訳）のなかでロデオショーの情景についてこう描写している。

まずひとつ目のイヴェントでは、道化師が六〇〇〇人を収容するロデオ会場の中央にカードゲーム用のテーブルを置く。そのまわりに四人の囚人が座り、カードゲームをしているふりをする。雄牛が出場者の四人全員を血祭りにしようとするなか、最も長く椅子に座っていられた者にごくささやかな賞金が与えられる。ふたつ目のイヴェントでは、縞模様の服を着た大勢の男たちが、雄牛の角のあいだに結びつけられたポーカーのチップを取ろうとする。たいていの囚人たちは、一〇〇〇キロ近くある動物に六メートル以上も空に投げ飛ばされる。こうした見世物の結果、彼らは決まって骨折、深い裂傷、脳震とうなどに見舞われる。ある囚人は、このイヴェントに参加したせいで心臓発作を起こし、最終的に死亡したことが知られている。[7]

壁の反対側には、アンゴラ刑務所で撮影されたという映画の写真や記念品をおさめたガラスケースが置いてあった。別の部屋には、〝INMATE WEAPONS（囚人たちの武器）〟と題された大きなガラスの囲いがあり、プラスチックの歯ブラシやら、壊れたタイプライターのかけらやらでつくった手製ナイフなどの何十もの手づくり品や、こっそり持ち込まれた銃などが展示されていた。

また別の展示室へ行くと、一九一六年まで遡るアンゴラの刑務所長たちの写真が壁に貼られていた。

一五人の白人の顔が壁からこちらを見おろしていた。[*]また別の展示室の壁には、脱走を試みてつかまった人々の写真があった。さらに別の展示室には、アンゴラに収容されていた誰かしらに殺された看守たちの写真をおさめた展示ケースが置いてあった。どの展示室でも、わたしは同じツアーの参加者のサモラに目がとまった。彼はカリフォルニア州オークランドから来たミュージシャン兼作曲家で、オレンジ色のニット帽の下にもじゃもじゃの黒髪をしまい込んでいた。わたしたちのどちらかが視線をやると、もう一方が必ず眉をひそめた。口には出さないものの、ここは何かがおかしいと、互いにはっきりと認めあっていた。

博物館探索はまだまだ続いた。ある展示室には、人々がなかに入れる監房のレプリカがあった。ギフトショップのすぐ近くという状況で、この監房は、新しく買ったアンゴラ刑務所のトレーナーでも着て、鉄格子の後ろでにっこり笑って写真を撮る以外になんの目的があるのだろう、と思った。一方の手にコーヒーマグ、もう一方の手にショットグラスを持ってポーズでも取ればいいのだろうか? さらに別の展示室に入ると、大きな球と鎖が地面に置いてあった。その鎖の錆びた輪っかが、蛇のように床を這っていた。プラカードによると、重さは約二〇キロあるそうで、一度それを持ちあげようとしてみたところ、足がよろけてしまった。プラカードには、これは「初期の頃に問題のある囚人によく用いられていた」と書かれていた。わたしはその言葉をもう一度見て、〝問題のある囚人〟というフレーズを小さく声に出してみた。舌に、その婉曲表現の違和感が残った。

* アンゴラ刑務所では、これまでに一度だけラリー・スミスという黒人の所長がいたことがある。彼は一九八九年から一九九〇年の一年弱のあいだ臨時所長を務めたが、壁に彼の写真はない。

博物館の大半で、執拗なまでに暴力のイメージが描かれているようだった。だが矛盾しているごとく思えるのだが、ここの学芸員たちはその暴力を進歩の物語と結びつけようとしていた。あたかも、この刑務所がかつてどれほどひどかったかを示すことで、いまは信じられないほどに安全だと喧伝できるとでもいうように。博物館のパンフレットにはこう書かれている。「かつては〝アメリカで最も血なまぐさい刑務所〟として知られていたアンゴラのルイジアナ州立刑務所は、いまや国内でも有数の進歩的で管理の行き届いた刑務所として名が挙がるようになった」[8] 博物館年表の最後に書かれていることは、この変革主義をさらに推し進めている。「一九九五〜二〇一六年、バール・ケインが所長に就任、教育および道徳リハビリプログラムの大規模拡大に着手したことで、刑務所内の暴力が劇的に減少した」

そのあと、わたしはサモラに話しかけてみた。互いに交わした視線が、実際に末恐ろしさを分かちあったものだったらいいのだがと願いながら。「どれも、『話せるなかでいちばんセンセーショナルなのはどれだ?』って感じだったな」と彼は言った。「だがそれって、ある意味皮肉だ。話せるなかで本当にセンセーショナルで生々しいことと言ったら、(中略)それはプランテーションであって、そこで起きたひどすぎることとなんだから。でもそれは展示になかった。じゃあ博物館が伝えたかったことっていうのは、最も悪名高い無法者は誰でしょうとか、囚人たちが使おうとしていたやばい武器とかで、(中略)つまり彼らは明らかに、そういうセンセーショナルなものって人々を引きつけるけど、そのすべての中心である実際的なことは避けましょう、って感じにしようとしてた」

博物館と併設のギフトショップをあとにした一行は、刑務所内のツアーを始めるためにバスに戻った。

全員が座席に腰をおろすと、ノリスがその日の公式ガイドを紹介した。刑務所の副所長だったが、彼のことはロジャーと呼ぶことにする。ロジャーは背の高い白人男性で、落ち着いた、情緒豊かで暗く細い目をしていた。彼はバスにいたわたしたち全員を見て微笑んだ。そしてジャケットを直しながら、こちらの会話がとぎれて自分が話しだせるタイミングを待った。

　ロジャーは、何世紀も前にこの地に最初に住んでいた先住民たちの話から始めた。彼がこの土地の歴史についてまず語りだしたのを聞いて、期待が高まった。ロジャーの説明によると、フランス人探検家たちがより効率よく北上できるように川の航行方法を学ぼうとしていたとき、アメリカ先住民たちがそれを助けたという。「トゥニカ族の人々は、もしカヌーを北へ漕いでこのバイユー［大河の支流で、水の流れが淀み沼地のようになった水域］を抜ければ、北へ行くのに四〇海里ほど省けるとフランス人探検家たちに教えてあげました。これはとても重要なことでした」と、ロジャーは言った。「これこそ、ミシシッピ川下流域の発見で忘れ去られてしまった事実なのです」彼は続けた。「では、一八六九年の刑務所の時代に移りましょう。サミュエル・ジェームズがルイジアナ州から刑務所とその囚人の借用権を得ました。一八八〇年、彼は現在の敷地である八〇〇〇エーカーの土地を購入しました」ジェームズは州の囚人たちの一部をアンゴラに移したが、そのうちの多くが堤防や鉄道の下請けに駆りだされたという。「その環境はひどいものでした。彼らのうちの約一〇パーセントは、サミュエル・ジェームズの監視下で生きていくことができませんでした。ジェームズは一八九四年にこのアンゴラで亡くなりましたが、そのときには囚人労働者の働きを当てにしてきただけのこの男は、州でも指折りの金持ちになっていました。一九〇一年に、州が刑務所の管理を引き継ぎ、それ以来ここはルイジアナ州によって運営されています」

ロジャーが話を続けるにつれ、わたしの最初の期待感は薄れはじめた。彼はここを繰り返し「恐ろしい刑務所」だったと言ったが、そのあとにはすぐに話題を変え、いまはニューオーリンズ・バプティスト神学校の認可された大学のコースや学位を提供しているなど、収容されている人々の生活向上のために刑務所が現在行っている積極的な取り組みについて話すのだった。刑務所のこれまでの進歩について聞くのはよかったが、彼の話す年表は、故意に誤った方向へ導いているとまでは言わないまでも、やや省略はしているようだった。彼は一七世紀から一八世紀初めの先住民とフランスの開拓の話から、すぐに南北戦争後のアメリカへと移ってしまい、アンゴラが奴隷にされた黒人たちの働くプランテーションとして存在していた時代については飛ばしていた。囚人貸出制度について触れたときは、それが経済的・人種的服従を強いる露骨な手段であり、人々が飢え、殴られ、かつての奴隷居住区に住まわされていたことは説明しなかった。またロジャーは、現在アンゴラが立っている場所が、かつてはアイザック・フランクリンの所有するプランテーションだったこと、その彼のフランクリン・アンド・アームフィールド社がアメリカでも最大手の奴隷貿易会社に発展したことについては触れなかった。そのプランテーションでは、南部にあったほかの多くのプランテーションの収穫量よりも多い、年間三一〇〇俵という綿花が生産されていた。[9] またロジャーは、フランクリンの未亡人からそのプランテーションを購入したサミュエル・ローレンス・ジェームズが、南軍の元少佐だったことにも触れなかった。ジェームズは州との二一年間の賃貸借契約に同意し、利益のある限り州の囚人全員を使用する権利を購入した。そして囚人たちを強制労働収容所へ下請けに出し、あとはロジャーも言っていたとおり、ひどい環境のなか堤防や鉄道建設などの現場で働かせた。ジェームズのもとに貸し出された囚人は、奴隷にされた者よりも死亡する確率がはるかに高かった。

死刑を執行する建物に近づくにつれ、わたしは胸が締めつけられ、口のなかが酸っぱくなるのを感じた。死刑執行室の隣にある部屋は、なんの変哲もなかった。中央に二台の木製テーブルが並べられ、その清潔に磨かれた表面にちかちかと点滅する蛍光灯の明かりが反射していた。テーブルのまわりには、肘のない、高さの異なる黒の回転式オフィスチェアが一〇脚、いくつかは、まるで誰かが座っていたかのように背もたれがわずかに傾いていた。奥の壁には、健やかな緑色の葉を弾けんばかりにぎっしりとつけた、背の高い観葉植物が二鉢置かれていた。壁は白の縁取りをしたベージュ色、床は整然と並べられた四角いリノリウムのタイル張りだった。空調のかすかな機械音が部屋じゅうに響いていた。各テーブルの中央にルイジアナ州矯正局の大きな丸いステッカーが貼られていることを除けば、この部屋をほかのどこかのオフィスビルの会議室と見間違えるのは簡単だっただろう。だが、これはどこぞの会議室などではない。これはルイジアナ州に死刑を言い渡された人々が最後の晩餐をする部屋だ。彼らはここで食事――きっとハンバーガーとフライドポテト、あるいはステーキとマッシュポテト、あるいはバスケットいっぱいの茹でたザリガニとボウルいっぱいのガンボ［ルイジアナ名物のオクラの入ったスープ］かもしれない――をとったあと、意識を失わせ、筋肉を麻痺させ、呼吸を止め、そして心臓を止めるカクテル薬を注射されるのだ。

この会議室然とした部屋と死刑執行室のあいだにある控え室には、マホガニー色の革張りの椅子が八脚、二列にぎゅう詰めに並べられ、二列目がわずかに高くなっていた。奥の壁に木製の引き戸があり、その引き戸の裏側にさらに四脚の椅子——前に二脚、後ろに二脚——が窓の近くに置かれていた。被害者の家族は、希望すれば引き戸の片側に座り、立会人——たいていはマスコミ——はその反対側に座る。死刑を執行される者の家族は、閲覧室に入ることはできない。どちらの部屋の椅子の前にも大きなガラスのパネルが設置され、死刑執行室と死刑台を直接見ることができる。その部屋に入り、中央に置かれた死刑台をゆっくりと囲むと、わたしたち一行は黙りこくった。直視できずにいる人も多くいた。

重なりあうかすかな息遣い以外に音のしないなか、わたしたちは頭をさげ、肩を落として寄り集まった。死刑台は長く、青みがかった黒色をしており、その張り地の下に薄いクッション材が入っていた。七本の変色した茶色と黒の革紐がベッドの幅方向に横切って伸び、静けさに絡みつくかのように、一本一本固定されきつく締めあげられていた。台の頭をのせる位置に小さな枕が置かれ、そこに人が寝そべると、別の革紐が肩の上からかかるようになっていた。枕から数センチ下あたりの両側に、まもなく処刑される人が腕をのせる場所があった。この腕の拡張部分に、それぞれ肘のあたりを締める革紐がついていた。ここだけは、ほかの革紐とは明らかに違った。グレーと茶色がまざったように色褪せ、ぴんと張りのあったはずの革が、年月の経過とともにひび割れていた。その小さな刻み目のついた革紐が、台の下にだらりと垂れさがっていた。台の足元には銀色の金属製の足枷がふたつ、照明の下できらめいていた。わたしのなかで熱い血が勢いよく流れ、耳の後ろで脈打った。誰かを殺すために建てられた部屋のなかで、生きているのが申し訳なく感じられた。

アンゴラ刑務所へ向かうバスのなかで、ノリスはこの死刑用ベッド、あるいはそのひとつ前のベッドがどうやってつくられたのかを話してくれた。ルイジアナ州が一九九一年に死刑方法を電気椅子から薬物注射へ移行したのを機に、刑務所では死刑囚を寝かせるベッドが必要になった。一方、刑務所の溶接工場では、何人かの男たちが新しい任務を与えられた。ただ、彼らはそれがなんのためかは知らなかった。「ある職員が製図台に広げてあった設計図をたまたま目にした」そのできごとを思いだしながら、ノリスは言った。「そいつは工場に戻って、『おい、自分たちが何をつくってるか知ってんのか？』と言った。男たちは『なんだ？』って感じだった。『おまえらがつくってんのは死刑台だよ』と」

ノリスいわく、ベッドを購入するよりも、機械工場や溶接工場の囚人たちにつくらせて、各パーツをそれぞれで組み立てさせたほうが安あがりなことに、矯正局が気づいたのだという。ノリスはいったん話すのをやめ、思い出に首を振った。「ある溶接作業員の兄弟が、死刑囚監房に入っていたんだ」

自分たちが何をつくっているか知るやいなや、男たちは作業を続けるのを拒否した、とノリスは言った。その結果、彼らは独房に閉じ込められた。「噂は野火のように広がった。というのも、彼らが閉じ込められたのが昼飯時だったからだ。それで、みんな昼飯後に仕事に戻る時間になっても、『仕事に戻ってたまるか』という感じになった」それで刑務所は、三日間も実質的に業務停止状態になったという。[*]

わたしの心がいま立っている部屋へぐいと引き戻された。死刑台とガラスパネルのあいだに立ち、まず死刑台を見て、それから振り返ってガラスの向こうにある椅子を見た。その椅子とガラスは、この部屋を税金によって成り立つ国公認の死の見世物部屋へと変えていた。そして死刑台は、人間の肉体がい

---

* この事件については、一九九一年七月にAP通信が報じている（「ふたりの囚人が死刑台制作を拒否後にストライキに発展」一九九一年七月二四日の記事）。ある刑務所関係者はAP通信に対し、「囚人の一部に（中略）任務を拒んだ者がいた」ことは認めたものの、「その任務とは何かについてはノーコメント」と述べたとある。ノリスいわく、後日アンゴラの刑務所長は、このできごとに対して囚人たちに謝罪するという異例の措置を取ったという。

かに脆いか、命の灯火を消すのにいかにわずかなもので充分かを、わたしたちに痛感させた。

ロバート・ソウヤーは、一九九三年にルイジアナ州で初めて薬物注射によって死刑を執行された人物だった。幼少時の虐待により脳に損傷を受け、重度の精神障害を抱えた彼は、IQが六八しかなく、知的障害とされる基準値を下まわっていたにもかかわらず、死刑に処された。

ドビー・ギルス・ウィリアムズもまた知的障害を抱えていたが、一九九九年一月八日に死刑となった。彼は最後の食事に一二本のキャンディーバーと、ボウルいっぱいのアイスクリームを食べた。

ジェラルド・ボーデロン——彼は死刑執行中、つい数時間前に娘にもらった金の十字架を身につけていた——は、執行直前に被害者家族のほうに向き直り、ガラス越しに彼らを見ながらこう言った。「すまなかった。これで何かの区切りや安らぎになるかどうかはわからない。こんなことは起きるべきではなかったが、起きてしまった。すまない」

彼ら三人とも、人の命を奪ったことで有罪判決を受けた。だが、この部屋に立っていると、その見返りに彼らの命を奪うことで、ものごとが多少なりともよくなるとは思えなかった。

わたしたちは多くを語らずバスに戻った。エンジンがかかると、バスのゴムタイヤが後方に砂埃の雲を吐きだした。


死刑執行室へ行く前、わたしたちは法律図書館と自動車整備工場を訪れた。工場では職業訓練プログラムを担当している五三歳のジョンに会った。終身刑を宣告されて三〇年以上経った彼は、自身が釈放される見込みなどおそらくないにもかかわらず、この仕事によってこれから社会復帰する人たちに助言や生きるうえでのスキルを与えてやることができると、しみじみと語ってくれた。こうした仕事が彼の人生に目的意識をもたらしているようだった。

法律図書館には、古い法律文書をおさめた何十もの本棚が所狭しと並び、そのあいだに隠されたように本や事件資料をしまっておける個人閲覧席が設けられていた。ここでわたしたちは、三人の男性から図書館で働いている実体験を聞かせてもらった。建物内に録音機器を持ち込むことができなかったのだが、法律図書館が自分の主体性を取り戻すのにいかに役立っているかとか、法律を学ぶことでまだ自分の人生の何かしらを自らコントロールできる気がするといったことを話していたのが、印象深く記憶に残っている。

わたしはここ何年か刑務所や拘置所で教師をしているのだが、法律図書館に散らばるテーブルを見ているうちに、囚人たちと一緒に創作作業に勤しんだたくさんの教室を思いだした。三人の経験談を聞いているあいだ、わたしは自分の生徒たちが檻のなかの生活について語ってくれた話を考えずにはいられなかった。

アンゴラ刑務所に収容されている人々から直接話を聞けるのは非常に意義深いことだったと思う。ただ、刑務所に雇われている職員が、あらかじめ選んでおいたと思われる人ばかりを紹介してきたために、この人たちはほかの大勢の見学者にも何度となく同じ話をしているのではないかという印象を受けた。彼らが刑務官のいる前で、刑務所について好ましくない話をすることはまずないだろうとは思っていた。そのような反対意見は懲罰対象になりかねないからだ。そうした前例はいくらでもある。だから、このようなところで囚人が素直に話すことにはつねに限界があるのだろう。

図書館で話を聞き終わったあと、わたしたちはバスに戻った。わたしは四列目の座席に腰をおろした。シャトルバスが狭い未舗装の道をがたごとと走ると、下から砂利のきゅるきゅるという音が聞こえた。バスが走りつづけるなか、わたしはアンゴラと切っても切れない関係にあるはずの奴隷制のことが、ある意味軽くほのめかされたにすぎなかったことを思った。ロジャーがマイクを手に前に立ち、次の目的地に行くあいだに質問はないかといったふうに周囲を見まわしていたので、わたしは咳払いをした。

「この刑務所と奴隷制の関係についてもう少し聞かせてもらえないでしょうか」

わたしはそう質問するのに緊張を覚えた。そして、緊張している自分が恥ずかしくなった。

ロジャーは一瞬ためらい、それからうなずいた。「この刑務所と奴隷制の関係について話してほしいとの質問がありました」おそらく時間稼ぎか、あるいはバスの後ろのほうにいる人々にも聞こえるようにするためか、彼はわたしの質問を繰り返した。

「ではお話ししましょう」手にしたマイクを調整しながら、ロジャーは言った。「最初にもお話ししたとおり、ここはアメリカでも最も血なまぐさい刑務所に数えられていました。それはもう恐ろしい刑務所でした」彼の声は誠実で落ち着いていた。「帰りにレッドハット独房棟をお見せしますが」と、ロジャーは一九七二年に閉鎖された、この刑務所でもすこぶる悪名高い厳重警備施設について触れた。「正直に認めます。サミュエル・ジェームズがこの刑務所を引き継いだときにここで起こったことは変えられません。これは……これは――」彼は言葉に詰まりながら、なんとか自分の考えを最後まで言おうとした。

「彼らはこの地に奴隷を収容していました。それをわたしが変えることはできません。ですが、わたしたちのいまの状況は、そこから、つまりアメリカのある土地で起こったかつてない最悪のレベルから始まっていると考えれば興味深いと言えます。この一万八〇〇〇エーカーの土地は、おそらく世界じゅうのどの一万八〇〇〇エーカーの土地よりも多くの苦しみを経験してきました。そう考えると恐ろしいことです。でも、そこから何年も何年もかけて、贖罪と変化を経ていまの状況にいたっているとするなら、それこそがわたしの語りたいことなのです。われわれの歴史はわれわれの歴史です。それを変えることはできません」

続けてロジャーは、ワシントンDCにある国立アフリカ系アメリカ人歴史文化博物館に、刑務所の見張り塔のひとつを提供したことを紹介した。またレッドハット独房棟が国家歴史登録財に登録されているということは、この刑務所がその歴史をちゃんと認めているさらなる証拠だ、とロジャーは言った。

彼はそこでひと息入れると、バスのなかを見まわして微笑んだ。「演説はここまでにしますね」それから、左手に通り過ぎた刑務所のホスピスについて話を始めた。相次ぐささやき声が、小さなバスのなかを飛び交った。

ロジャーの「それを変えることはできない」という言葉は、認めたふりをしながら、実は個人の責任から距離を置いているように聞こえた。それは、この国が人種差別の歴史について語る際に繰り返し使ってきた逃げ口上を思い起こさせた。わたしは子どもの頃、授業中に白人のクラスメイトが「でも、ぼくの祖先は奴隷を所有していなかったよ」と言うのをしょっちゅう耳にしていたことを思いだした。あるいは、テレビで政治コメンテーターが「なぜわれわれはいまだに奴隷制の話をしているのか? 人々はそれを乗り越える必要がある」と言っていたこと。あるいは、政治家が「過去に浸ってはいられない。いまは未来に目を向けるときだ」と言っていたこと。こうした論点ずらしを聞くと、過去がいかに現在を形づくってきたかについての議論を、この国があらゆる方法でかき消そうとしているように感じてしまう。奴隷制がほんの数世代前ではなく、あたかも先史時代に起こったかのように聞こえるよう仕向けているると感じてしまうのだ。

W・E・B・デュボイスは、一九三五年の自著『アメリカのブラック・リコンストラクション（*Black Reconstruction in America*）』（未邦訳）のなかで、奴隷制との関係についてこの国が語る物語は故意に歪められていると書いている。「われわれの歴史は、アメリカの奴隷制を公平に議論しすぎている。そのため、結局は誰も間違ったことをしておらず、みな正しかったように思えてくるのだ。奴隷制は無力なアメリカに不可抗力に押しつけられたものだから、その中心となった南部人に非はないということらしい。（中略）歴史の研究をしていると、悪は忘れ去られ、歪められ、読み飛ばされるべきという考え方が繰り返し出てくることに唖然とする」[10]

もし今日のドイツでかつての強制収容所の跡地に刑務所が建てられ、その刑務所にユダヤ人ばかりが偏って収容されていたら、当然ながら世界じゅうから大きな怒りを買うだろう。そんなとんでもない施設を閉鎖するために、国際サミットも開かれるくらいかと思う。しかしアメリカでは、この元プランテーションだった刑務所に対する怒りの集まり方は、そこまで大きくない。

人々は知らないわけではない。アンゴラ刑務所は、一〇〇年以上前から国の偉い人やメディアから定期的にそれとなくプランテーションと呼ばれてきた。多くの人が「アンゴラはかつてプランテーションだったところに建てられた刑務所だ」と言うとき、それはたいてい道徳的非難ではなく、なんとなく居心地の悪さを覚える意見にすぎない。それというのも奴隷制やその本質的な暴力性に対するわたしたちの理解があまりにも浅いからだろうか？　それとも、黒人が経験した暴力などさほど嘆くに値しないと思われているからだろうか？　白人至上主義は、黒人への暴力をよしと定めるだけではなく、もしほかの状況なら道徳的な憤りを引き起こしているはずのことに対する、国全体の——黒人も白人もともにだ——感覚を鈍らせているのだ。

わたしはロジャーの回答に依然として納得できずにいた。そこで、彼がほかの人の質問に答えて、刑務所が行っている前向きなプログラムについて説明し終えると、わたしはふたたび手を挙げた。

「その点については」と、わたしはもう一度切りだした。「みなさんがとてもよくやってらっしゃることについては、いろいろと見せてもらい、聞かせてもらい、本当に素晴らしく感じています。そのうえで改善の余地ありと思う部分はどういったことでしょうか」

あとから思えば、追加で訊くならもっと直球の質問をすべきだった。ただそのときは、偉そうで失礼に聞こえることをつい気にしてしまった。わたしのなかを、ふたつのアイデンティティが占めていた。まずルイジアナ州で育った黒人として、自分の属するコミュニティにこれほどの暴力を施行してきた場所から、もっと多くのことを聞きださなければならないという責任を感じていた。一方でアイビーリーグの博士課程の学生として、個人的にはつながりのない場所に、批判したいがために立ち寄った人だと思われたくはなかった。わたしは改革を否定したいわけではなかった。刑務所は、収容される人々にとって危険のないところであるべきだ。彼らが出所できたときの生活に備え、たとえどれだけ刑務所生活が長くなろうと、有意義な人生を送る機会は与えられるべきだろう。とはいえ、何かが改革されたからといって、それでもういいわけではない。たとえ何かがいま改善されているにしても、その過去がなかったことになるわけではないし、過去がいまを形づくってきた経緯について語る必要性も消えはしない。
ロジャーは、州議会の動きを刑務所がコントロールできないこと、囚人たちをより効率よく支援するためには、州議会が特定の法律を可決する必要があることなどを説明した。さらに、殺人罪で有罪となった人々の再犯率は極めて低いものの、刑法に変革がなければ、アンゴラ刑務所は簡単に囚人を釈放することはできないとも言った。すぐ目の前にあることを認めようとしない、組織としての自責の念のなさに、わたしは驚かされた。そんな話ばかりするロジャーの意図は知る由もないが、アンゴラが形成されるうえで奴隷制が果たした役割について彼が話す気などほぼないのは明らかだった。その初期には、刑務所内に〝古い南部のプランテーション様式の大邸宅〟もあったというのに。その家に、ここに収容された全員の責任者である所長が家族と一緒に住んでいたというのに。[11]
刑務所職員やその家族のなかには、いまでも敷地内に無料の住居を提供されている人もいる。また二〇世紀になっても、看守や職員が収容された人々の労働力を私的に利用することが続いていた。一九九〇年に出版されたアンゴラ刑務所に関する著書のなかに、そこで看守長をしていた父を持つパッツィ・ドレアーが、敷地内で暮らしていたときのことを懐かしく回想した内容が引用されている。「あの頃のアンゴラは住み心地のよいところでした。野菜のカートが毎朝運ばれてきたものです。給料はなかったけれど、その分の恩恵はありました。（中略）囚人たちを料理人、屋外あるいは屋内の下働きとして、希望すれば二、三人使わせてもらえたのです。うちにはレオンという古くからの料理人がいましたが、彼は仮釈放されると赤ん坊のように泣いていました。もう長いこと知っている家はここだけなのにと言って」[12]

わたしはノリスに自分の懸念を伝えてみた。彼はこちらを見て言った。「人はときに寝た子を起こしたくないものさ」

しかし、わたしはそれではいやだった。わたしは、刑務所の入り口にここがプランテーションだったことを示す看板をつくってほしかった。収容された人々が亡くなった場所に墓碑を建ててほしかった。毎回のツアーの最初と最後の文章は必ず〝奴隷制〟という語で始めてほしかった。アンゴラでは全体の七一パーセントが終身刑に服しており、その四分の三が黒人だが、それをあたかも偶然のようにふるまうのはやめてほしかった。だが何よりも、そんな彼らを収容する刑務所が、この土地に、この歴史とともに、ここに存在していてほしくなかった。それではあまりに救いようがなく思えるから。

ロジャーはこの刑務所と奴隷制の関係についておざなりにしか認めたがらないだろうが、自身が投獄された経験のある人々にとって、それは明らかなことだ。アンゴラなどの刑務所に収容されてきたさまざまな世代の人々が、むしろその関係性について進んで告発している。

一九五七年にアンゴラにやってきたモンロー・グリーンは、こうはっきりと述べている。「大きな農場が見えた。その畑に大勢の男がいた。生活環境は、まるで収容部屋に奴隷をぎっしり押し込んでここへやってきた奴隷船のようだった」[13]

受賞歴もあるアンゴラの刑務所雑誌『アンゴライト』の一九九二年号に掲載されたマーク・キングの詩は、奴隷制の残忍さと、アンゴラに収容された人々の状況や待遇との類似をあからさまに示している。

一世紀に及ぶ強制労働、血、痛み。

無駄に使われ、恥辱のなか埋められる命。
奴隷主は彼らの日々の任務を監督する。
世紀をまたぐサディスティックな仮面に隠れて。
世界はこの死の地を通り過ぎてゆく。
そこに住む者は、いまだになぜと問いつづける。[14]

チャック・アンガーは一九九八年に、アンゴラに収容されている人々について、「この州の現代の奴隷となった。おれたちはほぼ無益に重労働に就き、人々を富ませている」[15]と語った。服役中の活動家で作家のムミア・アブ＝ジャマールは、こう指摘している。「もし、〝アメリカの刑務所システムの奴隷起源〟に疑いがあるなら、アンゴラと呼ばれる巨大な刑務所を一度見てみるがいい……疑いなどすべて払拭されるだろう」[16]

二〇〇〇年に『アンゴライト』誌に寄稿したレーン・ネルソンは、「アンゴラの激動の歴史は、抑圧という糸によって現在まで縫いつけられている」とし、「二〇〇年以上も人々がこの地で奴隷となっている」との見解を示している。過去と現在とのつながりを決してはぐらかすことのないネルソンは、アンゴラについて「いまだに南部奴隷の歴史的イメージを思い起こさせる」[17]とはっきりと述べている。

二〇一八年、囚人労働者と看守のあいだで衝突が起こり、そのあと囚人たちは働くことを拒否した。〈デカーセレイト・ルイジアナ〉という組織団体が、ストライキ中の労働者たちを代弁して一連の要求事項を発表した。そのなかには、州の刑務所農場が、これほど多くのアフリカ系の人々を本人たちが否認しているにもかかわらず拘束するようになった経緯について、全国的な話しあいを求めることも含まれていた。「われわれは、現在、何十万ものアフリカ系アメリカ人を全国の刑務所農場に拘束している地方、州、連邦政府に対し、南北戦争以前の犯罪、強制労働、および奴隷制との関連がないか調査することを求める」[18]

次にバスは、遠くの畑に溶け込むように先の見えない未舗装の道路の真ん中で停車した。左手に、白に赤い縁取りをした二棟の連結した建物があった。片方の建物は屋根が傾斜しており、そこに黒い屋根板が敷かれていた。二棟の建物は、風化してペニー硬貨さながらの錆色と鈍い銀色になった金網フェンスに囲まれ、その上にごちゃごちゃと絡まった有刺鉄線が張られていた。芝生はところどころがパズルのようにまだらに茶色くなっていたものの、完全に忘れ去られた場所には見えないほどに青々としていた。いまだライトグレーの薄い膜で空を覆いつづける雲の後ろから、太陽が柔らかく照っていた。そこはレッドハット独房棟と呼ばれている建物だった。

レッドハット独房棟は、一九三三年に起きた脱獄未遂事件をきっかけに建設された。刑務所のキャンプEに位置するこの独房棟は、アンゴラで最も制限がきびしく、最も過酷な収容施設となった。それはまるで、この広大な土地の肌から隆起した黒い傷跡のようだった。廊下に並んだ四〇の独房の大きさは、それぞれ約一・五×二メートル。この棟が赤い帽子《レッドハット》として知られるようになったのは、人々が畑仕事に行くときに、容易に見分けがつくように赤いペンキに浸した麦わら帽子をかぶらされていたからだ。

独房棟に足を踏み入れると、床に当たる靴の柔らかな反響音が各独房の鉄格子に跳ね返った。独房には、コンクリート壁に固定された、鋼鉄製の重いスライドドアがついていた。廊下の反対側にあるドア付近に日の光が忍び込み、わたしたちの体の長い影を床に落とした。わたしは右側にあったひとつ目の独房に入った。すると、狭い空間のなかにいる自分の体がひどく意識された。わたしの立つ左手に、灰色のコンクリートの板が床から盛りあがっていた。死刑囚が頭をのせて寝る場所だ。その板の反対端の、右にわずか数センチのところに小さな灰色の流し台があった。濡れて変色し、隙間にカビがびっしりと生えていた。それから右に一歩ずれた壁の低い位置にトイレがあった。床も壁もトイレも、移りゆく季節に長いことさらされてきたせいで、塗装が剝げてしまっていた。

わたしは独房の中央に立ち、両腕を伸ばした。左手で冷たいでこぼこしたコンクリートをなぞれる一方、右手は独房のドアの鉄格子にもう少しで届きそうだった。これは独房の横幅ではない。これが全長なのだ。わたしはコンクリート板の端に腰かけた。両脚を浮かせて伸ばしてみると、壁に届いた。足を地面に戻し、独房の狭さに身を任せた。小さな四角い窓があったので見あげると、四本の垂直に並んだ鉄格子の隙間を切るように光の筋が差し込んでいた。わたしはこの独房で暮らした人々を、この板で眠った人々を思った。

レッドハットで暮らしたことのある人々の当時の回想によると、独房棟にはネズミやらの害獣がうようよしていたらしい。アンゴラ刑務所で四〇年ものあいだ独房監禁生活を送ったアルバート・ウッドフォックスはこう語っている。「独房にトイレはあったが、水がずっと止まっていて使えなかった。代わりに隅に置かれたバケツを使うほかなかったが、それも数日置きにシャワーを浴びに外へ出されたときにしか空にできなかった。自分の糞の悪臭を嗅ぎながら飯を食えってことだった」[19]

アンゴラでかつて死刑囚監房にいたことのあるビリー・ウェイン・シンクレアによると、レッドハット独房棟に収容された人々は、手押し車で運ばれてくるほかの囚人たちの残飯を与えられたという。[20]彼は一九四〇年代から五〇年代のレッドハットを「アンゴラの拷問部屋」と呼び、その暴力と冷遇の文化を表現した。しかもそれは囚人間のことではなく、看守から受けるものだった。「レッドハットに送られた囚人は、看守に容赦なく殴られながらなかに入る。毎日のように殴られ、出るときも殴られた。食事は一日に二回、パンと水が与えられた。衰弱してしまう囚人もいれば、虐待を受け放置されたまま死んでいった囚人もいる。この時代にレッドハットに送られた人のなかには、忽然と姿を消し、なんの音沙汰もなくなる囚人もいた」

隣接した棟には、小さく薄気味の悪い控えの間を通って行くことができる。その建物にひとつしかない部屋には、奥の壁近くに電気椅子がぽつんと置かれているだけで、ほかに何もなかった。もとあった椅子は先の博物館に移動され、もうそこにはない。代わりに、その場所にレプリカが置いてあった。

あたりを見まわすと、部屋にはほかに誰もいなかった。わたしは椅子に近寄り、腰をおろした。台座にできていた蜘蛛の巣が靴にまとわりつく。木製の椅子は長く、垂直に延びていた。わたしの身長は一八〇センチほどだが、深く腰かけると、両足が地面から数センチのところでぶらぶらと浮いてしまった。椅子の肘かけからぶらさがった革紐が、自分の前腕と腰にきつく締められるのを想像した。浮いた足が——椅子に縛りつけられた体が——もうどうにもできないという無力感を生み、ずんと重くなったような、反対に重力がなくなったような、両方の感覚を残した。椅子の横には、絡まったケーブルがボックスにつながっていた。ここから致命的な電気ショックが生成されるのだろう。

ルイジアナ州が電気椅子を使用しはじめたのは、一九四一年のことだった。このオリジナルの電気椅子は、アンゴラの人々から〝グルーサム・ガーティ（陰惨なガーティ嬢）〟と呼ばれていた。初めのうち、椅子は一カ所にとどまらず、死刑囚が処刑される郡を旅してまわっていた。しかし、一九五七年にその旅から引退し、ルイジアナ州立刑務所のレッドハット独房棟に居を定めたのだった。

この椅子は、国内で知られるなかで初めて電気処刑に失敗した椅子として悪名を轟かせている。一九四六年五月三日、ルイジアナ州セント・マーティンヴィル出身の一七歳の黒人少年ウィリー・フランシスが、電気椅子に座らされた。彼は一九四四年に、アンドリュー・トーマスという薬剤師を殺害した罪で起訴されていた。ただし、ウィリーの罪については、トーマスの死から数十年のうちに重大な疑問が持ちあがることとなる。トーマスが殺害されて数カ月が経っても、セント・マーティンヴィル警察はこの殺人事件の犯人を逮捕できずにいた。そこでセント・マーティンヴィルの保安官はテキサス州ポート・アーサーの警察署長に電話をかけ、ポート・アーサーで見つかったセント・マーティンヴィル出身者を「誰でもいいから」逮捕してくれと頼んだ。事件解決の最後のあがきだった。そのときポート・アーサーに住む姉妹のひとりを訪ねていたウィリーは、別の麻薬容疑で誤認逮捕されていた。そちらの容疑は取りさげられたが、警察は代わりにセント・マーティンヴィルで起こったトーマス殺害事件についてウィリーに尋問を始めた。まもなく警察は、ウィリーから署名入りの自白調書を得た。この少年には弁護人がついていなかった。彼の年齢や逮捕時の状況を考えると、取調室での警察官からの強制、脅迫、暴力なしに、このような調書が存在しえたとは考えにくい。無罪を訴えるなか、ウィリーは一二人の白人男性からなる陪審員の前で裁判にかけられた。ウィリーの弁護団は証人をひとりも呼ばず、冒頭陳述もせず、なんの異議申し立てもしなかった。裁判の開始から二日後、ウィリーは殺人罪で有罪判決を受けた。陪審員の評議にかかった時間はたったの一五分、彼は死刑を言い渡された。[21]

処刑される直前に人がどんな気持ちになるかを想像するのは難しい。ウィリーの次の言葉は、そのような計り知れない経験を考えるうえでの小さなヒントを与えてくれる。

出ていくと、みんながこっちを見ていた。保安官に視線をやると、彼がうなずいたので、ぼくは部屋を横切って椅子に座った。保安官が手錠を外して、それから男たちがぼくを椅子に縛りつけはじめた。脚と腰に一本ずつ革紐を巻かれ、両腕も縛られた。そのとき悟った。本当に死ななきゃならないんだって。心の奥深くでそう感じた。部屋はすごく静かで、みんながすごく変な目でこっちを見ていた。ぼくを見るそいつらを見ているると、知る限り人生最悪にみじめな気分になった。みんな、ぼくの目の前に寄ってきては離れていくみたいだった。もう、じっとしていてくれ、って思った。すでに目眩がしてきていたから。寒くて、両手がびしょ濡れだった。首も頭も感覚がなかったけれど、汗でぐっしょりだったらしい。やつらは引き続き機械の調整をしたり、ぼくの頭や左脚にケーブルをつなげたりしていた。[22]

しかし、ウィリーにつながれた機器は組み立てが不適切だった。組み立てを担当した看守長のエフィー・フォスターと、彼を手伝った囚人は、その日事前に機器を設置する際に酔っ払っていたのだ。その結果、ウィリーは感電死しなかった代わりに、ひどい拷問を受けたのだった。[23]

せいぜい表現できるとすれば、わーーー！　うっ！って感じだ。一〇〇本だか一〇〇〇本だかの針やピンに全身を刺されているみたいで、左脚は誰かに剃刀で刻まれているような感覚だった。脇で両腕が跳ねて、そのまま全身も飛び跳ねたんじゃないかと思った。（中略）一瞬、椅子をひっくり返してやろうかと思った。それから、おさまった。ついに死んだかと思った。（中略）そしたら、またやるんだ！　同じ感覚の繰り返し。「もっと電気をくれ！」って声が聞こえた。少しして、誰かが叫んだ。「いまもう最大だよ！」ぼくは、やめてほしくて叫んでいたみたいだ。「切れ！　切ってくれ！」と言っていたらしい。たしかにぼくはそうしてほしかった。電源を切ってほしかったんだ。あのとき、本当に死んだかと思った。[24]

ウィリーの父親は、息子の事件を引き受けてくれる弁護士を探しだした。その弁護士は、ウィリーにもう一度処刑未遂が起こるようなことがあれば、残酷で異常な刑罰になると主張した。この事件は最高裁にまで持ち込まれた。最終的に、裁判所は五対四でウィリーに不利な判決をくだした。ウィリーは一九四七年五月九日、わずか一年あまりのちに電気椅子によって殺された。[25]その瞬間を迎えるまでに起こることを、ウィリーは次のように詳述している。

死刑執行令状が読まれるときの気持ちがどんなものか、ぼくは知っている。独房のなかに座り、またあの椅子まで連れていかれる日を待つ気持ちがどんなものか、ぼくは知っている。椅子に座り、革紐を締められ、アイマスクをつけられる気持ちがどんなものか、もちろんぼくは知っている。電気の衝撃が体を駆け抜け、自分は死んだと思うのに死んでいなかったときの気持ちがどんなものか、ぼくは知っている。[26]

わたしは椅子に座ったまま、これらウィリー・フランシスの省察を思った。深遠であると同時に、驚くほど青くさかった。「なあ少年、自分が死ぬとわかったとき、きっと変な感じがしただろう。まるで神のみぞ知るべきことを知ってしまったかのような[27]」

レッドハットに入ってわずか数分で、バスに戻る時間だと言われた。わたしはもうしばらく椅子から動かず、木製のざらざらとした縁を両手で握りしめていた。それから立ちあがり、薄暗くぼんやりとしたドアに向かって歩いた。レッドハットの外に出ると、空気から煙のような匂いがした。何も燃えてないないのに。あるいは、何もかもが燃えていたのかもしれない。

わたしたちが訪問した当時、ルイジアナ州には六九人の死刑囚、つまり有罪と決定した罪で死刑を言い渡された人々がいた。彼らは上訴したり死刑執行を待ったりして、平均一〇年以上は死刑囚監房にとどまる[28]。ルイジアナ州の死刑囚の三分の二は黒人だ。アメリカでは、死刑を宣告された人の二五人にひとりは冤罪だと推定されている[29]。

「おそらく、死刑囚監房の訪問を許可している刑務所は、アメリカでここだけです。ほかの州では決してしないでしょう。そんなことをすればパニックになってしまいますから」ロジャーがそう誇らしげに話すあいだに、バスは死刑囚が収容されている建物に到着した。

「誰からも質問がないので、こちらから少々演説をさせていただき、またすぐやめようと思います」とロジャーは言ったが、彼がどんな意味を含ませようとしたのか、いまいちわからなかった。「質問のなかったひとつに、独房監禁があります。ルイジアナ州に独房監禁は存在しません。独房監禁とは、頑丈な鋼鉄製のドアで人との接触を断たれることを意味します。これから死刑囚監房に行き、そのことを証明しましょう」

ルイジアナ州では、死刑囚監房に収容されている人々の制限を減らすための措置がいくつか講じられてきた。ロジャーは、矯正局がこれを自らの道徳観によって行ったことをほのめかした。しかし、ロジャーが触れずにいたことがある。それは、州が死刑囚の扱いを実質的に変更するきっかけとなったと思われる、ここ最近にあった訴訟の経緯だ。

二〇一三年、三人の死刑囚が猛暑による「劣悪で危険な状況」を理由に、アンゴラ刑務所を訴えた。彼らの弁護団は、独房の状況は合衆国憲法修正第八条の残酷で異常な刑罰に関する条項に違反していると主張した。訴訟では、二〇一一年夏に死刑囚監房の体感温度が九〇度に達したことがあったとの申し立てがなされた。二〇一二年五月から八月のあいだの八五日でも、体感温度は五〇度を超えたという。死刑囚監房にはエアコンがなく、扇風機が置いてあるだけだったのだ。さらに訴えによると、「夏場、独房の鉄格子は触れると熱く、コンクリートブロックの壁はいつにも増して熱を放出する」といい、死刑囚は「ベッドより床のほうがまだ少しは涼しいから[30]」と、しばしば独房のコンクリート床で寝ざるをえなかったそうだ。

三年後、連邦判事は体感温度が三一度を超えた時点で憲法修正第八条に違反していると判断し、刑務所側に熱さに対処する改善措置を求めた（ただし、刑務所はエアコンの設置を強制されたわけではなかった）。その後、第五巡回区控訴裁判所は、死刑囚監房の体感温度を三一度以下に保つべきという原告の要求をひっくり返した。二〇一六年、ルイジアナ州公安矯正局のジミー・ルブラン長官は、死刑囚にエアコンを提供すれば〝パンドラの箱〟を開けることになり、州はほかの多くの囚人にもエアコンを提供しなければならなくなると訴えた。[31]

二〇一七年には、死刑囚の独房監禁に異議を唱える別の訴訟が起きた。この訴訟では、他人との接触がほぼ、あるいはまったくないまま、窓のない独房で一日のうちの二三時間を過ごすことを強制された人々に、肉体的にも精神的にも深刻な被害が出ているとの主張がなされた。[32] 一〇年以上も独房監禁状態にあったウィルバート・リドーは、その経験をこう述べている。

わたしは独房監禁に近い状態で一二年を過ごした。（中略）死刑囚監房で味わった骨の髄まで凍るような孤独は、あとにも先にも感じたことのないほどのものだったと思う。家族や友人と呼べるような人から引き離され、アメリカのトイレよりも小さい檻のなかに詰め込まれて、人生の目的も意味もなくただそこにいるだけ。近くの独房にいる男たちが怒鳴り声で侮辱し、罵倒し、口論しあう耳障りな音は、ただ孤独感をいっそう強めるだけだった――そこに排尿や排便の音がたまに入りまじるんだから、なおさら言うまでもない。ルイジアナの死刑囚監房で過ごした初期の頃は、体を動かすことも有意義な社会交流も著しく制限されていたため、ある者は発狂し、ある者は精神病院に移送されたいがために精神異常を装ったりした。そこなら自由に動けて、他人と接することができ、そして電気椅子に座る日から逃れられるからだ[33]。

提訴されてから二カ月もしないうちに、ルイジアナ州矯正局は死刑囚監房の制限の一部を緩和する政策を打ちだした。同局は、今回の訴訟と死刑囚監房の変更とはまったく関係がないと主張したが、このタイミングを看過するのは難しいだろう。

それ以前までは、囚人ふたりが同時に独房から出ることは許されなかった。それぞれ一日に一時間だけ、ひとりずつ自分のいる区画を行き来したり、シャワーを浴びたり、電話をかけたりすることができた。その一時間のうち、一週間に三日は外に出られた。といっても、それはフェンスで小分けにされた囲いのなかで、訴訟では犬の檻とたとえられた場所だった。自分の住む区画から出るときは、移動距離に関係なく手錠をはめられるのが常だった[34]。

二〇一七年五月一五日以降、死刑囚たちは一日に四時間、一緒に独房から出られるようになった[35]。住む区画から離れるときも毎回手錠をかけられることはなくなり、運動するときも外の別々の檻に入れられることはなくなった。わたしたちが訪問したときは、ふたりの看守が監視するなか、四人の男がバスケットボールをしていた。ロジャーは、わたしたちがこうした措置を寛大だと思うだろうと確信しているようだったが、わたしからすれば、これまで長いあいだ行われてきた非難すべき制度との比較のなかでしか見ることはできなかった。

わたしはもう長いこと死刑を非人道的だと言ってきたが、アンゴラで実際に死刑が執行される台を見るまでは、その非人道性を真には理解していなかった。わたしには何年も刑務所で作文や文学を教えてきた経験があった。それでもレッドハット独房棟ほど、書き表すのが難しい場所は見たことがなかった。
バスが死刑囚監房に停車したときも、わたしはその同じ思いに直面した。それは死刑執行室とは離れたところにあった。死刑囚監房の正面入り口までの道の両側には、有刺鉄線が螺旋状に汚く張り巡らされていた。なかに入ると、まるで休日のどこかのオフィスビルかのような雰囲気のフロントデスクがあった。一二月だというのに、クリスマスの飾りが壁一面にちりばめられていた。右手に行くと、閉鎖された病棟のように無菌で静まり返ったホールへと通じるドアがあった。清潔なタイル床に靴底をきゅっきゅと鳴らしながら、わたしたちはそのホールへ入っていった。

あのとき体験したことは、アンゴラのほかの場所以上に詳しく語るのが難しい。そこで過ごしたわずか数分のあいだ、自分が体から引き離されていた気がするのだ。死刑囚監房は、一階建ての小さな一望監視施設《パノプティコン》のようなつくりのくすんだ色をした部屋で、まるで光をひとり占めしているかのようだった。中央には、円形の制御室があった。看守がそこからまわりを囲むすべてのものを監視できるように、大きな透明のガラス張りになっていた。その制御室から、看守たちは鋼鉄製の巨大な蜘蛛の肢さながらに中央から外へ延びる各区画を見ることができる。制御室を囲むガラスに自分の体の輪郭が亡霊のように浮かび、こちらを見返していた。

死刑囚監房には合計でおよそ七〇人、各区画に約一二人がそれぞれの独房に収容されていた。監房区画と制御室のあいだには、つねに監視ができるように円形の通路が設けられていた。一周するのに一分とかからないほど狭くコンパクトなつくりで、わたしたちはそのなかでどう動けばよいかわからず、用心深くぐるぐると回転木馬のようにまわった。

わたしたちが訪れたときは、囚人たちが独房から出てもよい時間帯——午前中に二時間、午後に二時間——だったが、区画内にはいなくてはならなかった。

施設内を歩いていると、わたしたちから各区画が見え、彼らからもわたしたちが見えているようだった。筋トレをしている人、語らう人、区画の窓から外を眺めている人、コンピュータに向かう人、携帯電話をいじる人。わたしたちがそばを通り過ぎると、みながこちらを見てきた。手を振る人もいれば、笑顔を向ける人もいた。何もしない人もいた。自分たちは予告もなく、彼らの家とも言えるような場所を歩きまわっているわけで、なんだかプライバシーを深く侵害している気になった。その一方で、わたしは友好的に見られたい、手を振られたら振り返したいとも思った。やがて見学グループのあいだで、すれ違う人々にはうなずくだけで、みな黙っておくことが暗黙の了解のようになった。それ以外のことをするには、あまりに危うい空気感が漂っているように思えたのだ。

わたしたちは時計まわりに部屋を歩いていたので、右を向くたびに制御室の窓ガラスに映った自分たちのおぼろげな姿が追いかけてきた。わたしは、自分のなかに腐敗した何かが住み着いたような気がしてならなかった。ここにいることで、ここで起きていることに加担してしまっているような、そんな気分だった。絶え間ない多方向からの監視に、わたしの胸は締めつけられた。いま自分たちのいる場所の重みを、いま目にしている人々の人間性を受け止めきるより早く、わたしたちはそそくさと外へ誘導され、囚人たちをあとにした。

わたしは目を細め、外の光に徐々に慣らした。

バスに乗る直前、背後から声がした。「ノリス、おまえか?」ノリスは振り返って微笑むと、アンゴラの囚人全員と同じ格好をした男と抱きあった。[*] その人の名前は聞き取れなかったが、ふたりは笑い声をあげながら、互いに背中を叩きあった。ノリスは、今度来たときにもっと話そうと約束していた。

この数時間ノリスと一緒に過ごして、彼がアンゴラに収容されたままの人々にとってどれほど大きな存在かがよくわかった。すれ違う誰しもがノリスの名前を知っていて、ノリスもまた彼らを知っていた。みなノリスに会うと、顔を輝かせた。これは、ノリスがいかにこの刑務所の近年の歴史の一端を担っているかを、また彼の活動がここにいる本当に多くの人々にとって大きな意味を持っていることを物語っていた。「ここを去るときはつらくなる。気にかけてるやつらを残していくわけだから」と、ノリスは言った。「自分が入所したときに初めて会ったやつが、自分が出所したあともまだいるなんてこともある。何よりつらいのは、彼らに会いに来て、誰それが死んじまったらしいと知ることだ」

アンゴラの刑期は、平均すると八七年だという。

「自分があいつらの励みになっているのは知っている」と、ノリスは続けた。「だが同時にこっちも、あいつらから戦いつづけるためのエネルギーをもらっているんだ。自分がなんのために戦っているかわかっているからね。それは自分のすぐ目の前にある。だから、ここに足を運びつづけている。自分がなぜこの戦いをしているのか、なぜ戦いつづけることがそれほど重要なのかを、正確にわからせてくれるんだ」

刑務所の出口へと向かうなか、太陽が畑に沿って走るバスに晩秋の影を落とした。窓からは、白と青

* アンゴラの囚人のなかには、収容期間やセキュリティレベルによって、刑務所内をある程度自由に行動できる者もいる。

のトレーナーを着た二〇人を超える男たちが、手にした鍬を手際よく振りあげては大地におろすのが見えた。背景の秋に染まった木々が、彼らを火山のような赤とオレンジの海で覆い尽くしていた。アンゴラの畑で働く黒人たちを写真で見るのと、実際に目で見るのとでは大違いだった。奴隷制との類似が、まるで時代が勝手に曲がって折り重なったのではないかと思わせた。そこに隠喩など必要なかった。土地がありのままを語っていたから。わたしはバスの運転手に止まってくれと切に頼みたかった。バスをおりて、彼らと話ができたらと。もしそうできたら、自分は何を話していただろう。わからないが、彼らのできあがっていたイメージに声という質感を加えたかった。肉体以上の存在になってほしかった。肉と畑と道具と、そしてここにいる誰もが受け入れようとしているようには見えない歴史の象徴としての存在以上になってほしかった。わたしは彼らを無言の存在として記憶したくはなかった。だが、彼らはわたしたちの視界に入るやいなや、すぐに後ろへ遠ざかっていった。わたしは首を伸ばしたり体勢を変えたりして、少しでも彼らを目に焼きつけておこうと必死になった。バスが走り去るなか、わたしは遠くに薄れていく彼らを見つめた。やがて彼らの体は灰色の空へ溶けていった。絡みあったシルエットの群れは、広大な土地のなかへと消えていった。

バスが川沿いの堤防——暴風雨の際に刑務所を洪水から守る障壁だ——に沿って走るあいだ、わたしは最後にもう一度窓の外に目をやり、夕暮れの紫とオレンジに染まった何キロも続く土地を見た。その大地はキルトに似て、檻のある区画や、静寂の野原の区画などがまだらに点在していた。小さな黒い鳥の群れが空を押しあいへしあい、一斉に畑の上を移動していた。鳥たちは風が吹くたびに旋回したり急降下したり身を曲げたりしながら、堤防を越えて川のほうへ飛んでいった。あたかも下を見ながら、飛べれば、フェンスになんの意味がある？　とでも言っているかのように。

わたしはノリスのほうを向いて尋ねた。「畑で働くといくらもらえたんです？」

「手当はもらえる。だが、刑務所にやってきた最初の半年は、何も稼げやしない」ノリスは言った。「最初の半年は、ここにいるあいだに与えられる服一式の支払いをする。な、わけがわからないだろ」と、ノリスはくすくすと笑った。「半年で一生分の服代を払うんだ」

でも、その時期が終わったら、どのくらい稼げるのかとわたしは訊いた。

「畑仕事でか？　時給七セントだ」

わたしは聞き間違えたかと思い、身をのりだした。

「七セントさ」ノリスは繰り返した。*

「この場所はまるきりプランテーションみたいなものさ。得られる無償の労働力を利用し尽くす」と、ノリスは続けた。「そうした無償の労働力を人々は奴隷解放で失った。で、今度はどうやって取り戻す？　まともな技術を持たず、何をしていいかもわからずうろうろしているやつらをつかまえてきて、そいつらを強制労働に戻す法律をつくればいい。それが刑務所のやってきたことだ。で、どこで働く？　囚人

＊　刑務所の担当者によると、畑で働く人の時給は二セントから二〇セントだという。囚人労働に関しては、ホイットニー・ベンズが『アトランティック』誌に寄稿しているように（「再度つくられるアメリカの奴隷制（American Slavery, Reinvented）」、二〇一五年九月二一日号より）、アンゴラが例外なわけではなく、大半の刑務所がそういう決まりになっている。囚人労働者は、過去一世紀のあいだ労働運動の恩恵を受けてこなかった。そのおもな理由は、彼らが〝従業員〟として理解されていないことにある。ベンズも書いているように、囚人労働者は公正労働基準法や全国労働関係法のような法律で、従業員の地位を明確に剝奪されているわけではない。しかし、服役中の人々が自分たちの働きに対して標準的な最低賃金を受け取るべく矯正局を訴えたことは何度となくあったが、裁判所は当該の人物と機関との関係が本来からして経済的なものではないとして、囚人労働者はそのような法で保護されないと宣言している。

貸出制度で、解放されたはずのプランテーションに戻って働くのさ」

わたしはノリスに、畑での思い出でいちばん印象に残っていることを訊いた。

「綿花摘みだね」ノリスはためらうことなく答えた。「なんというか……自分たちの歴史を知り、祖先たちがどんな目に遭ってきたかを知り、そしたら突然、同じ綿袋が自分の手のなかにあるみたいな感じさ」ノリスは手をカップの形に丸め、指を閉じて想像上の袋をしっかと包み込んだ。彼の指の関節は黒くひび割れていた。彼はふたたび手を開くと、親指で手のひらの内側を擦った。

「それが何よりきつかったかな」と、ノリスは続けた。「仕事よりも、そこにいて、ある意味で歴史を追体験しているような心境が。人々が戦い死んでいったまさに同じ道を自分もいま歩いている。この先歩かずにすむようにと。そして、また繰り返されるんだ」

ブランドフォード墓地

“真実かどうかよりも”

ケンはすらりと背の高い男だった。髪は薄く白くなりかかり、額にのせたメガネは、うなずきでもしたらすぐにでも鼻にずり落ちそうだった。ブランドフォード墓地の見学ツアーは一時間ごとに始まる予定になっていた。午前九時五五分、そこにいたのは、わたしひとりだった。「どうやら、あなたとわたしだけのようですね」ケンは微笑みながら袖をまくった。

墓地は雲ひとつない空のように静かだった。遠くで小さく芝刈り機の音が聞こえた。その振動する筐体を黒人たちが操り、アメリカ連合国旗が垂れる墓石のあいだを縫うように進んでいた。刈りたての草の匂い――緑の葉と乾いた土の入りまじった匂い――が墓地一面に広がっていた。ブランドフォード墓地で最も古い銘文が刻まれた墓は一七〇二年まで遡る。だが、この地を最も有名にしたのは、それから一世紀半以上もあとに起こったできごとだ。ここヴァージニア州ピーターズバーグには、およそ三万人の南部連合軍兵士たちの亡骸が埋葬されている。ここは、南部で最大級の南軍兵士たちの集団墓地だ。

この地を歩きながら、わたしは灰色の平板に彫られた名前をひとつひとつ見ていった。ジェームズ・

ライト・コットマン。それが名字なのか名前なのか、南北戦争で戦った兵士なのか、その子孫なのか、わたしにはわからなかった。この墓地には、もう長いあいだこの地を見守ってきた遺体と、新たに埋葬されてこの地と出会ったばかりの遺体とが混在しているのだ。

墓地への入り口は、〝OUR CONFEDERATE HEROES（南部連合軍の英雄たち）〟という文字で飾られた大きな石づくりのアーチ道と、その両側にある小さめのアーチ道が目印になっていた。メインアーチを支える柱の下部に置かれた二本の南部連合国旗が、風にやさしくなびいていた。春一番のトンボの群れがそよ風のなかを飛んでいた。暖かい空気に半透明の羽を脈動させ、束縛されることのない体を宙返りさせながら一匹、また一匹と通り過ぎていった。わたしはトンボたちが宙を舞い、墓石に止まり、ひと息つくのを見守った。羽が一、二回ぴくりと動き、そのあとふたたび飛び立ち、風に身を任せる姿を見守った。この光景を見ながら、彼らは一世紀半以上前の南北戦争中にこの地を飛んでいたトンボの子孫ではないかなどと、どこか神秘的なことを考えた。わたしは、男たちを幽霊へと変えた弾丸の横を、血しぶきにあたためられた羽で勢いよく飛んでいくトンボの姿を想像した。折り重なって散らばる死体の上に止まったかと思えば、燃える大地から立ちのぼる煙のまわりを旋回する姿を想像した。

ケンは黒い腕時計に視線を落とした。午前一〇時になっていた。彼はわたしを連れてビジターセンターから出ると、教会へ向かう石づくりの階段をあがった。ブランドフォード教会は小豆色をしたレンガづくりの建物で、正面に花綱装飾の施された墓石がいくつか並んでいた。もともとこの建物は、英国国教会の一派である聖公会の教会として建てられた。しかし、その辺一帯の中心的な交易手段となっていたアポマトックス川に近いこともあり、ピーターズバーグ市が発展を見せると、一八〇六年に信徒たちは市のより中心地へ移動したいと考えた。だがそのためには俗化の手続きを踏まなければならず、そこで彼らはこの建物はもはや教会ではないと正式に宣言するにいたった。

「俗化の際には、ドア、床、説教壇、信徒席、窓など、いっさいが建物から出されます。中身を完全にくり抜かれてしまうのです」ケンは言った。そうしてレンガの抜け殻となった教会は、九五年間ほとんど放置されたままそこに立っていた。

「先に進みますね」そうケンが言ったとき、遅れてやってきたカップルが丘を駆けあがってきて、わたしたちと合流した。ケンは彼らを迎え入れると、そこまでの話をかいつまんで伝え、それからこの土地が州でも最大級の墓地になった経緯を語りはじめた。

「南北戦争の翌年のことです。町にノラ・デイヴィッドソンという若い婦人がいました。彼女はまさしく南部連合国の娘と言える存在です」とケンは言った。女学校の校長だったデイヴィッドソンは、戦争から一年後、生徒たちをブランドフォード墓地へ連れていき、南軍兵士たちの墓に花や旗をたむけたという。彼女は、ケンいわく「南軍兵士たちが北軍兵士たちと同じ尊厳と名誉をもって扱われなかったと感じて失望していた」婦人たちのひとりだった。「南軍の兵士たちは戦死すると、そのまま息絶えた場所に埋められることが多かったのです。その頃の南部には、兵士たちをジョージア州や、メリーランド州、テキサス州、ノースカロライナ州などに連れ戻す資金はありませんでした」

「これに対し、女性たちは何かしたいと考えました。そこで、彼女たちは〈婦人追悼記念協会〉と呼ばれるものを結成しました。その使命とは、（中略）発見できた南軍兵士たちの遺体を掘り起こし、いまや大きくなったこの墓地に運んで再埋葬することでした」〈ピーターズバーグ婦人追悼記念協会〉は、南北戦争後に南部各地で組織された多くの団体のひとつとして、労働者を雇って遺体を探しだし、南部連合国の墓地に再埋葬していた。「それは」とケンは言った。「一五年という年月を要しました」彼は額の汗を袖の端でぬぐった。「彼女たちはおよそ三万人の南軍兵士たちの亡骸を見つけだしたのです」

けれども問題が生じた、とケンは言った。掘り起こされた遺体のほとんどの身元がわからなかったのだ。南北戦争中に導入された新型の大砲によって、それまでの通常の戦争では見られなかった形で遺体が損壊されてしまっていた。残っているのは胴体のない片脚や片腕や頭だけということもあった。「南北戦争中の兵士たちの問題点は、身分証明の基準がなかったことです。誰も認識票《ドッグタグ》やＩＤバンドなど身につけていませんでしたから」とケンは言った。ブランドフォードに埋葬された約三万人の兵士のうち、身元が判明しているのはわずか二二〇〇人だけだという。

一五年に及ぶ遺体回収ののち、女性たちは墓地の中心となる場所が必要だと考えた。ピーターズバーグ市は、一世紀近くほぼ放置されていた古い教会を、改修して殺された南軍兵士たちのための生々しい記念碑にしたらいいと彼女たちに提供した。婦人追悼記念協会は、世界的に有名な芸術家で、ステンドグラス窓を得意とするルイス・カムフォート・ティファニーが経営するティファニー・スタジオにこのプロジェクトを依頼した。ケンが話を続けているあいだに、わたしは携帯電話を開いて簡単に調べてみた。ルイス・カムフォート・ティファニーは、あの有名なニューヨークのティファニー一族のひとりで、彼の父親こそ Tiffany & Co. 社を創業した人物、とのことだった。

婦人追悼記念協会にとって問題だったのは、ティファニーのような有名企業にプロジェクトを完遂してもらうだけの費用を払えなかったことだ。「一九〇一年当時、ティファニー氏はこのサイズの窓を一七〇〇ドルで売っていました。いまのドルに換算すると四万九〇〇〇ドルです」とケンは言った。婦人追悼記念協会は一〇枚以上の窓を必要としていた。結局、ティファニー・スタジオは一枚当たりわずか三五〇ドルにまで値引きしてくれたという。はるかに払いやすい値段にはなったものの、それでも団体にとっては法外な値段に変わりなかった。

「かくなる解決策として、彼女たちは連合国州や境界州へ行き、『資金を工面してくれたら、南軍兵士のためのこの記念碑の窓にあなたの名誉を称えます』と言ってまわりました。そうしてこれらの窓が設置されたのです」と、ケンはまるで魔法の杖でも持っているかのように手を振りかざした。

ケンはポケットから一対の鍵を取りだすと、教会のドアをがちゃがちゃといじって押し開けた。なかへ入ると、ぼんやりとした闇がわたしの肌を包んだ。最初のうちは、古い信徒席のシルエットや、陽光になぞられたステンドグラス窓の輪しか見えなかった。徐々に目が慣れてくると、室内の輪郭がはっきりとしてきて、窓の絵も鮮明に見えてきた。ステンドグラスには、一枚一枚うっとりするような職人技が披露されていた。それはまるで、まばゆいほど鮮やかな青や緑やすみれ色がはじけ飛んだカンヴァスのようだった。各窓にはキリスト教の聖人がひとりずつ、あふれんばかりの色に囲まれ立っていた。ガラスの質感も相まって、あたかも分厚いパネルから聖人たちが飛びだしているかのように見えた。

「窓は、紋章、人物、銘文の三つから構成されています」とケンは言いながら、ドアからいちばん近い窓に向かった。それは、巻物を手に遠くを見つめる聖マルコが描かれた、そびえ立つように立派なステンドグラスだった。ひとつの窓にひとつの州の兵士たちへの追悼が込められており、それぞれ聖人と、上部に州の紋章と、下部に銘文が描かれていた。聖マルコの下には、金のテキストボックスに黒字でこう書かれていた。「主の栄光と、連合国のために命をかけたサウスカロライナの息子たちに＋＋＋主は天の軍勢をも、地に住む民をも、御旨のままにされる」

ほかの窓には、バルトロマイ、パウロ、ヨハネ、ペテロ、小ヤコブ、フィリポ、トマス、マタイ、ルカ、アンデレら聖人が描かれていた。彼らの下にも、戦争で戦った南軍兵士たちの勇姿を称える銘文が刻まれていた。* わたしの目が、聖人の絵とその足元にある銘文とのあいだを行き来するにつれ、違和感が刻々と増していった。

ケンは窓から窓へと移動しながら、それぞれの窓の美的歴史について恐ろしく細かな部分まで、練習ずみのプレゼンを正確に深みたっぷりに暗唱しつづけた。その一方で、窓以外についてはほとんど話題にならなかった。

わたしは、ここを訪れてツアーに参加する多くは南部連合の支持者なのかとケンに尋ねた。

「南部連合への共感があるのだと思います」と、彼は言葉をわずかにすり替えた。「この窓の美しさを見たくてここに来る人もいますが、それを知らない人も多いですし、大半の方は南部連合への共感からやってきます。『わたしの高祖母や高祖父がここに埋葬されているんです』と教えてくれる人もいます。つまり彼らは、一八六〇年以前まで遡る長い南部のルーツを持っているのです」ケンは手に持った鍵束から、教会のドアを閉める鍵を探した。「といっても、この窓の美しさを見たくて、ミシガン州やミネソタ州、モンタナ州などの北部からも実にたくさんの人々が来てくれるんですよ」

* 教会には合計で一五枚の窓がある。州に捧げられた一三枚の窓のうち、一一枚に聖人が描かれている（メリーランド州とアーカンソー州の窓に聖人の姿はなく、サイズも小さい）。残りのうちの一枚は婦人追悼記念協会に献呈されており、もう一枚には《宝石の十字架》と呼ばれる十字架が描かれている。

わたしはもっと単刀直入な訊き方をしてみた。ずばりケンに、教会や墓地のいたるところにある南部連合を示す図像の歴史や象徴的意味ばかり取り扱うことについて、彼個人として、またブランドフォードが一団体としてどう考えているかと尋ねてみたのだ。窓のことばかり話して、その窓が称えている南部連合の大義については何も言わなくていいのか、と。

「言ってしまえば」とケンは答えた。「ありきたりな説明ですが、わたしは『このあたりの人間じゃない』ということです。わたしは南部人ではありません」

わたしはケンの言っていることがいまいち理解できなかった。

「父が軍にいたので、わたしはおもにメイソン゠ディクソン線の北側で育ちました。つまり、わたしは南部の教育を受けていません。わたしにしてみれば、北部侵略戦争も、州の権利戦争もないのです」と、ケンは南部連合の大義を支持する人々がときおり口にする南北戦争の別の呼び名を挙げた。「この教会が、一七三五年に奴隷労働者によって建てられたという可能性は？　ええ、もちろんあるでしょう。信徒の集まりが小人数でも、奴隷たちは天井桟敷で待たされていた？　おそらくそうでしょう」

こうした話題についてあまり触れないのは、おそらく墓地を見学しに来る層と関係しているのではないか、とケンは言った。「ここの見学者は、圧倒的に白人が多いのです。それは、黒人がこの窓の素晴らしさを理解できないからではなく、それが意味しているものに対して快く思えないこともあるからです」彼は続けた。「たいていの場合、わたしたちはここの説明をする際に、窓の美しさに頼ってしまうのです。ティファニーのステンドグラス云々と」

黒人が南軍の墓地にやってこないのは、単にその場所にいたくないからという理由だけではないだろう。おそらく、南部連合の大義の語られ方に大きな原因があるのではないか。わたしはケンにホイットニー・プランテーションのことを話したくなった。自分の祖先が奴隷にされていた地になど、黒人のアメリカ人が行く気になるわけがないと、非常に多くの人が決めてかかっている。しかしホイットニーは、もしその場所が異なる物語を――より正直な物語を――語ろうとするなら、さまざまな人が訪れるようになることを証明していた。わたしからすれば、南軍の墓地を訪れて、一連の窓について、それが何を追悼するためのものか説明もせずに、ただ美しさばかり聞かされるのは、プランテーションを訪れて、奴隷所有者の邸宅について、それを建てた奴隷たちの手腕には触れずにその装飾的な構造ばかり聞かされるのと同じだった。

わたしたちはビジターセンターの建物に戻った。昼前の日差しがたっぷりと入り込み、墓地の歴史の断片をおさめたガラスケースのひとつひとつにさんさんと降り注いでいた。ケンはカウンターの後ろにいる女性を指さした。「上司です」まるでわたしをほかの誰かに押しつけようとしているかのように、少なくとも、わたしが投げかけた質問の負担を分けあおうとしているかのように感じられた。

するとその女性がやってきて、ケンのすぐ脇に立った。微笑みかけられたので、わたしも笑顔を返した。マーサは、鼻の高い位置に大きなべっ甲のメガネをのせた、やさしい顔つきの女性だった。わたしは彼女に、ブランドフォードをこのような肯定的な視点から紹介することで、暴力的で人種差別主義で反逆的だった軍や彼らの大義と墓地とのつながりを誤って伝えているかもしれないという懸念はないのかと尋ねた。

「もちろんあります」とマーサは言った。「ここに勤めて一八年になりますが、わたし個人として、本当の大義はなんだったと思うかとよく訊かれます。そのときは、『五人の異なる歴史家がいれば、五冊の異なる本が書かれ、わたしは五通りの異なる答えを得るでしょう』と答えています。答えはいろいろです。ただ、わたしの祖先という観点から見た場合、奴隷制が大義だったとは思いません。わたしの祖先は奴隷所有者ではありませんでしたから。それでも、わたしの高祖父は戦争で戦っています。彼はヴァージニア州ノーフォークでやってきた北軍に立ち向かいました。『そりゃあ、軍に入って故郷の州を守らなければならんだろう』と言って。それが高祖父のしたことです。それは奴隷制の問題ではなく、とても個人的な理由だったのです。わたしはいつも人々にこう言うようにしています。大義とは多くのものが重なったものだと」

マーサは続けた。「教会で働くようになると、興味深い初期の歴史を学び、女性たちがどんな行動を取ったかについて語ることがわたしの何よりの使命になりました。繰り返しになりますが、わたしは女性として、女性の歴史を語りたいのです。彼女たちは多くのことに直面したけれど、おそらく夫や父親や息子が死んでいった悲しみをこうやって乗り越えようとしたこと、彼らの亡骸を世話しようとしたことを伝えたいのです。北軍については合衆国政府がちゃんと引き受けたけれど、南軍は何もしてもらえなかった。だから、そうすることが彼女たちにとって重要だったのです。その結果が何かというと、この美しいチャペルです。ケンも言っていましたが、そのなかを歩いて、こんなに美しいチャペルに修復された小さな聖公会教会を見ることができるんだと考えてみてください。教会から南北戦争という側面をすべて取り除いて、その美しさを楽しむことがあなたにもできると思いますよ」

わたしは、マーサが会話の出発点として自分の血筋を引きあいに出したことをメモした。それはたまたまではなく、彼女の戦争に対する、また戦争によって示されたものに対する考え方の中心にあるような気がした。

「多くの人はここへ来て、窓を見て、その歴史や教会装飾を楽しむことができるとおっしゃいましたが」とわたしは言った。「黒人のアメリカ人として、先祖が奴隷にされていた者として、そこを切り離して考えることはどうしても難しいです。そこにはとても深いずれがあるように思います。いま、この場にも。わたしはこの瞬間を除いて、南軍の墓地には行ったことがないもので」そこでケンがわたしたちのほうに戻ってきた。「きっとわたしは、ここへ来る大半の方とはずいぶん異なる受け取り方をしているのでしょうね」

わたしがそこまで言うと、マーサとケンはうなずいた。「残念ながら、われわれもあまり経験がないもので」ケンは言った。「どうだったかな、マーサ？　ここへ来る人の八五から九〇パーセントは白人じゃないかな？」マーサはうなずいた。

その数字でも白人見学者の割合を控えめに言っているのではないか、と邪推してしまった。

ケンがふたたびその場を離れたので、わたしはマーサとふたりで会話を続けた。話しながら、わたしは〈南部連合軍退役軍人の息子たち〉という団体が主催する戦没者追悼記念日の式典のチラシが山積みにされたカウンターに視線を落とした。集中力がとぎれる。マーサの言葉が理解不能な雑音となるなか、わたしは手を伸ばし、チラシの一枚を手に取った。マーサの視線がわたしの手の方向を追った。彼女は顔を赤らめながら、素早く手をおろしてチラシを裏返し、残りを覆い隠した。

「さすがにこれを見せるわけには。ごめんなさい」マーサはそわそわとした様子で言った。「わたし個人の立場から言わせてもらえば、それなりに心苦しさはあるのです」

わたしはもう一度チラシを見た。今度は式典の基調講演者の写真に注目した。〈南部連合軍退役軍人の息子たち〉の当時最高責任者だったポール・C・グラムリング・ジュニアだった。

「彼らが戦没者追悼記念日にここへ来て、南軍の墓に南軍旗を供えるのは別にかまいません」とマーサは言った。「ですが、わたし個人として、あなたが南軍旗を――」彼女はそのあとの言葉に詰まったが、わたしにはどう続くのかわからなかった。それからマーサは気を取り直して、深呼吸をした。

「人々が対立の道具のようにそれを利用するのは許せないんです」とマーサは言った。「歴史についてただ話すだけなら、素晴らしいことです。でも彼らは、『南部はふたたび立ちあがるべきだ』みたいなことを言うのです。そういうのは我慢なりません。式典は平和的ではあるものの、わたしも招待されて、一度見てみたいと思っていたので参加したことがありますが、もう二度と行かないと思いました。彼らはものごとを受け流せないんです。つまり、また人々を奴隷にしたいと思っているわけではないにしても、歴史は歴史だという事実を彼らは乗り越えられないのです」

マーサは、保存と追悼は違うのだという話をしだした。わたしもその考えを漠然とだが理解できた。わたしは、二〇一七年にシャーロッツヴィルで行われた白人ナショナリストの集会以降大きな注目を集めてきた、リッチモンドにあるロバート・E・リー将軍などの南部連合の記念碑についてどう思うかと、マーサに意見を尋ねた。

「わたしとしては、記念碑は残してほしいと思っています。ただし、背景もちゃんと添えてということですが」とマーサは答えた。「繰り返しになりますが、人々がそうした理由をわたしは理解していますから。とはいえ、いまあるところに置いておけないなら、別のどこかに移動させなければなりません」

「個人的な意見を言わせてもらうと、ロバート・E・リー将軍はこうしたさまざまな神格化を喜んだとは思えません。彼はとても謙虚な人でしたから。彼はこうした諍いをちっともよしと思っていないでしょう」とマーサは言った。「リー将軍は自分が正しいと思ったことをしました。本当にたくさんのことを。彼はアメリカ連合国（CSA）軍に任命されるまでは、合衆国軍側にもいたのです。でも、個人的にリー将軍についていろいろと読んで少し思うのは、自分の銅像があちこちにあるのを知っても、彼はちっとも喜ばないのではないかということです。モニュメント・アヴェニュー〔ヴァージニア州の州都リッチモンドにある、おもに南部連合の英雄とされる人々の記念碑が並ぶ通り〕について論争が巻き起こっていることを知っても、きっとよく思わないでしょう。彼はとにかく謙虚でしたから」

ビジターセンターにやってくる人が増えてきた。わたしはこれ以上マーサたちの仕事の邪魔をしたくないと思い、ケンとマーサに時間を割いてくれた礼を言った。ふたりと握手をしたあと、わたしはドアを出た。まわりにある何千という墓石に、風がびゅうびゅうと吹いていた。

わたしはマーサがロバート・E・リーを称賛し、きっと彼は自分の名を冠した銅像を好まなかっただろうと強く主張したことについて考えた。おそらくマーサは正しい。リーの発言からするに、彼が南部連合の記念碑建立を支持したとは考えにくい。一八六九年八月の手紙で、リーはこう書いている。「戦争の傷口を開いたままにしておくのではなく、内戦の痕跡を消し去り、そこで生じた感情を忘却させることに全力を尽くした国々の手本に倣うほうが賢明だと思う」[1]

しかし、リーが戦後に記念碑の建立をためらったからといって、それで無罪放免とも、彼が黒人と白人とが同等に暮らせる平等社会への移行を望んでいた証拠だとも考えるべきではない。歴史家のケヴィン・M・レヴィンが指摘しているように、リーは表向きには敗戦を受け入れていたようだが、内心では奴隷解放や奴隷制の廃止について気を揉んでいた。

ロバート・E・リーは奴隷所有者だった。そして、奴隷制の維持と拡大を前提にした軍を率いた。リーが一八五六年に妻に宛てた手紙は、彼が南部連合側について戦ったのは奴隷制を守るためではない、なぜなら彼は奴隷制を「道徳的かつ政治的悪」[2]と信じていたからだ、という主張を裏づけるための手段としてしばしば用いられる。そのあとに続く内容がなければ――また、リーが奴隷を所有していたという事実を知らなければ――、こうした主張は人種差別と偏見の言いがかりから彼を守る盾のように見えたかもしれない。しかし、手紙の二文あとにはこう書かれている。

だが奴隷制は、黒人よりも白人にとって大きな悪だと思う。わたしの気持ちは黒人たちのためにより強く引きつけられるが、共感はむしろ白人たちへとより強く向かう。黒人はアフリカよりここにいるほうが、道徳的にも、社会的にも、肉体的にも、はるかによい暮らしができている。彼らが課されている苦しい規律は、一人種として必要な教育であり、彼らをよりよい人生に導くものであってほしいと願っている。彼らの従属がいつまで必要かは、賢明で慈悲深い神意によって知らされ、命じられる。彼らの解放は、激しい論争の嵐よりも、キリスト教のおだやかな力によって、より早く実現されるだろう。[1]

リーは、奴隷制がいつかは終わると信じていたものの、それがいつ実現するかは神次第と考えていたようだ。こうした考え方は、リーの時代には一般的だった。彼も仲間の奴隷所有者たちも、そこはどうすることもできなかった。奴隷にされた人々も含め、みなが神の介入をただ待たなければならなかったのだ。

奴隷所有者としてのリーは、家族を離散させることに対して血も涙もなかった。歴史家のエリザベス・ブラウン・プライアーによると、「一八六〇年までに、リーは地所内にいる一家族を除いて、残りのすべての家族をばらばらに引き裂いた」[3]という。リーが所有していた三人の奴隷労働者が脱走したとき、彼は三人をとらえて連れ戻すと、残酷な見せしめとして彼らを殴らせた。そのときに脱走を試みたひとりの証言にこう書かれている。

わたしたちはすぐにリー将軍の前に連れていかれた。彼はなぜ逃げたのかと理由を尋ねた。わたしたちは自分たちを自由だと思っていると正直に答えた。すると彼は、二度と忘れられない教訓を教えてやろうと言い、わたしたちを納屋へ連れていくよう命じた。そこでわたしたちは、彼の目の前で、奴隷監督者のミスター・グウィンにきつく柱に縛りつけられた。ミスター・グウィンはリー将軍に命じられ、わたしたちを上半身裸にし、それぞれ五〇回ずつ鞭打った。妹だけは二〇回だった。それから、わたしたちはさらに丸裸にされたが、ミスター・グウィンにはそれ以上の鞭打ちを拒むだけのやさしさがあった。すると郡保安官のディック・ウィリアムズが呼び込まれ、命じられた回数だけわたしたちを鞭打った。

そのあいだ、リー将軍はそばに立ち、ウィリアムズにしきりに「しっかり打て」と命じていた。ウィリアムズはその命令を怠ることはなかった。リー将軍はわたしたちの素肌の肉を引き裂くだけでは飽き足らず、奴隷監督者にわたしたちの背中を塩水でくまなく洗えと命じた。そしてわたしたちは洗われた。[4]

南北戦争中、リーも同時代のほかの人々と同じように、北軍のなかに黒人兵士がいるのを見て動揺した。彼の指揮下にあった白人兵士たちは、悪名高いクレーターの戦い「南北戦争中の一八六四年にピーターズバーグ周辺で勃発した戦闘のひとつ。北軍が爆薬を仕掛けて南軍防御線を崩したものの、北軍兵士自らがその爆発でできたクレーターに行く手を阻まれ、南軍の勝利となった」のさなかに降伏しようとした黒人兵士たちを無慈悲にも処刑した。リー率いる北ヴァージニア軍があれだけ大勢の黒人部隊を目の当たりにしたのは、そのときが初めてだった。このクレーターの戦いは、リーだけではなくこの墓地自体をひとつの歴史のなかでとらえるのに役立つ。

「この戦いはブランドフォード墓地と直接結びつきます」とレヴィン氏はのちにわたしに話してくれた。「黒人兵士の師団を含む北軍の先遣部隊を押し返した南軍の反撃は、ブランドフォードのすぐ近くで始まったのです。彼らは黒人兵士が戦場にいると知り、激怒しました。およそ二〇〇人の黒人兵士が、戦闘中、あるいはそのあとに降伏して殺されました。教会のなかには、クレーターの戦いについての資料があります。要するに、ブランドフォード教会は、クレーターの戦いの戦場の上に立っているのです」

南部連合軍の白人にとって、北軍の軍服を着た黒人を目にしたことが最悪の衝動の引き金となり、ここから戦いの局面は怒りに満ちたものへと大きく変わっていった。黒人兵士を使うということは、南部を成り立たせていた社会秩序全体を脅かすものだった。北軍の黒人兵士は、単に敵の人口構成の変化を反映しているわけではなかった。リー率いる南軍の目には、黒人兵士は奴隷反乱――しかも、リンカーンと合衆国政府に積極的に支持された悪夢のような規模の反乱――に加担する者に映ったのだ。南部連合政府は、黒人兵士を反乱に加担した奴隷と正式にみなし、再奴隷化または処刑の対象とする政策を整備した。また白人将校についても、反乱を助ける者として処刑してもよいとされた。

戦闘中に黒人兵士と対面したリーの兵士たちは、敵の黒人たちに対してあからさまな軽蔑を示した。レヴィン氏は著書『クレーターの戦いの記憶（*Remembering the Battle of the Crater*）』（未邦訳）のなかで、多くの南軍兵士たちの回想を引用している。あるサウスカロライナの兵士は、「それは猛り狂った雄牛に赤い旗を与えるのと同じ効果をわれわれに与えた」と述べている。第一六ミシシッピ歩兵連隊のデイヴィッド・ホルトはこう回想する。「やつらを目にしたのはそれが初めてだった。青い軍服に銃を持ったニガーの姿は、〝ジョニー・レブ〟が見るに耐えられなかった（ジョニー・レブとは、典型的な南軍兵士を象徴したキャラクターのこと）」ホルトは、自分が「激しい怒りに支配された」と言い、さらに「そんな自分を、やつらの風貌と同じくらい醜く感じた」と述べている。第四八ジョージア歩兵連隊のパー・レイバン・オドムは、「わが軍は銃剣、銃弾などのあらゆる手段でやつらを殺した。やがて、やつらは互いの上に八人、一〇人と重なりあって横たわり、靴の四分の一ほどの深さの血だまりができた」と述べている。オドムと同じ連隊にいた別の兵士はこう語る。「銃剣でやつらの心臓を貫くこともあれば、こめかみに銃口を当てて脳を吹き飛ばすこともあった。銃床で頭を叩きのめされる者もいた。無事に後方部隊のもとまでたどり着けた者はほとんどいないだろう」[5]

黒人部隊が降伏したあとも、南軍兵士たちの残忍さは衰えることがなかった。レヴィン氏は、戦闘が終わったあとのできごとについて兵士たちが語った、つまびらかな内容を紹介している。[6]第一六ミシシッピ歩兵連隊のジェローム・B・イェーツはこう回想している。「ニグロのほとんどは、戦闘のあとに殺された。後方部隊に連行されてから殺される者もいた」ヘンリー・ヴァン・ルーヴァイ・バードによると、「いまや沈黙を破る音といえば、哀れな負傷者が水を請う声だけだった。それもまた、まるで『Bois ton sang. Tu n'aurais de soif.（自分の血を飲むがいい。それでもう喉が渇くことはないだろう）』とでも言っているかのような銃剣のひと突きによって黙らされた」という。ジェームズ・バーデリーは、それを「まさに血みどろの光景、ほぼ無政府状態の大虐殺」と呼んだ。

このような暴力は、南軍の戦線の背後でいまだ奴隷として囚われている黒人たちに向けて、このような反乱は戦争に限らず決して許されないということを伝える意味があったと、レヴィン氏は指摘している。戦時中に発行されていた『リッチモンド・イグザミナー』紙は、当時の多くの南部人が抱えていた思いを明確に汲み取り、南軍のウィリアム・マホーン将軍率いる部隊にこう懇願している。「目を閉じて、ブランデーの水割りを飲んで胃を整えて、神があなたや勇敢な部下たちに託した仕事を最後までやり遂げてください。つまりはニグロをひとり残らず虐殺するまで。（中略）グラント［クレーターの戦いで北軍を実質的に指揮していた中将ユリシーズ・グラントのこと］があなたがた勇敢な部隊に対して送り込んできたニグロをみな殺しにしてください。やつらがこちらの英雄をとらえるのを決して許さないでください」[7]

クレーターの戦いのあと、とらえられた北軍の捕虜は、白人か黒人かを問わず、ピーターズバーグの通りを行進させられた。この見せしめは、戦争に負ければこういう危機に陥る――つまり、人種がごちゃまぜになり、白人至上主義の終焉を招くというメッセージを民間人に伝える意図があったと、レヴィン氏は主張している。

戦後の数年間、ロバート・E・リーは人種平等に基づく社会づくりを受け入れるどころか、率先して反対していた。たとえば彼は、黒人の投票権について与えるべきではないと主張している。「事実、南部の人々は北部や西部の人々と団結し、明確な理由から、国の政治的権力を黒人の手にゆだねるようないかなる法制度にも反対する」[8]一八六八年、複数の元南部連合の指導者たちが署名した文書のなかでリーはそう述べている。「だが、この反対は決して憎悪からではなく、現状では黒人たちには政治的権力を安全に預かれるだけの知性や資質がないだろうという考えが根強くあるからである」

リーの人種差別的な考え方と清廉なイメージとのギャップに気づいたのは、後世の人々だけではなかった。リーの死後すぐ、とくに黒人の作家や活動家によってその点が指摘、追及されている。一八七〇年、リーの神格化が加速するのを見たフレデリック・ダグラスは、「反逆者の長に対する仰々しい称賛」を非難し、「故ロバート・E・リーに対する吐き気のするようなお世辞で埋め尽くされていない新聞がほとんどない」[9]という事実に辟易していた。

二〇世紀初頭においても同様だったことは、W・E・B・デュボイスが一九二八年のエッセイのなかで次のように書いていることからも明らかだ。

> 毎年一月一九日［リーの生誕記念日］になると、偉大なる南軍将校ロバート・E・リーを偶像化しようとする努力が新たに繰り返される。彼の容姿、一流の生まれ、軍事的手腕などのすべてが、偉人かつ天才という評価を求めてくる。しかし、あるひとつの恐ろしい事実がそれを阻止する。すなわち、ロバート・E・リー

は奴隷制を存続させるために、血まみれの戦争を率いたという逃れようのない事実だ。『ニューヨーク・タイムズ』紙などの南部贔屓の新聞は、「もちろん、彼が奴隷制のために戦ったことはない」と高々と宣言するだろう。では、彼はなんのために戦ったのか？　州の権利か？　くだらない。南部は奴隷制を守る武器として州の権利を欲したまでだ。（中略）否。人は、政府の抽象的な理論のために戦争へ行きはしない。みな、財産と特権のために戦うのだ。これこそ、ヴァージニアが南北戦争で戦った理由だ。リーはそのヴァージニアに従った。（中略）奴隷制を守るために何千という人々を傷つけ殺すのを手助けしていたとき、リーは奴隷制の意味するところを知っていたのか、あるいは知らなかったのか。もし知らなかったのなら、彼は愚かだ。もし知っていたなら、彼は裏切り者の反逆者だ——祖国に対してではなく、人類と人類の神に対して。[10]

リーをはじめとする南軍の銅像が、奴隷制の維持と拡大を前提とした反逆軍の記念碑として立っていることだけが問題なのではない。わたしたちアメリカの納税者は、その維持や保存のために税金を支払っているのだ。『スミソニアン』誌と〈ナショナル・インスティテュート調査基金（現タイプ・インヴェスティゲーションズ）〉の二〇一八年の報告によると、過去一〇年間で、アメリカの納税者は銅像、邸宅、博物館、墓地などを含む南部連合の記念碑と、その遺産保護団体に少なくとも四〇〇〇万ドルを支払ってきたという。[11]ヴァージニア州にいたっては、南部連合の図像研究への助成プロジェクトが一〇〇年以上も続いている。

ジム・クロウ法が暴力と弾圧的な政治力を拡大しつづけていた一九〇二年、白人だけからなる州議会は、南軍の墓地の管理のために州の資金を毎年割り当てる制度をつくった。『スミソニアン』誌の調査から、州が現在のドルに換算して合計およそ九〇〇万ドルを支出していたことが明らかになっている。その資金の多くは〈南部連合の娘たち〉という団体に直接支払われており、同団体は一九九六年から二〇一八年までのあいだに、南軍の墓地のための資金としてヴァージニア州から一六〇万ドルを受け取っていた。[12]

黒人や、かつて奴隷だった人々が所狭しと眠る墓地は、それ相応の財政支援をいまだかつて受けたことがない。ヴァージニア州議会は二〇一七年にアフリカ系アメリカ人歴史的墓地および墓法を可決し、この不公平を是正する決意を示した。それにもかかわらず、『スミソニアン』誌の調査時には、一〇〇〇ドルに満たない額しか使われていなかった(ヴァージニア州はその後支援のレベルを引きあげ、二〇二〇年には一九世紀に建てられたアフリカ系アメリカ人の墓地専用の基金を立ちあげた。一世紀以上に及ぶ軽視に対する埋めあわせの第一歩がようやく踏みだされた)。

ブランドフォード墓地から通りをはさんだ向かい側に、もっと小さく地味な墓地があった。

この〈人々のための追悼記念墓地〉は、一八四〇年にピーターズバーグの自由黒人コミュニティに属する二八人によって購入された。この地に埋葬されているのは、奴隷にされていた人々、ある反奴隷制の作家――彼の埋葬場所は〈自由への全国地下鉄道ネットワーク〉というサイトにも掲載されている――南北戦争、第一次世界大戦、第二次世界大戦の黒人退役軍人、そしてピーターズバーグに住んでいた何百もの黒人たちだ。

ここもまた、モンティチェロのふたつの墓地と同じように違いが際立っていた。人々のための追悼記念墓地は、ブランドフォードに比べてはるかに墓石の数が少なく、茶色くなった草があちこちに散らかっていた。墓を飾る旗もない。亡き人々を偲ぶ一時間ごとのツアーもない。歴史はあるのに、そこは沈黙していた。

それからの数週間、わたしはマーサが式典のチラシを素早く裏返した様子、顔を赤らめ、自分の管理している土地でこの式典が開催されることをわたしに見られてしまったと恥じていた様子を、何度も思い返した。彼女があんな反応をしなければ、何を隠そうとしているのか、たいして気にならなかったかもしれない。だがそのときにはもう、マーサがそこまで恥じらうものを突き止めようと心は決まっていた。

〈南部連合軍退役軍人の息子たち（Sons of Confederate Veterans）〉（ＳＣＶ）の追悼記念式典にひとりで行くのはためらわれたので、追悼記念日の朝、わたしは友人のウィリアムと一緒に車でふたたびピーターズバーグへ向かった。彼はブロンドの髪とえくぼが特徴的な、快活な性格をした白人の大学院生だった。ウィリアムとは大学時代からのよい友人で、以前は幼稚園の先生をしていたこともあり、わたしの子どもたちの大好きな遊び相手でもある。父親を亡くしたことをきっかけに、彼は自分の先祖を調べはじめ、農園主や南軍として戦った人もいたことを知った。この旅は、それを見つめ直す自分自身の旅でもある、と彼は言った。

道路沿いに車がずらりと駐車された墓地に入っていくと、人々が大きな見晴らし小屋《ガゼボ》に向かって丘をあがっていく様子が見えた。わたしは、式典のあまりにくだけた雰囲気にあっけに取られた。二〇〇人ほどの人々が、持参した折りたたみ椅子をランダムに並べて座っていた。子どもたちは、笑い声をあげながらそびえ立つ木のまわりで追いかけっこをしていた。一〇代から年配者まで、大勢の人が集まって抱きあいながら、がははと笑ったり、親しみを込めてうれしそうに軽く背中を叩きあったりしていた。まるで、どこかの家族の再会の集いに紛れ込んでしまったかのような気持ちになった。

たくさんのディキシー・フラッグ［ディキシーとは南部諸州の通称。ディキシー・フラッグとは、もとは南軍の海軍旗で、現在は南部を示すシンボルとして有名］が、トウワタの草のように地面から生えていた。南部連合の国旗をあしらった野球帽をかぶった人、合衆国を脱退した各州の紋章入りのバイクベストを着た人、〈南部連合の娘たち（United Daughters of the Confederacy）〉の頭文字UDCが印字されたデッキチェア。わたしの左右両側には巨大な——それはもう巨大な——南部連合の国旗が、その抵抗の紋章を風になびかせていた。ガゼボの正面には、これまた南部連合の国旗と、アメリカ合衆国の国旗が並んで掲げられていた。あたかも、そのあいだにあった壮絶な戦争の重みにつぶされ殺された七〇万もの人々などいなかったかのように。

デッキチェアを持ってきていなかったわたしたちは、座っている人たちの視界を妨げないように、目立たないように、人混みの後ろに立った。

式典は、南部連合の式服に身を包み、長い銃剣が装備されたライフル銃を左肩にかけた一〇人以上の儀仗兵の行進から始まった。彼らの制服は煙のような色をしており、とくに帽子はまるで灰をかぶったかのようだった。儀仗兵たちがガゼボの正面を横切ると、集まった人たちは一斉に椅子から立ちあがった。気をつけの姿勢を取り、右手を眉のところにあげて敬礼する人もいれば、携帯電話でもの悲しげな行進を写真におさめる人もいた。儀仗兵はガゼボの片側から反対側まで移動すると、気をつけの姿勢で立ち止まった。司会進行役が、帽子を脱いでアメリカ合衆国の忠誠の誓いを暗唱するよう全員に呼びかけた。続いて国歌のアコースティック演奏が始まり、人々はそれに合わせて斉唱した。そのままギタリストがとぎれなく次の曲をかき鳴らしはじめると、人々はあの有名な《ディキシー》を魂を込めて歌いだした。

ああ、あの綿花の大地に帰れたら
忘れられぬ古き時代
はるか！　はるか！　はるか彼方のディキシー・ランド

この曲はもともと一八五〇年代に、白人俳優が顔を黒塗りにして黒人に扮するミンストレル・ショーの一部として作曲された。やがてそれが事実上の南軍賛歌となり、南軍兵士が戦いに赴く際に演奏されるようになった。[13]さらに二〇世紀半ばには、〝マッシヴ・レジスタンス〟——学校の人種差別撤廃を阻止しようとする運動のことで、そこから公民権に対する抵抗がさらに拡大していった——の象徴ともなった。オールミス［ミシシッピ大学の愛称］のマーチングバンドも、アメフト会場で南軍風のユニフォーム[14]を着てこの曲を演奏していた。わたしは声をそろえて歌うひとりひとりを見まわした。みな、打倒された先祖の故郷に対する皮肉なまでに甘美な賛辞を声高らかに歌いあげていた。わたしには無縁の故郷に対する賛辞を。

さまざまな人がガゼボに設けられた演壇にのぼっては演説を行った。みな口々に足元で眠る兵士たちを称え、それに対する異論を激しく非難した。

ある人はこう言った。「この墓地に限らず、アメリカ連合国のすべての墓地はかけがえのないものです。彼らが戦い、命を落とし、経験した苦難や試練を、そして彼らの家族たちを忘れないために」

またある人はこう言った。「憎しみを持つ人々が英雄たちの記憶を消し去ろうとしますが、自由のために究極の代償を支払った彼らは記憶されてしかるべきなのです」

ウィリアムと立ったまま聞いている途中で、わたしは小さなノートを取りだし、メモを書きはじめた。そっと書いているつもりだったが、ペンが紙に触れるたびにきゅっきゅと大きな音を立てているような気がした。わたしは視線を感じた。何人もが座ったまま振り返り、困惑というより疑うような目で、〈南部連合軍退役軍人の息子たち〉の集まりの背後に立つ、見たことのない黒人を見つめた。右隣にいた男は、さりげなさを装うこともなく、携帯電話のカメラでわたしを撮影しはじめた。人々はずっとこちらに顔を向けたままだった。視線が肌を這いずりはじめ、わたしはゆっくりとノートを閉じて脇の下にはさむと、ガゼボのほうに視線をあげ、必死で気にしていない雰囲気をかもしだした。そのまま頭を動かさずに人々を見渡すと、目の前の男が腰のホルスターに銃を入れているのが目に入った。ヴァージニア州では、武器を隠さず携帯することが認められているのだ。

基調講演には、当時団体の最高責任者だったポール・C・グラムリング・ジュニアが登壇した。数週間前にマーサが隠そうとしたチラシで見ていたので、彼の顔はわかった。グラムリングは白のオックスフォードシャツに黄褐色のスーツを重ね、麦わら帽子を額にわずかにかかる程度に、まるで自転するかのように傾けてかぶっていた。暗めのブロンドヘアが首の後ろから肩に落ちるほど長く伸び、分厚い髭が口元を覆っていた。彼が演壇にあがると、ガゼボの陰から顔が現れ、次の瞬間には午後の柔らかな日差しを浴びて反射した。

グラムリングは、スピーチの冒頭で追悼記念日の起源についての話をした。「追悼記念日の始まりについて書かれたものをいくつか読んでいるのですが、先日、ある著述に出会いました。真実かどうかはわかりませんが、個人的に気に入ったので、今日はそれをみなさんにもお話ししたいと思いました」

グラムリングは一八六六年四月二五日にミシシッピ州コロンバスで行われた追悼記念日の記録を読みあげた。複数の女性たちが「北軍兵士と南軍兵士の両方の墓を飾った」彼の声は、まるで三日月型の脚の上で前後に揺れる古いロッキングチェアのようだった。「(〈南部連合の娘たち〉は)尽きることのない愛でわが国の英雄たち全員を、つまりアメリカ退役軍人として正当な地位を得た南部連合の死者たち全員を、永遠に称えつづけるでしょう。北部人も南部人も、黒人も白人も、裕福な人も貧しい人も、われわれみながアメリカ人として自分たちの遺産を受け入れていくべきです。アメリカの遺産は、みな共通して持っているものであり、われわれを定義するものですから」

わたしはやんわりとぼやかした彼の口ぶりに興味をかきたてられた。どうやら彼は、南部連合と合衆国とのあいだの線引きを推し進めたいわけではなく、南部の記憶をこの国の歴史意識により完全に同化させることが望みのようだった。この話によると、南軍兵士たちは第一次世界大戦や第二次世界大戦、ヴェトナム戦争、朝鮮戦争、イラク戦争などで戦った兵士たちと同じアメリカ退役軍人だということになる。彼らが合衆国相手に戦ったことは関係ないらしい。グラムリングは、アメリカ退役軍人として南軍兵士は記憶されるべきと考えているのだ。

グラムリングのスピーチは、南部再建終了後に開かれた追悼記念日の会に非常によく似ていた。登壇した演説者たちは、今日を和解の日にすべきだと、この戦争がなんのために戦われたかは考えずに、南軍と北軍の両方の兵士が払った犠牲に敬意を表するべきだと声高に主張した。[15] 元南軍将校のロジャー・A・プライアーにいたっては、戦争の原因は奴隷制などでは断じてない、リーも絶えず言っていたように、奴隷制は神がそう判断されたときに終わるものなのだからとまで言ってのけた。「奴隷制が崩壊したのは、人間が意思を持って努力したからではなく、全能の神の直接の介入と行為があったからだと、公平な歴史には記録されるだろう。そして四〇〇万人の解放を祝して天にのぼる賛歌のなかに、南軍兵士たちの敬虔な満足の声がまじる」[16]

「真実かどうかはわかりませんが、個人的に気に入ったので」グラムリングのスピーチ冒頭で発せられたこのコメントは、驚くほど正直で深く本質をついたものだった。わたしは彼が使った無神経な論展開に愕然とした。

追悼記念日の起源については、ミシシッピ州コロンバスではなく、その一日あとに開催されたものの、ミシシッピ州が追悼行事を開くきっかけとなったジョージア州コロンバスのほうだと言われることが多い。* 一八六六年、ジョージア州コロンバスの婦人追悼記念協会は、南軍将校ジョセフ・E・ジョンストンが北軍将校ウィリアム・T・シャーマンに降伏した四月二六日を、南部連合の戦没者を称える記念日に定めた。ほかの州では、戦没者記念日――〝デコレーション・デー〟と呼ばれることも多い――を初めて行う日として、それぞれ別の日が選ばれた。たとえば、ストーンウォール・ジャクソンが戦死し

* ジョージア州コロンバスの婦人追悼記念協会は、ほかの場所でも同じような追悼行事が同時開催されることを願って、新聞に広告を出した。ミシシッピ州コロンバスの新聞が日付を間違ったために、同州では一日早く開催されてしまった。

た五月一〇日、かつてのアメリカ連合国大統領ジェファーソン・デイヴィスの誕生日の六月三日など。[17]

南部のさまざまな場所が、追悼記念日の起源はうちにあると主張している。ブランドフォード墓地もそのひとつだ。ヴァージニア州ピーターズバーグのオフィシャル・ウェブサイトによると、最初の追悼記念日は一八六六年六月にブランドフォードの敷地内で祝われたという。[18]こうした言い分は少なくとも、事実だけではなく解釈の仕方にも関わってくる。歴史家のデイヴィッド・ブライトによると、追悼記念式典が実際に初めて催されたのは、一八六五年五月、サウスカロライナ州チャールストンだったという。これは、南部連合の女性たちがジョージア州、ミシシッピ州、ヴァージニア州の墓所に名誉を与えはじめるより前のことだった。ブライトはハーヴァード大学のアーカイヴで、解放奴隷を中心とする黒人労働者たちが執り行った行事について詳しく報じた『ニューヨーク・トリビューン』紙と『チャールストン・デイリー・クーリエ』紙の記事を発見した。彼らは戦死した北軍兵士たちを埋葬し追悼したという。南軍は経営権を握っていたチャールストンのワシントン競馬場およびジョッキークラブを屋外監獄に改築し、北軍の戦争捕虜を収容していた。監獄の環境は最悪で、二六〇人近い北軍兵士が死亡し、競馬場の特別観覧席の裏に設けられた集団墓地に埋められた。そのあとにあったできごとについて、ブライトはこう述べている。

南軍がチャールストンから撤退したあと、黒人労働者たちがその場所へ赴き、北軍の遺体を適切に埋葬し直した。それから墓地のまわりに漆喰塗りの高い塀を設置し、入り口に〝競馬場の殉教者たち〟という銘を刻んだアーチを建てた。[19]

このオランダの農園だった場所が持つ象徴的な力は、解放奴隷たちにも伝わった。彼らは白人宣教師や学校教師と協力し、競技トラック上で一万人によるパレードを行った。このイヴェントを目撃した『ニューヨーク・トリビューン』紙の特派員は、「サウスカロライナでも、またアメリカ合衆国でも、これほどの友人や会葬者の行列を見たことがない」と書いている。

行列を先導していたのは、腕いっぱいにバラを抱え、北軍の進軍歌《ジョン・ブラウンの遺骸》を歌う三〇〇〇人の黒人学童たちだった。そのあとに、花籠や花輪、十字架などを持った数百人の黒人女性たちが続いた。それから黒人男性が足並みそろえて行進し、その後ろから北軍歩兵部隊がやってきた。墓地の囲いのなかにいた黒人の児童合唱団が《自由の喊声》や《星条旗》や黒人霊歌を歌い、それが終わると黒人牧師たちが聖書を読みあげた。

こうした歴史にも、グラムリングはちゃんとこれまで出会ってきたのだろうか。〝失われた大義〟により適した解釈が好まれる一方で、ほぼ忘れられてしまったこうした歴史のことも、ちゃんと知っているのだろうか。

〝失われた大義〟とは、南部連合のことを、黒人の奴隷束縛の拡大を目指して反逆を試みた者たちとしてではなく、家族や名誉や遺産のために立ちあがった者たちとしてとらえ直そうと、一九世紀後半頃から勢いを増した運動のことである。この運動の主張によると、南北戦争は奴隷制とは関係がなく、戦争で戦った兵士や将校たちは、人種差別をめぐる対立のためではなく、単に家族や地域社会のために戦った高潔な人々ということになる。〝失われた大義〟のつくられた神話物語は、南部連合支持者に限らず、アメリカ人として自覚を持つ幅広い人々を取り込んだ。これは、アメリカの歴史を書き換えようとする試みだったのだ。

ブライトも書いているように、初の戦没者追悼記念日は当時の新聞にも大きく取りあげられた。しかし、南部再建政策が打倒され、白人民主党が州政の主導権を握ると、この式典の物語は公式な記録からも人々の意識からも消し去られた。

スピーチが進むにつれ、グラムリングは歴史の話題からそれ、全国にある南部連合の記念碑をめぐる今日の論争をテーマに自身が行った講演のことを語りだした。「われわれにはいま共通の敵がいること、その敵がこの国の道徳的基盤を根絶しようとしていることをそこで話しました。彼らがもし南部連合にまつわるすべてを根絶やしにできたら、次に何が起こるか」彼の表情に浮かんだ静けさが印象的だった。グラムリングはひどく真剣な目つきで群衆を見まわした。「敵は知っているのです。われわれを排除できれば、この国の残りは簡単に手に入れられると。この三〇年、われわれのシンボルを奪おうとする人々と対立してきました。一〇〇年以上前に、われわれの住む町に、あの都市あの町などにこうした記念碑が建立されたとき、町全体がそれに携わったのです。わたしの出身地シュリーヴポート（ルイジアナ州）にあるカドー郡地方裁判所にも記念碑が立っています。一九〇六年に行われたその記念碑の除幕式には、何十万もの人が足を運びました」

聞いていた人々はうなずいた。わたしは神経が高ぶり、熱くなった耳がちくちくと痛んだ。

「しかし、ここに眠る人々を思うこと、あそこにあるような……」と、グラムリングは人々の右手にある、一〇メートル近くはあろうかという南軍兵士の像を指さした。「あの像をよく見ること。組織連中に、つまり敵に立ち向かうにはそれしかありませんでした。ここに三万の人々が眠っていると知っておかなければ、神のみが知る存在になってしまいます。そして、否定論者が『撤去しろ、不快だ、気に入らない』と非難する全国のあらゆる記念碑のことを思うのです。（中略）わたしは彼らをアメリカのＩＳＩＳ［イスラム国を自称するイスラム過激派組織］と呼んでいます」彼は、そうだそうだとつぶやく人々を見渡し、喜びのあまり顔を歪ませた。「このことは、『南軍退役軍人』誌の記事にも書かせてもらいました。彼らは中東のＩＳＩＳと大差なく、気に入らない歴史を破壊しようとします。そして先ほども言ったように、南部連合のシンボルを破壊し終えたら、今度はアメリカのシンボルやキリスト教のシンボルへ向かうでしょう」

　グラムリングの言葉の一音一音が、まるで肌に押しつけられたタバコの燃えさしのように感じられた。わたしは、南部連合の記念碑を撤去させるために何年も戦っていた故郷ニューオーリンズの友人たちのことを考えた。その多くは、現状を変えられないものとして受け入れる必要などないことを生徒たちに伝えたいがために全力で戦う教師だった。親として、子どもたちのためによりよい世界を、よりよい街を、二〇メートルの台座にのった奴隷所有者などいない街をつくりたくて活動している人もいる。わたしたちにこれらの像が何を表しているかを教えてくれ、数十年前には、自ら体を張ってその像が表しているものと戦った、多くの公民権運動の先輩たちもいる。こうした人々をわたしは知っていた。彼らの誰ひとりとしてテロリストではなかった。

　グラムリングは続けて、南部連合の真の意味を理解し、「物語を取り戻そう」と列席者全員に呼びかけた。「みなで立ちあがり、『われわれは単にこれだけの存在ではない』と言えるようにならなければなりません」と、彼はガゼボの左にある南部連合の国旗を指さした。「われわれはどちらの存在でもあるのです」と、今度は反対の手の人さし指を右にあるアメリカ合衆国の国旗に伸ばした。その両手を広げた姿が、まるで両脇にある旗を祝福しているかのように見えた。

スピーチの締めくくりに入り、グラムリングは〈南部連合軍退役軍人の息子たち〉とともに、自分がいかに使い古された美辞麗句を焼き直して大義を推し進めようとしているかを誇らしげに語った。「わたしは、〝Make Dixie Great Again（ディキシーをふたたび偉大な国に）〟しなければと言うことがありますが、そのフレーズをわれわれのウェブサイトで見たという方もおられるでしょう。われわれは〝Make Dixie Great Again〟と書かれた野球帽を製作しています。ワシントンの〝Make America Great Again（アメリカをふたたび偉大な国に）〟という赤い帽子にとてもよく似ています。ですが、アメリカをふたたび偉大な国にするためには、ディキシーをふたたび偉大な国にしなければならないことを、みなさんに申し添えたいと思います」と彼は大声で言った。

グラムリングが演壇からおりると、人々は一斉に拍手喝采を送った。わたしたちの前にいたふたりの男は、持っていた大きな南部連合の国旗を不気味なまでに熱狂して振りまわしはじめた。わたしはウィリアムのほうを向いた。彼は両眉をつりあげ、長く重いため息をついた。わたしたちは、まるで地面から馴染みのない振動を感じ取った小動物さながらに、前後のすべてのものに目を走らせた。

残りの式次第も、歌手が登場したり、グラムリングのこれまでの論点を短く繰り返す人が登壇したりと次々と進んでいった。式典の最後には、〈南部連合の娘たち〉と〈南部連合軍退役軍人の息子たち〉のそれぞれの代表が南軍兵士の像の台座に花輪をたむけた。すると儀仗兵が広大な墓地に向き直り、ライフル銃を空に向けて三回発砲した。一発目の銃声で、わたしは膝が崩れるかと思い、アドレナリンが体内にどっと噴出した。ライフル銃の轟音が全身にこだました。二発目で目をつぶり、三発目でまた目をつぶった。わたしは口のなかの筋肉が引き締まるのを感じた。そんな筋肉、あるとは知らなかった。

南部貧困法律センターという非営利団体の報告によると、二〇一九年時点で、全国の公共の場に残っている南部連合の記念碑や地名などのシンボルは二〇〇〇近くあったという[20]。

これらの碑をつくることは、害のない記念でも、単に戦死したアメリカ人を忘れないでおこうとする努力でもない。意図的であろうとなかろうと、それはメッセージを送ることになる。わたしは、全国にあるネイティヴ・アメリカンの虐殺や強制移住を指揮した人々の像のことを思う。先住民の幼い子どもがその台座にのった人物を見てどう感じるだろう、と。

南部連合の記念碑が建立されるようになった二〇世紀初頭は、多くの南軍退役軍人が死去しはじめた時期だった。戦争の記憶を持たない新しい世代の南部白人が大人になると、〈南部連合の娘たち〉は退役軍人たちの記念碑を建てられるだけの資金を集めた。その目的のひとつは、彼らがどんな人物だったのか、彼らが戦った大義がいかに名誉あるものだったかを、若い世代の南部白人たちに教えるためだった。しかし、そうした理由と完全には切り離せない、もうひとつの理由がある。これらの記念碑は、黒人コミュニティが脅かされ、黒人の社会的・政治的自由が妨げられていた時代に、白人至上主義を強化するために建てられたものでもあった。一九世紀後半、各州はジム・クロウ法を次々と施行しはじめ、この国の人種カースト制度を確固たるものにしていった。最初期の記念碑が生まれた背景には、差別のない社会を築こうとした南部再建時代に対する政治的・社会的反動があったのだ。こうした記念碑は、黒人コミュニティに向けられたテロ活動を具体的な形に表したものだった。これらの像の建設は、一九五〇年代から六〇年代にかけてふたたび急増した。偶然だろうか、公民権運動の時期に一致している。

南部連合の像や記念碑の資金集めと建立の最前線に立つ組織、〈南部連合の娘たち（UDC）〉は、南北戦争中に誕生したいくつかの婦人団体や協会を統合する形で、一八九四年に設立された。『ワシントン・ポスト』紙によると、UDCだけで全国に七〇〇以上の像や記念碑を建てており、そのうちの四〇〇以上が公共の場に設置されているという。[21] また、ほとんどの記念碑はかつての南部諸州にあるものの、〝失われた大義〟の証は、本書執筆時点でカリフォルニア州、ワシントン州、サウスダコダ州、デラウェア州、ニューヨーク州、マサチューセッツ州など、全国各地で確認できる。

これらの記念碑を支持する人々は、逆に反対することは現代の道徳観を過ぎ去った時代に無理やり当てはめる行為だと主張する。しかし、こうした主張は、まさにその時代の黒人作家や活動家たちの反対意見を無視している。フレデリック・ダグラスは一八七〇年にこう書いている。「〝失われた大義〟の記念碑は、不道徳な反逆の記憶を必然的に永続させてしまうという点でも、それを建てた人々が考えていた当初の目的を果たせていないという点でも、愚行の記念碑であることを証明するだろう。それは愚かさと過ちの無用な記録でしかない」[22]

ダグラスは、戦争直後からその後の生涯を通じて〝失われた大義〟を激しく非難しつづけた。一八七一年、彼は南北戦争の理由を忘れる危険性について熱く語っている。

ときおりわれわれは、愛国心の名のもとに、この恐ろしい戦いの真価を忘れ、国家の命を狙った人々と、それを救うために戦った人々——つまり、奴隷制のために戦った人々と、自由と正義のために戦った人々——を、同等の称賛を持って記憶しろと求められる。

わたしは悪のしもべではない。わたしは倒れた人を殴るつもりはない。悔い改める人を拒むつもりはない。だが、もしあの長く恐ろしい、血塗られた戦争の当事者たちの違いを忘れるようなことがあったら、わたしの右手はその手腕を失い、舌は口蓋にくっついてしまうだろう。[23]

一九三一年、W・E・B・デュボイスは南部連合の記念碑を建てるという決定に対し、歴史を無視した無責任な行為だと非難した。

戦争で最も非道なことは、間違いなくその記念碑だとわたしは思っている。それは犠牲者を忘れないために建てることを強いられる、なんとも恐ろしいものだ。とくに南部では、戦争の記念碑に南部連合の解説を刻むのに、人間があれこれと創意工夫を施している。もちろん、明白な真実を刻めば、「人間を奴隷にする制度を永続させるために戦った人々の記憶に捧ぐ」といった碑文になるだろう。時が経つにつれ、そうしたものを読むことはますます減って難しくなってきている。とはいえ、ノースカロライナ州にある南部連合の記念碑に「自由のために戦い犠牲となった人々に!」と書かれているのは、さすがに度を超えているように思える。[24]

〝失われた大義〟のつくり話は、南部連合の記念碑だけにとどまらない。それは州が定めた生活のさまざまな側面に浸透している。たとえば一一の州には、南部連合にまつわる祝日や記念行事が合計二三もある。[25]二〇二〇年の時点で、アラバマとミシシッピの両州にはロバート・E・リー記念日、アメリカ連合国戦没者追悼記念日、ジェファーソン・デイヴィス誕生日、サウスカロライナ州にはアメリカ連合国戦没者追悼記念日、テキサス州にはアメリカ連合国英雄記念日が設けられている。アラバマ州とミシシッピ州のロバート・E・リー記念日にいたっては、キング牧師記念日と同じ日に祝われる。

〝失われた大義〟のつくり話はまた、メディアや文学、戦後のプロパガンダなどによっても広められてきた。これらのフィクションでは、南北戦争が奴隷制をめぐる対立だったことが否定されたり、奴隷制が無害な、むしろ双方にとって有益な制度として描写されたりすることが多い。ジェファーソン・デイヴィスのアメリカ連合国大統領就任から三五年後の一八九六年二月二二日、元南軍将校のブラッドリー・T・ジョンソンは、奴隷制について「未開の人種が優れた者によって教育され、文明を身につける訓練を受ける徒弟制度」だと説明した。[26]

南北戦争の終結後、南部連合の指導者たちからバトンを受け継いだ南部の白人作家たちは、暴力と搾取によって定義される制度としてではなく、熱心な黒人奴隷と親切な白人奴隷主の互恵的な取り決めとして奴隷制を描きつづけた。ヴァージニア州出身で、戦争終結当時はまだ一二歳だった作家のトーマス・ネルソン・ペイジは、物語中にこうした誤った郷愁を示すことで、北部と南部両方の白人の心に訴えかけた。彼は自分が思う黒人訛りをちりばめながら、奴隷制の時代に戻りたいと切に願う奴隷たちの姿を描いた。彼の小説『マース・チャン：古きヴァージニアの物語（*Marse Chan: A Tale of Old Virginia*）』（未邦訳）のなかで、元奴隷の黒人サムはこう語る。

「ありゃあ古きよき時代だったなあ、ご主人は――このサムが会ったなかでいちばんのお人さ!（中略）ニガーはなんもすることがねえ――ただ馬に餌やったり体を洗ってやったり、ご主人に頼まれたことをやってりゃいい。馬が病気になると、家の外に出しとく。そんだら白人が病気のときに来るのとおんなし医者が診に来てくれる。面倒なこたぁ、ひとつもないさ」[27]

〝失われた大義〟は偶然の産物ではない。歴史がたまたまつまずいた過ちではない。それは、南部連合がなんのために戦ったのか、奴隷制がこの国を形成するうえでどんな役割を果たしたかについての誤った記憶を植えつけ、曖昧にすることを意図的に多面的に多分野から目指した結果だったのだ。

式が終わり人々が解散しはじめるなか、わたしは話を聞かせてもらえそうな人がいないかとあたりを見まわした。複数の人と話ができたらと、ウィリアムと二手に別れた。

わたしは数メートル先にいた男性に近づいた。首から黒いストラップをかけ、そのカメラで式典の写真を撮っていた。わたしが自己紹介をすると、彼はカメラを目からおろし、振り返った。ジェフは白髪まじりの長いポニーテールを背中まで垂らしていた。南部連合の紀章のついたデニムのベストが、彼のまるっとした体をゆったりと覆っていた。顔は夏の暑さで湿り気を帯び、彼がぬぐうより早く額から玉の汗が転がり落ちた。ジェフいわく、自分は六三歳で、何人かの先祖が南軍として戦ったのだという。

オレンジの球体のような太陽がわたしたちの頭上高くに浮かんでいた。わたしも額をぬぐいながら、今回の式典についてどう思うかとジェフに尋ねた。「そうだな。真実を知らなかった人がいたなら、今日いろいろと聞けたんじゃないかな」彼は自分の言葉に賛同するかのようにうなずいた。「南軍兵士たちのこと——それから北軍兵士のことも、われわれが関与してきた別の戦争についての話もあった。われわれは公平で正直であろうとしている」と独り言のようにつぶやいてから、ジェフは続けた。「起こった実際のできごとに対してね。あの状況で戦った各人は、自由を求めて戦おうとしていた。何を信じようが、われわれは自由のために戦おうとしているんだ。それに、南軍側は北軍の栄誉をおおいに称えている。われわれが北軍を忌み嫌っていると思っている人もいるが、そんなことはない。彼らが尊敬に値する兵士であることは誰もが知っている。われわれは彼らの旗、つまりはアメリカ合衆国の国旗を通して、記念碑を通して、彼らを称えつづけようとしている。それはここピーターズバーグにもある。北軍の記念碑も、南軍の記念碑も。モニュメント・アヴェニューもある。未来の世代が真実を知るためにも、どれもがそこになきゃならない。歴史を排除してしまっては、真実は学べない。決して学べやしない。もしそうしたことを失えば、奴隷になってしまう。かたや教育を受けた人がいて、かたや教育を受けていない人がいたら、そいつは人々の奴隷になってしまうんだ」

ジェフの言葉選びには度肝を抜かれたが、その言葉が意図的に挑発しようとしたものだったのか、たまたまそういう表現になったのかはわからなかった。

「誰もが真実を学ぶべきだと思う」ジェフはそう言うと、歯を舐め、手の甲でふたたび額をぬぐった。

「あなたの思う真実とは?」わたしは訊いた。

「真実とは、実際に起こったことさ」

わたしはうなずき、彼がさらに何か話すのではないかと待った。

「基本的に、みな同じことばかり耳にする。『要するに奴隷制の問題だろ』と。だが違った。要は、各州には自治権があるっていう話だったんだ」

それからジェフは二〇メートルほど先にある墓石を指さした。

「ほら、黒人ジェントルマンのリチャード・ポプラー氏のことは知ってるだろう。あそこに墓標がある。彼はとらえられて北のふたつの捕虜収容所に送られた。黒人でありながら南軍将校だった彼は、『もし南軍のために無理やり戦わされたと言えば、解放してやる』と言われた。彼は、『部下たちを見捨てやしない』と答えた。『どういう状況かはわかっている。おまえたちが南部に侵攻してきたんだ』と」

しかし、南軍は自由黒人を兵士として従軍させることを禁じていた。ましてや将校などもってのほかだ。のちにわかったことだが、ポプラーの話は、ピーターズバーグの人々が戦争について語る物語において核となる要素だった。一八八六年の彼の死亡記事にはこう書かれている。

開戦時にサセックス竜騎兵隊が結成され、第一三ヴァージニア騎兵連隊H中隊に属することとなったとき、リチャードはその司令部所属となった。サセックス竜騎兵隊は財政力のある組織だったため、各隊員が自分の使用人を同行させていた。一八六一年四月からゲティスバーグ撤退までのあいだ、リチャードは連隊に忠実につき従った。[28]

ポプラーの追悼は、〈南部連合軍退役軍人の息子たち〉の地元支部が、毎年〝リチャード・ポプラー記念日〟を設けることを強く求めた二〇〇三年頃から始まったようだ。二〇〇四年にピーターズバーグ市長がその宣誓書に署名した際、彼はポプラーのことを第一三ヴァージニア騎兵連隊に奉仕した南軍の〝退役軍人〟と呼んだ。そしてポプラーの墓石は、彼の亡骸が眠っているとされる場所からほど近いブランドフォード墓地に設置された。わたしとジェフが立っている場所からほんの数メートル先のところだ。しかし、先ほどの死亡記事を引用したケヴィン・M・レヴィンも指摘しているように[29]、ポプラーが「使用人」として「所属した」という書かれ方は、彼が兵士として入隊したわけではないことを示しているように思われる。一八八六年のポプラーの死亡記事[30]は、彼が兵士たちの料理人であり、戦闘に参加する人物ではなかったことを示唆している。こうした神話化は、ポプラーだけにとどまらない。ほかにも、最大一〇万もの黒人兵士が南軍として戦った、ロバート・E・リー将軍の指揮下で戦った黒人たちがいた、彼らは南部を救うためなら命を犠牲にすることも厭わない人種を超えた連隊の一員として勇敢に戦死した、などといった主張もある。だが、こうしたことを裏づける証拠はいっさいない[31]。

黒人の南軍兵士という神話は、一九七〇年代に〈南部連合軍退役軍人の息子たち（SCV）〉の強いアプローチによって出現した。公民権運動から数年が経過し、南北戦争に対する世間の認識が変わってきた――〝失われた大義〟の神話から離れ、この戦いの中心にあったのは奴隷制だという認識が広まった――ことを受け、こうした物語がつくられたのだ[32]。おそらくSCVは、リチャード・ポプラーのような人物の物語を利用すれば、南軍の遺産を守れると考えたのだろう。それに反する証拠が山ほどあろうと関係ない。これで南部連合支持者はこう言うことができる。もし戦争が奴隷制をめぐる戦いなら、なぜ黒人兵士が南部のために戦っていたのか？　黒人兵士が南部のために戦ったのなら、ディキシー・フラッグを掲げることがどうして人種差別と言えるのか？

戦争に奴隷を使おうという案なら、南軍将校のパトリック・クリバーンが提言していた。だが、こうした提案は南部連合指導者の大半に一蹴された。なぜなら、それでは戦争する根底理由がすべて揺らいでしまうからだ。指導者たちは、奴隷制を永続させるか、どんなことをしてでも戦争に勝って独立をたしかなものにするかのどちらかを選べる立場にいたが、後者の選択をすることは多くの指導者にとって受け入れがたいものだった。ヴァージニア州出身の上院議員ロバート・M・T・ハンターは、「われわれの財産を守るためではないなら、なんのために戦争に行ったのか？」[33]という発言を残したとされている。南軍将校のハウエル・コブなどは、さらにはっきりとこう述べている。「奴隷が優れた兵士になるなら、われわれの奴隷制の理論全体が間違っている」[34]

リーがアポマトックスで降伏するわずか数週間前、南部連合は戦争の危機を脱する最後のあがきとして、黒人が南軍として戦うことを許可する法案を承認した。しかし、時すでに遅かった。彼らは事実上すでに敗北していたのだ。[35]

話が進むうちに、ジェフはリンカーンが侵略してきて、連邦政府のルールを南部連合に押しつけたことが緊張を高め、最終的に戦争につながったのだと言いだした。

「そんなのは、わたしがきみの家に行って、そこでの暮らし方を教えるようなものだ。きみには、自分の家で自分のやり方で暮らす権利がある。大きな脅威でもない限りはね。それこそリンカーンがやろうとしたことだ」

戦争の本来の物語に奴隷制がどんな役割を果たしていたとジェフが思っているのか、わたしは確認してみたくなった。そこで、南北戦争勃発の理由の一部に奴隷制もあったと思うかと尋ねた。

「そりゃ、ごく一部には。なかったとは言えないって意味だ。奴隷居住区があったのは、われわれも知っている。だが実際のところは少数しかいなかった。南部には奴隷を所有するプランテーションはわずかしかなかったんだ。奴隷制のことを追求したいならそれもひとつだが、それはつまり、こっちの家族も追いかけまわしているのと同じだからな」

南北戦争が勃発した理由のなかで奴隷制など「ごく一部にすぎない」という考えは、ジェフに限ったことではない。それは、何十年にもわたる〝失われた大義〟のプロパガンダの結果だ。

大統領選に立候補中の一八六〇年、リンカーンは奴隷制を新たな領土に拡大することには反対したものの、すでに奴隷制が存在していた一五の州については干渉しないと約束した。その約束にもかかわらず、多くの南部の指導者たちは、リンカーンの当選を奴隷制廃止論によって自分たちの事業を苦しめる直接の脅威と感じた。歴史家のエドワード・ボーネケンパーによると、リンカーンが大統領に就任する前に、ひとり当たりの奴隷人口が多く、家族の奴隷所有率も非常に高かった七州が合衆国から脱退し、さらに四州がそれに続いたという[36]。

南部連合の離脱宣言や分離独立会議の記録を見ると、これらの州が奴隷制に全面的に忠誠を誓っていたことがわかる。合衆国への忠誠をはるかに凌ぐ熱心ぶりだ。奴隷制と国家統一のどちらかを選ばなければならないなら、迷うことなく前者を選んだまでだ。以下は、離脱宣言や分離独立会議でなされた演説、そのほか離脱に関する文書からの抜粋である（傍点は筆者による）。

ミシシッピ州：われわれの立場は、世界で最も重要な利益を生む奴隷制と完全にともにある。その労働力は、世界の交易において群を抜いて最大かつ最も重要な部分を占める生産品を供給する。その生産品とは熱帯地域に近い気候ならではの特産品であり、有無を言わせぬ自然の法則により、黒人民族以外はその熱帯の太陽にさらされることに耐えられない。これらの生産品が世界の必需品となったいま、奴隷制への攻撃は交易と文明への攻撃と同じである。（中略）われわれに残された選択肢は、奴隷制廃止の命令に従うか、すでに国としての原理が堕落し、われわれを破滅させる合衆国の解散かのどちらかしかなかったのだ。[37]

サウスカロライナ州：合衆国を横切る地理的な境界線の北部にあるすべての州が、奴隷制に反対する意見と目標を掲げる人物を合衆国大統領という高い官職に選出することで一致している。（リンカーンは、）「この政府はいつまでも半分が奴隷で半分が自由人であることに耐えられない」と、そして国民の心は奴隷制が消滅する最後の過程にあると信じるべきだと宣言したがために、連邦政府の行政を任されることになる。憲法を沈没させるためのこうした連合勢力は、国の最高法規によって市民になれないはずの人々を市民の身分に押しあげることで、いくつかの州で支援されている。そして彼らの票は、南部を敵対し、その信念と安全を破壊する新たな政策を始めるために利用されているのだ。[38]

ルイジアナ州：奴隷所有州の人々は、アフリカ人奴隷の所有を維持するためという同じ必要性と決意によって結束している。[39]

テキサス州：われわれは、否定できない事実として、いくつもの州政府および南部連合政府が、白人のみによって、自分とその子孫のために樹立されたと信じている。その一方でアフリカ民族はその樹立になんの影響力も持っていなかったと、よって彼らには所有され、劣等で従属的な民族とみなされて当然の理由があると、そのような状態でのみ、この国での彼らの存在が有益で許容できるものであったと確信している。[40]

フロリダ州：まもなく政府の権限を握るこの政党は、地域偏重的で、われわれには無責任である。狂信的な激しい怒りに突き動かされるがままに、あらゆる反対意見に抵抗してばかりで、奴隷所有から生じる権利のあらゆる痕跡を確実に破壊してしまうだろう。[41]

アラバマ州：リンカーン氏の選出は単なる政権交代としてだけではなく、新たな方針の始まりとして、新たな政府論として、そして奴隷制の終焉として歓迎されている。よってリンカーン氏の選出は、北部の大多数からの、また南部およびその財産と制度に敵意を持つ者からの、厳粛な宣言――ほかならぬ宣戦布告――とみなすほかないのだ。なぜなら、新たな政府論の勝利は、すなわち南部の財産を破壊し、田畑を荒廃させることであり、またサン＝ドマングで起きた奴隷反乱の恐怖を始めることになるからだ。そうして、半開のアフリカ人の欲望を満たすために、南部民が殺され、妻や娘たちが汚され傷つけられるのだ。[42]

ヴァージニア州の離脱布告の起草者たちは、合衆国から脱退する理由について、いっさいの疑念を持っていなかった。

> ヴァージニア州：ヴァージニア州民は、西暦一七八八年六月二五日の憲法制定会議におけるアメリカ合衆国憲法批准の際に、同憲法のもとで与えられた権限は合衆国国民と同根であり、同国民を傷つけ抑圧するために悪用されるいかなる場合も回復されると宣言し、これを採択した。そして連邦政府は現在、ヴァージニア州民を傷つけるのみならず、南部奴隷州を抑圧するためにも、同権限を悪用している。[43]

以上の一次資料で不充分であれば、アメリカ連合国憲法を見てみよう。[44] 第四条第三項に次のように公言されている。

> すべての（新しい）領土において、アメリカ連合国に現在存在する黒人奴隷制度は、連合議会およびによって承認され、保護されるものとする。また、アメリカ連合国の複数の州および準州の住民は、アメリカ連合国の州または準州で合法的に所有している奴隷を当該準州に連れていく権利を有する。

実際、アメリカ連合国の大統領となるジェファーソン・デイヴィスは、彼の故郷であるミシシッピ州が離脱を宣言したのちの一八六一年一月二一日に、合衆国上院の退任演説で、奴隷制を脅かすことは自国民の主権を脅かすことと同じだと明言している。

ミシシッピ州をこのような決定に導いたのは、差し迫った必要性があるという確信――つまり、われわれの建国の父たちが後世に残した権利を合衆国においては奪われるという思いでした。ミシシッピ州は、すべての人間は自由で平等につくられているという理論が宣言され、それがこの州の社会制度を攻撃する根拠とされ、人種平等という立場を維持するために神聖な独立宣言が引きあいに出されるのを聞きました。（中略）わが国の憲法が制定されたとき、（奴隷制）はより明白なことでした。というのも、そこにはまさにその階級の人々を財産と定めた条項があるのです。彼らは白人と同等の立場にも、ましてや貧民や囚人と同じ立場にも置かれていませんでした。ただ、下院議員の選出に限ってのみ五分の三人として数えられ、より低い社会階層として区別されていました。[45]

こうした対立は、離脱や戦争を防ぐために議員たちがあれこれと模索した妥協案のなかにも顕著に表れている。一八六〇年一二月、戦争の不穏な足音が大きくなるなか、ケンタッキー州選出の上院議員ジョン・J・クリッテンデンは、のちに〝クリッテンデン妥協案〟として知られるようになるものを発表した。その妥協案で彼は、南部の合衆国離脱を防ぐための六つの憲法改正案と四つの議会決議案を提案した。改正案を提出する際、クリッテンデンはこう述べている。「憂慮すべき問題は、アメリカ合衆国領土における奴隷保有州の権利や、南部民が奴隷に対して持つ権利について、わが国の北部と南部に論争が生じているということです。わたしはこれらの決議案によって、これらすべての問題と不満の原因を解消すべく努力してまいりました」[46] 六つの条項と四つの決議案は、いずれも奴隷制の問題と具体的に結びついたものだった。たとえば第二条にはこうある。「議会は、その専属的管轄権のもとにあり、また奴隷所有を認めている州の範囲内にある場所では、奴隷制を廃止する権限を持たない」 第四条にはこう書かれている。「議会は、ひとつの州から別の州、または奴隷の所有が法的に認められている準州への奴隷の輸送を、陸路、航行可能な河川、海路にかかわらず禁止あるいは妨げる権限を持たない」[47] このように改正案全体として、一八二〇年のミズーリ妥協で定められた境界線以南の州における奴隷制の永久存続が保証される内容になっていた。ある改正案には、将来的な改正によって残り五つの改正案を覆すことを不可能にしようとする内容も盛り込まれていた。この提案は南部の政治家の大多数から支持されたが、リンカーンをはじめとする北部の共和党員は受け入れを拒んだ。

〝失われた大義〟の何より悪質な特徴に、戦後の劇的な態度の変化が挙げられる。南北戦争が終結すると、南部連合の指導者たちは、自国建国のために訴えていた奴隷制の重要性についての主張を引っ込めたり、あるいは完全に否定したりしようとした。議会の退任演説から二〇年後の一八八一年、ジェファーソン・デイヴィスは南部連合の歴史本を出版し、南北戦争は奴隷制とはなんら関係がなく、たとえアメリカ人が誰ひとり奴隷を所有していなくとも、南北戦争は起こっていただろうと主張した。[48] アメリカ連合国副大統領アレクサンダー・スティーヴンズは、奴隷制を「近年の決裂と現在の革命の直接原因」[49] であり、アメリカ連合国は「ニグロと白人とは同等ではないという偉大なる真実」に基づき建国されたなどと述べた、一八六一年の〝礎石演説〟と呼ばれる悪名高いスピーチでの露骨な表現について、新聞が自分を誤解して引用している部分もあると繰り返し主張した。この演説の際に記録され、広く公表された記者たちのメモについて、スティーヴンズは「不備だらけだった」と述べている。

南部諸州が奴隷制を守るために分離独立し、戦争の種を撒きはじめたことを裏づける資料は尽きることがない。一次資料を見たうえで、戦争のおもな原因が奴隷制以外のものだったと自分を納得させるには、歴史を大きく歪曲させる必要があるだろう。

ふたりの子どもがわたしの後ろを走り抜け、丘を転がるボールを追いかけていった。それを見ながらジェフは微笑み、ハンカチで額をぬぐってからそれをまたポケットにしまった。彼はアメリカ史上最も破壊的だったこの戦争のことを〝内戦〟とは呼ばないと言った。それでは真実を歪めているから、と。「われわれは〝州間戦争〟や〝われわれに対する北部侵略戦争〟と呼んでいる」ジェフは続けた。「なぜなら、彼らが内戦と呼ぶものは、実際には内戦ではないからだ。南部の人はそれが侵略だったと知っているから、内戦とは呼ばない。（中略）もし彼らが北部にとどまっていれば、何も起こらなかっただろう」

ジェフが「何も起こらなかっただろう」と言ったとき、もしそうなら奴隷のままだったはずの何百万もの黒人の命のことは忘れてしまったのだろうか、とわたしは思った。もしジェフがそのほうがよかったと思っているらしい状況になっていたら、黒人は奴隷でありつづけていたということだ。それとも彼はそんなこと、頭にはあっても気にしていないのだろうか？

ジェフは耳元に飛んできた蚊を手で払いのけた。話を聞いているうちに、彼のこの地とのつながりが単に歴史的興味によるものではなく、彼の血筋に根ざしたものであることがわかってきた。「ここへは四歳のときから来ているんだ」とジェフは言った。

彼の話では、この墓地には一八〇二年まで遡る七八人の親族が埋葬されているそうで、その墓参りによく来るのだという。

「ときどき夜あそこに座って、鹿が出没するのをただ眺めていたりするんだ」ジェフはガゼボのほうを指さしながら言った。口調がおだやかになっていた。「ずっとそこに座って、ただ感じるものを味わう。思い出に浸るのさ。ここには独立戦争の兵士やほかの退役軍人がいることはわかっている。わたしからすれば、ただ歴史を守りたい、孫娘やなんかに自分にできることを残してやりたいだけだ」彼はふたたびガゼボに視線をやり、周囲の木々の影に染まった白いフレームを見渡していた。

「この場所は平和だ。死者はわたしを悩ませない。わたしを悩ませるのは生きている人々だ」

南部連合とその名誉を称えて掲げられる旗が、ジェフにとって非常に特別な意味を持つことは明らかだった。しかしそれは、わたしや、わたしが愛する多くの人々にとっては、もっと違った、はるかに邪悪で暴力的なものを意味した。ジェフはすかさず、〝別の組織〟が旗を盗んで憎悪のシンボルとして利用したために、この旗の象徴性が歪められてしまったに違いないと言い張った。本来、そんなことは決して意図されていなかったのだが、と彼は言い添えた。

はっきりとは言わなかったが、ジェフはクー・クラックス・クラン（ＫＫＫ）の話をしているようだった。わたしは単刀直入に、〈南部連合軍退役軍人の息子たち〉のような組織をＫＫＫになぞらえる人たちをどう思うかと尋ねた。

「違う、彼らはＫＫＫではない」と、ジェフはあらためて強い信念を持って答えると、顎をこわばらせた。「それをいま言ったんだ。ＫＫＫも、旗にそんな意味はまったくないと言うだろう。彼らにとって、旗はまた別のものを意味する。ただ旗を気に入ったから、われわれの旗を奪って利用した。彼らはキリスト教の旗も使っている。ともかく忘れないでほしいのは、さっきも言ったように、この地域では〈南部連合軍退役軍人の息子たち〉こそが先祖たちの意思を代弁しているってことだ」

一八九六年にアメリカ連合国の元首都リッチモンドで創設された〈南部連合軍退役軍人の息子たち〈SCV〉〉は、「南軍の大義に生命を吹き込んだ動機について後世の人々にも理解してもらえるように、彼ら英雄たちの歴史と遺産」[50]を保存することを目的とした、約三万人の会員数を誇る組織団体と自らを説明している。また、南軍として戦った人々の男系子孫のための最も古い世襲組織であり、会員資格は「南部連合軍で名誉ある奉仕をした退役軍人すべての男系子孫に開かれている」としている。

同団体はヘイトグループや人種差別的イデオロギーと関わることを公に非難しているが、南部貧困法律センターによると、実際のところは、おもに歴史保存に関心のある人と、憎悪を広めるための手段として利用したい人とのあいだで内部不和が頻繁に起こっているという。[51]憎悪と過激思想はSCVの歴史にないわけではなく、むしろ中心を占めているのだ。

なかには、南部法律情報センターという非営利団体の共同設立者で主任検察官のカーク・ライオンズのような会員もいる。この団体は、新南部連合主義運動の事実上の法的機関として、おもに南部連合の国旗をめぐる事件を扱っている。ライオンズは一九八〇年代から九〇年代にかけて、KKKの元指導者を含む白人至上主義者や、反ユダヤ主義活動家などを法廷で次々と弁護した。二〇〇〇年のスピーチで、彼はSCVに築いてほしいと思っている社会について自身の構想をこう概説した。「われわれが立ちあげようとしている公民権運動は革命を求めています。（中略）われわれが求めているのは、〝北部主義〟

が浸透していない、神のもとに安定した伝統に基づく社会、つまりはヨーロッパ由来の国の大半に見られる階層社会です」また、ロン・G・ウィルソンのような会員もいる。南部貧困法律センターによると、彼はSCVの最高責任者だった二〇〇二年から二〇〇四年までの二年のあいだに、人種差別に反対の声をあげた約三〇〇人の会員を退会させたという。[52]

こうした内紛もさることながら、SCVのそもそもの活動計画からして、白人至上主義と切り離せないものなのだ。南部貧困法律センターとニューオーリンズの弁護士団体が近年提出した意見書には、こう書かれている。[53]「ここ数年、〈南部連合軍退役軍人の息子たち〉は公式声明で人種差別を否定しているが、本質的に人種差別的で白人至上主義的な社会観を含意する南部連合の〝歴史〟と〝伝統〟を盛りあげ、正当化することにいまだ多額投資を行っている」

SCVの組織系譜をたどると、そのままクー・クラックス・クランにたどり着くことができる。テロリスト集団となる以前のKKKは、秘密結社として元南軍兵士たちによって設立された。そのため、初期のKKKには南軍退役軍人がたくさん加入していた。一方、〈南部連合軍退役軍人の息子たち〉は、その前身となる〈南部連合軍退役軍人会(United Confederate Veterans　UCV)〉という組織から始まった。しばらくのあいだ、ふたつは別々の組織として存在していた。だが一九〇七年に行われたUCV第一七回年次会合で、〈南部連合軍退役軍人の息子たち〉の最高責任者は、KKKの初代最高指導者《グランド・ウィザード》となった元南軍将校のネイサン・ベッドフォード・フォレストを称賛する次のような演説を行った。

偉大かつ困難な時代というのはつねに素晴らしい指導者を生みだすものですが、身近にもひとりいました――ネイサン・ベッドフォード・フォレストです。彼の計画は、唯一残された道でした。秘密政府を、末恐ろしい政府を、黒人の多数派にも合衆国の銃剣武装兵にも動じず統治する政府を組織したのです。この秘密政府は南部のいたる地域で組織されました。歴史上ではクー・クラックス・クランと呼ばれています。（後略）

南部のロマンス作家や詩人が小説や歌のインスピレーションを見いだせるのは、古今いつの時代もここです。この地球上でこの組織以上に高潔あるいは偉大な精神が集まったことはありませんでした。人間の心が、これほど高潔な衝動や高い目標に動かされたことはありませんでした。（中略）秩序は回復され、財産は守られました。なぜなら、ニグロたちは悪魔を恐れるよりも、クー・クラックス・クランを恐れたからです。合衆国の銃剣武装兵をもってしても、ニグロは自分たちのために設立された黒人政府を信頼することができずに、進んでクー・クラックス・クランにひれ伏したのです。その瞬間、〝見えざる軍隊〟は一夜にして消滅しました。目的は果たされたのです。

ベッドフォード・フォレストは、この世の善人のためになされた彼の組織の高貴な行いと奉仕の記憶が保たれる限り、南部の息子と娘ひとりひとりによって敬愛されつづけるべきです。ベッドフォード・フォレストと彼の〝見えざる〟も勝利をおさめた軍隊がいなければどうなっていたかと考えるほどの卑しい心とは、いかなるものでしょうか。[54]

〈南部連合の娘たち（UDC）〉も、とくに二〇一七年八月にシャーロッツヴィルで起きた襲撃事件以降、公にはヘイトグループから距離を置いている。彼女たちのウェブサイトには次のような声明が出されている。「わたしたち会員は一二六年にわたり、教育、歴史、慈善の分野におけるさまざまな活動を通じて南軍兵士たちの記憶を称え、愛国心と善良な市民としての心得を促進してきました。わたしたち会員は、あたかも自分たちが建てた銅像さながらに背景に静かにとどまり、決して公の論争に関与することはありません」また、「人種差別による分断や白人至上主義を促進するいかなる個人または団体をも、全面的に非難します。そして、こうした人々が南部連合のシンボルを忌むべき目的のために使用することをやめるよう求めます」[55]

しかし、彼女たちにもさらに複雑な歴史がある。歴史家のカレン・L・コックスは、著書『ディキシーの娘たち（*Dixie's Daughters*）』（未邦訳）のなかでこう指摘している。「UDCの会員たちは、軍事的敗北を政治的・文化的勝利に置き換え、州の権利と白人至上主義に傷を残さないことを目指した」[56]

かつてUDCのワシントン州シアトル支部長だったハイディ・クリステンセンは、二〇一二年に組織を脱退する前にこう述べた。「初期の頃の〈南部連合の娘たち〉は、退役軍人や彼らコミュニティのために、たしかによい活動をしていました。しかし、一八九四年の設立以来、クー・クラックス・クランと密かに関係を保ちつづけていることも事実です。実際、世紀の変わり目には、いろいろな点において事実上KKKの女性補佐役のような存在でした。いまではこの関係はたいして重要視されていませんが、証拠なら簡単に見つけられます。探すのに目を凝らす必要もないでしょう」[57]

一九一四年、歴史家でUDCのミシシッピ支部長だったローラ・マーティン・ローズは著書『クー・クラックス・クラン：見えない帝国（*The Ku Klux Klan; or, Invisible Empire*）』（未邦訳）を出版した。そのなかでローズはKKKを大げさに褒め称え、人種差別表現として最悪の言葉を並べ立てている。「ニグロは自由を平等と同義だと考えており、白人女性と結婚することを最大の野望としていた」[58]と、彼女は書いている。「そのような状況下では、強力な秘密結社を組織し、公然とはできないことを遂行するほか手段はなかった。そこで南軍兵士たちは、クー・クラックス・クランの一員としていかなる緊急事態にも万全に備え、南部を死よりもひどい隷属状態から救いにふたたびやってきたのである」

本の冒頭ページで、ローズは自分の組織と自分が書いた本の関係性を濁すことなく、この本は「〈南部連合の娘たち〉に満場一致で承認され」ており、「本書が学校の副読本として採用され、全国の図書館に配架されるよう組織と協力して努力することを誓った」[59]と書き記している。

後者の学校と図書館については、UDCの共同設立プロジェクトを理解するうえでも重要なポイントだった。会員たちは単に死者のための記念碑を建てたかったわけではなく、世間の物語を書き換えたかったのだ。コックスも指摘しているとおり、彼女たちは子どもたちのことを、無生物の記念碑にはできない方法で州の権利と白人至上主義の原理を守りつづける〝生きた記念碑〟として見ていた。[60]組織は教師向けの授業プランを作成して配布したり、南部にある学校や図書館に南部連合支持派の本を置いたりした。そして子どもたちに、奴隷制は黒人にも白人にも利益をもたらす制度であり、残酷な奴隷所有者の存在は稀だったのだと説いた。さらに彼女たちは、生徒たちにこうした偽りの言葉を繰り返させるために、作文コンテストを開いた。

彼女たちの活動は成功した。二〇世紀初頭にUDCによって広められたメッセージにどっぷり浸かった子どもたちの多くは、公民権運動の時代に人種差別主義者へと成長することとなった。UDCの教育遺産は、この国の歴史に対する集団的無関心と、今日にいたる白人至上主義勢力を形成するのに貢献した。

会話のあいだジェフは、彼にとってブランドフォード墓地がどのような意味を持っているか、なぜそこまで重要なのかを語っていた。だからわたしも、自分がここについてどう感じているかを伝えたいと思った。先祖が奴隷にされていた身として、奴隷制を守るために戦った南軍にも、その戦争の大義に敬意を表したブランドフォードのような場所にも、あまり共感はできないとわたしは言った。

「なら、手紙を読むといい」とジェフは言った。「実際に書かれている。探せば見つかるから、リンカーンの手紙を読んでみるといい。奴隷制について彼がなんと言っていたか。リンカーンは黒人に公職についてほしくないと思っていた。黒人を古巣にとどめておくか、海外に送るほうがいいと考えていたんだ」

奴隷制と奴隷解放に対する姿勢という点で、リンカーンには複雑な歴史があった。歴史家のエリック・フォーナーが書いているように、リンカーンは「つねに奴隷制を憎んでいた」し、その制度を「恐ろしく不公平」[61]と呼んでいたが、その一方で奴隷制廃止を目指す彼と黒人の平等を目指す彼とは必ずしも一致していなかった。奴隷制の廃止と人種平等社会の構築への思いは切っても切り離せないものと考える奴隷制廃止論者もいるなか、リンカーンはそれらを別々のものと考えていた。一八五八年九月一八日、スティーヴン・A・ダグラスとの第四回上院議員討論会の一環として行われた演説で、リンカーンはこう主張した。

わたしは、いかなる形であれ、黒人と白人の社会的・政治的平等が実現されることに、これまでも、そして現在も否定的であることを申しあげます。つまり、黒人の有権者や陪審員を誕生させることにも、彼らに公職につく資格を与えることにも、白人と結婚することにも、以前から賛成しておりません。加えて、白人と黒人には身体的な違いがあり、これらふたつの人種が社会的・政治的に平等という条件のもと共存することは永久に禁じられるべきと考えていることも申し添えておきます。このように共存できない以上、ともにいる限り地位の優劣ができることは避けられず、わたしも多くの方と同様に、白人に優れた地位を授けることに賛成です。[62]

実際のところリンカーンは、政治家人生の大半において〝植民地化〟を公に提唱しつづけた人物で、南北戦争の前半にも一貫してその計画を推し進めていた。植民地化案——ジェファーソンが提唱した同じ計画に合わせて、ときに国外追放とも呼ばれる——の背後には、黒人が中央アメリカ、カリブ海、アフリカなどの別の国に定住し直したほうが、白人と黒人の双方にとってよいはずという考え方があった。リンカーンは、奴隷制廃止と植民地化の組みあわせこそが、表向きには黒人に自由を与えつつ、多くのアメリカ人が抱いていた黒人と共存しなければならないことへの不安を解消する最良の道だと考えていた。一八六二年八月一四日、リンカーンは自由黒人の指導者たちをホワイトハウスに招き、現在のパナマへの再定住計画を主導してもらえるよう説得を試みた。この提案が彼らに熱意を持って受け入れられることはなく、そのときの報告が新聞に掲載されると、自分たちをリンカーンとまったく同じアメリカ人だと考えるほかの黒人指導者からも激しく拒否された。フレデリック・ダグラスは、「アメリカ合衆国大統領は、自身を愚か者に見せることにますます情熱を注いでいるようだ」[63]と、リンカーンを酷評した。

植民地化を支持する人々のなかには、自由となった何百万の黒人が社会秩序を脅かすからという意見の人もいたが、リンカーンは白人の人種差別主義による恐怖が自分の支持の根底にあるのだと主張した。[64]白人の人種差別はあまりに根深く、それゆえ黒人が社会の対等な一員になれるチャンスは万が一にもないだろうと、彼は考えていたのだ。リンカーンのこうしたスタンスは、奴隷制は廃止すべきだが、自由な黒人アメリカ人と社会を分けあい、ともに暮らしたくはないと考える北部の多くの人々のスタンスと似ていた。「リンカーンを含む多くの白人アメリカ人にとって、植民地化案は、奴隷制廃止論者の急進主義と、アメリカ合衆国が半分奴隷で半分自由人として永久に続いていく可能性とのあいだの妥協点を示していた」[65]と、フォーナーは指摘している。

留意すべきは、奴隷解放宣言に署名した頃から、また二〇万の黒人兵士が北軍として戦っているのを目の当たりにした頃から、リンカーンの態度が変わりはじめたという点だ。暗殺される数日前、彼は「非常に知的」で「兵士としてわれわれの大義に奉仕した」者に限るが、ある一部の黒人グループに制限つき選挙権を与える可能性を是認した。[66]この問題に対するリンカーンのスタンスが進化しつづけていた証拠はあるのだが、南北戦争後まもなくして彼が暗殺されてしまったために、最終的にどの立場を取ることになっていたかは知る由もない。*

リンカーンが政治家人生の大半において黒人の劣等性と植民地化を主張してきたとするジェフの言い

＊　また南部連合のみならず、リンカーンをはじめ、わが国で尊敬され高い評価を集める多くの重要人物たちが、ネイティヴ・アメリカンのコミュニティを破壊するような政策を進めていたことも指摘しておかなければならない。一八六二年に制定されたホームステッド法や太平洋鉄道法などがその一例だが、こうした政策は先住民たちの土地や資源の莫大な損失につながった。ほかにもリンカーン政府は、ニューメキシコ準州からナバホ族とメスカレロ・アパッチ族を追放し、その大半の人々をおよそ六五〇キロも離れた居留地まで強制的に移動させた。彼らのうちの二〇〇〇人以上が、その旅の途中や居留地で数年のうちに命を落としたという（シェリー・サルウェイ・ブラック、「リンカーン：ネイティヴ・アメリカンにとって英雄ではない人（Lincoln: No Hero to Native Americans）」（未邦訳）、『ワシントン・マンスリー』、二〇一三年一／二月号より）。

分は間違いだろうか？　いや、そんなことはない。だが問題は、必ずしも彼の発言が正しいかではなく、むしろリンカーンの記録を利用して、戦争が進展するなか、彼が四〇〇万の黒人を解放するために戦った一方で、敵陣が黒人を奴隷のままにしておくために戦ったという事実をうやむやにしようとしているところにあるのだ。

ジェフと会話しているあいだに、いつのまにかガゼボの日陰が移動しており、わたしたちの顔は暑い太陽にさらされていた。わたしはこめかみにできた玉の汗が頬を滑り落ち、生い茂る髭のなかに迷い込むのを感じた。ふたりの子どもが、車に戻るわよと呼ぶ母親に抵抗して丘を駆けまわっていた。そびえる南軍兵士の像の足元に置かれた花輪が、灰色の石に寄りかかるように倒れ、そのまわりに結ばれたリボンの尾がそよ風に吹かれて上下していた。

ジェフが立ち去って数分後、わたしはある女性とその息子から話を聞きはじめた。二〇歳の息子はすらりと細身の体型にメガネをかけ、顎のラインに黒い髭をぽつぽつとまばらに生やしていた。わたしは、この若者が先ほどまで儀仗兵として南軍兵士の格好をしていたうちのひとりだと気づいていた。「実は直前にやることになったんですよ」そう言うと、彼は自分をニコラスと名乗った。ニコラスは早口で鼻にかかった話し方をした。「銃に弾も入っていなかったんです」

「最後に南軍の格好をしたのは六年前でした。一四歳のときにパンプリン・ヒストリカル・パークでふざけて」とニコラスは言った。

わたしは、南軍の式服を着るのはどんな気分かとニコラスに尋ねた。その回答に、ある特定の立場や物語への彼の忠誠が表れるのではないかと考えたからだ。

「ぼくは南軍よりも北軍に共感しているほうだけど、今日終わってみて、やっぱりどっち側も記憶されるにふさわしい勇敢な人たちだったと思います。ここでぼくがやっていたのは、そういうことです」

ニコラスと彼の母親と話していると、南軍の格好をした、ニコラスよりずいぶん年上らしい男が数メートル先で立ち止まった。わたしは横目でこっそり見てみたが、彼は盗み聞きしているのを隠そうともしていなかった。彼がわたしを威圧しようとしているのか、それとも純粋に会話に参加したがっているのかわからなかった。

「あなたは?」不気味に背後をうろつかれるよりも、直接声をかけてしまったほうがいいと思い、わたしは彼に向き直り言った。「こうしたことには長いこと参加されているのですか?」

「一九のときからだ」

「いま、おいくつです?」わたしの後ろからニコラスの母親が尋ねた。

「四八歳だ」

わたしは彼のほうにきちんと向き直って自己紹介をし、彼がジェイソンという名であることを聞きだした。それから、この式典や南軍の格好をすることが彼にとってどんな意味を持つのかと尋ねた。

「一八六一年から六五年という時代そのものだ。この一点に尽きる。うちの蔵書を見ると、子どもたちに買った児童書以外は、ほとんど南北戦争の本ばかりだ。この時代に、とにかく心をつかまれたんだ」

ジェイソンは続けた。「南北戦争史の授業を受けていたとき、誰かがこう言った。『南北戦争の再現をする仕事をしたいと思っているんだ。かっこいい仕事じゃないか?』と。それが全部ボランティアとは知らなかったよ」そう言って彼が笑うと、ニコラスと彼の母親も一緒に笑った。

「両軍に対して興味があり、ある種の共感もしているという点で、ニコラスに近い感覚でしょうか？」わたしは訊いた。

「わたしは両軍に理解がある。彼らの考え方を理解している。両軍の言い分を。だが正直に言えば、やはり南軍の大義により共感を覚える。いまの学校では教わらないことも山ほどあるからね」

わたしはジェイソンに、より包括的な真実と思うものに対し、自身が習ったことはどう違っていたかと尋ねた。

「どう言えば角が立たないかな。つまり、人々は受けるべき教育を受けていないということだ。みな、『南北戦争とは要するに奴隷制をめぐるものだ』と教わって大人になるだろう？　そうして大人になって、（若者たちに）同じことを教え、そして彼らもまた大人になる。毎日のようにそればかり聞かされていれば、いざわたしが『それは正確には事実ではない。ちゃんと話そう』と言っても、（中略）言われた人はわたしを頭のおかしなやつだと思うだけだ。まったく。それって、こう言うようなものさ」と、ジェイソンはわたしの胸を指さした。「それは本当のところシャツじゃない、とね」

「ではあなたは、奴隷制が南北戦争のおもな原因だと教わって大人になったのですね？」

「そう教科書に載っている」ジェイソンは答えた。

わたしは、では実際の原因はなんだったと思うかとジェイソンに尋ねた。

「ほら、これぞちゃんとした会話だ」とジェイソンは言った。「五秒の宣伝広告にまとめるのはかなり難しいが」

「複雑ですものね」とニコラスの母親は言い残し、息子とその場を離れた。

「これは言っておくが、わたしは興味があるからいろいろと調べている」ジェイソンは言った。「人々はずっとこう教わってきた。南部連合は人種差別主義者だ、これは奴隷制をめぐる戦争だった、あの男たちは奴隷制を合法的に維持するために戦った、と。それを信じて育った人は、わたしのようにこの制服を着た人を、『あいつは人種差別主義者だ』といった目で見る。昔はモニュメント・アヴェニューにある、リーやストーンウォール・ジャクソンの像の前にも立てた。だが、いまはもう無理だ。安全じゃないからだ。誰かが車で通りかかって、わたしを撃つだろう。それが恐ろしいんだ。人種差別的な理由でそこに立っているわけではないのに」

わたしは、南部連合の記念碑の前に立つジェイソンが誰かに撃たれる可能性はまずないだろうと思った。事実、〈南部連合軍退役軍人の息子たち〉よりもはるかに過激な団体や個人――白人ナショナリストやネオナチなど、明らかに激しい憎悪思想を持つ人々――が、ここ数年、警察から驚くほどの保護を受け、自由に言論する権利を守られている。そのために市が何百万ドルも負担している場合もあるくらいだ。それはさておき、ジェイソンが恐怖を告白するというのも、また皮肉なものだった。歴史を書き換え、黒人コミュニティに恐怖を植えつける目的で数十年前にこうした記念碑が建てられたわけだが、それがいまではジェイソンのほうが同じ記念碑の前に立つことに恐怖を覚えているのだから。

それからジェイソンは、右手の丘の下にいる男を指さした。「あそこに立っている恰幅のいい男が見えるか」と彼は言った。「彼は再現グループの元キャプテンで、わたしをこの趣味に誘ってくれた人だ。彼は異国間《インターナショナル》――」ジェイソンはそこで間を置いた「〝異人種間《インターレイシャル》〟と言いたかったんだ――結婚をしている」ジェイソンはその男のほうを見た。「彼を知らない人は、彼のことを人種差別主義者と言うだろう。だが、そのあとに奥さんを見たら、違った見方になるかもしれない。言っていることがわかるか?」

異人種間で結婚しているからといって人種差別主義者であるはずがないというのは明らかに正しくないが、ジェイソンが戦争についてどう考えているのかを引き続き聞きたかったので、とりあえず反論するほどのことではないだろうと思った。

わたしはジェイソンに、調べるなかで、南部諸州が分離独立した理由に奴隷制が関係していたことを示すものを何か見つけなかったかと尋ねた。

「いや」ジェイソンは答えた。「ひどい人種差別的発言をよくする政治家もいた。調べればわかる。この協議に恐怖を感じた大地主もきっといただろう。なんだと? 奴隷制を廃止したいだと? 奴隷制なしにこの仕事はやっていけないだろう、とね。だから奴隷制など存在しなかったと、それが真相だと言っているわけじゃない。だが、戦争に行き、兵士たちが味わったようなとてつもない地獄を経験することになると思うと、なぜここにいる男たちはそうした? 南北戦争の兵士の平均年齢は一七から二二歳だった。彼らの多くは黒人を見たことすらなかった。奴隷を所有していたのは金持ちだが、そいつらは戦わなくてもよかった。徴兵を免除されていたからだ。だからといって、ヴァージニア州リッチモンドや、ジョージア州アトランタや、テネシー州メンフィスなんかに住む金持ちが奴隷を所有しつづけられるように、こうした男たちが出かけていき、命を犠牲にして戦い、収容所生活やシラミにネズミといったあらゆる地獄を味わうというのか。それでは筋が通らない。わたしからすれば、そう思うのがふつうだ。誰もそんなことはしたくないだろう」

歴史家のジョセフ・T・グラットハールは、奴隷所有者の数が圧倒的に少なかったことを理由に、南軍兵士が奴隷制のために戦ったはずがないとする主張に異議を唱えている。彼はのちにリーの北ヴァージニア軍となる部隊の兵士構成を分析し、「一八六一年の志願兵のうちの大多数が奴隷制に直接関わっていた」と指摘した。一八六一年時点で、彼ら南軍兵士のおよそ半数が奴隷を所有しているか、あるいは奴隷を所有している世帯主と暮らしており、またそれより多くの兵士が奴隷所有者のもとで働くか、彼らから土地を借りるか、彼らとビジネスで関係があるかしていた。[67]

さらに、奴隷を所有していなかった南部の白人も、しばしば奴隷制の維持に非常に熱心であったことを示す充分な証拠もある。歴史家のジェームズ・オリバー・ホートンは、新聞各紙が南部の白人に向けて、奴隷制廃止を阻止するために戦うことが、奴隷や元奴隷が――『ルイヴィル・デイリー・クーリエ』紙の言葉を借りれば――「白人のレベルに」[68]あがってくるのを防ぐのになぜ不可欠かを訴えたメッセージをやたらと発信していたことを指摘している。そうした新聞では、奴隷制が廃止されると、貧しい白人と自由になった黒人との差がなくなるといった論が展開された。『ルイヴィル・デイリー・クーリエ』紙は、奴隷制廃止から始まる悪化の一途や人種平等の危険性について、奴隷を所有していない南部白人たちにこう警告している。「近隣のニグロの子どもたちが学んでいる学校に、わが子を通わせたいのか？ 自分に不利な証言をさせるために、ニグロに証言台に立つ権利を与えたいのか？」[69]同記事はそこでは終わらず、南部の白人にこのうえない熱狂と恐怖をもたらす次なる問いをすぐさま投げかけている。奴隷を持たない白人は、「神のご意思に反して﹅ふ﹅た﹅つ﹅の﹅人﹅種﹅を﹅融﹅合﹅さ﹅せ﹅た﹅」社会を受け入れるつもりか、と。

こうしたプロパガンダによって、奴隷を所有しない白人たちも、奴隷制廃止とは南部社会の存続そのものを脅かすものなのだと確信するにいたったのだ。奴隷制がなくなれば、近所の解放奴隷黒人とともに生活し、働き、必然的に子をもうけることを余儀なくされるだろうと、彼らは言われた。これは、南部に住む何百万という白人にとって受け入れがたいことだった。

ホートンは、南軍兵士自身がそうした発言をした例をたくさん発見している。戦争捕虜となったある南軍兵士は、見張りの北軍兵士にこう言ったという。「おまえらヤンク〔北軍兵士を象徴したキャラクターの名から、広く北軍兵士を指す言葉になった〕は、おれたちの娘とニガーを結婚させることが望みなんだろう」ノースカロライナ州の貧しい白人農民兵士は、戦いをやめることはできないし、やめるつもりもない、なぜならリンカーン政府が「有色人種として生きることをわれわれに強制しようとしているからだ」と言った。ルイジアナ州の南軍砲兵は、たとえ危機的な戦局でも戦うほかないと言った。なぜなら、「ニグロが白人と対等になる日など絶対に見たくない」[70]からと。

著書『アメリカ南部の奴隷制』（疋田三良訳、彩流社、一九八八年）のなかで、歴史家ケネス・M・スタンプは、奴隷を所有していない南部白人たちも、「ニグロという社会的・経済的競争相手をコントロールする手段として、自身のほうが上位カーストの一員であることを示す具体的な証拠として、あわよくば農園主階級に出世するチャンスとして」、やはり奴隷制を積極的に支持していたと主張している。[71]また歴史家のチャールズ・デューはこう述べている。「もしあなたが南北戦争前の南部白人であれば、行くことのできない下の階があります。あなたには、あなた個人や社会が自分たちよりも劣っていると決めつけた四〇〇万の人がいるのです。少なくともこうした心理的利益を得られる限り、奴隷制に積極的に関わる必要はないのです」[72]

南軍の大義への南部白人の忠誠は、彼らが奴隷を所有していたかどうかを前提にしたものではなかった。むしろ、黒人が社会的ヒエラルキーの最下層にとどまる社会を維持したいという願望に基づくものだったのだ。

先ほどまで友人のウィリアムと話しているのが視界の隅に見えていた男が、ジェイソンとわたしのほうにやってきた。わたしと握手をすると、彼はジェイソンと親しそうに挨拶を交わした。

「彼も情報の宝庫だよ」とその男を指さしながら、ジェイソンは言った。

ガゼボの反対側で友人と話していましたね、とわたしは言った。

「熱心に聞いてもらえたから、ほかにも何かあればと（ウィリアムに）電話番号を渡しておいたよ」と、彼は言った。

それはたいへんご親切にありがたい、とわたしは礼を伝えた。

彼は探るような目でわたしの顔を見つめ、そして表情を変えた。「彼にも伝えたが、もしわたしの先祖のことを書くなら――」ふたりのあいだの空気が、いまや震えだしていた。彼はぐっと身をのりだした。「正しく書いてほしい。わたしが興味あるのは、神話ではなく真実だ」

その数週間前、初めてブランドフォードを訪れたあと、わたしは車を北へ三〇分ほど走らせリッチモンドへ向かった。モニュメント・アヴェニューに着くと、通りに並列駐車し、ウィンカーをつけたまま数十メートル先にあるロバート・E・リーの像まで歩いていった。首を傾け、陽光をさんさんと浴びたリーの銅像を見あげると、ブロンズの色彩が遅い午後の日差しのなか輝いていた。それは果てしなく大きかった。高さ六メートルはある銅像が、一二メートルの白い石の台座から空に突き刺すように伸びていた。リーは馬にまたがり、威風堂々としたポーズを取っていた。将軍服の胴まわりには飾り紐がしっかと巻かれ、上着の裾が優美に彼の太ももに垂れかかっていた。わたしはそこに立ち、台座の下からリーの頭のてっぺんまでを、じっくりと眺めまわした。銅像の影がまるで日時計のようにわたしのまわりを移動しているのがわかるほど、長い時間が経っていた。このリーの銅像も、わたしが育った近所にある銅像とさほど変わらなかった。

わたしが生まれ育った都市には、南軍兵士の像があふれていた。台座の上にのった白人の男たちの下で、黒人の子どもたちが遊んでいた――そして、いまだ風に吹かれて流れてくるディキシーの歌を、黒人が演奏するトランペットやトロンボーンの音色がかき消すのだった。故郷ニューオーリンズには、南部連合の要人、奴隷所有者、奴隷制の擁護者にちなんで名づけられた通りや銅像、公園や学校などが少なくとも一〇〇カ所はある。何十年ものあいだ、黒人の子どもたちは、自分たちを所有物と考えていた人々の名前がついた建物に入っていった。わたしが通っていたラッシャー・チャーター・ミドルスクールは、南部連合支持者で元ルイジアナ州教育長のロバート・ミルズ・ラッシャーにちなんで名づけられた。彼は人種差別の撤廃に反対し、「白色人種の優位性」[73]を信じてやまなかった。実家に帰るときは、自分のような人間を財産と思っていた人々の名がついた通りを毎回走ることになる。

「ロバート・E・リー通りを三キロまっすぐ」

「ジェファーソン・デイヴィス通りを左に」

「クレイボーン通りの最初の交差点を右に」

翻訳するとこうなる。

「降伏しようとしている数百人の黒人兵士を虐殺した軍大将の通りを三キロまっすぐ」

「黒人を拷問することを新国家の礎と考えていた、アメリカ連合国大統領の通りを左に」

「ほかの奴隷たちがこれ以上何も考えないように、反乱を起こした奴隷たちの頭を杭にのせてさらすことを許可した男の通りの最初の交差点を右に」


わたしたちが歴史として語る物語の多くは、実際のところは自分たちについて、自分たちの母親や父親について、その母親や父親について、そうして遡れる限りの自分たちの血筋について語る物語だ。わたしたちは生涯を通じてある物語を教わり、それを信じることを選ぶ。そうした物語は、必ずしも完全に認識できているとはいえない状態で、自分たちのアイデンティティに埋め込まれていく。

ブランドフォードで出会った多くの人々にとって、南部連合の物語は自分の故郷や家族の物語であり――そして家族の物語は、つまるところ彼ら自身の物語なのだ。だから、自分の先祖がわたしの先祖を奴隷にしておくために戦争をしたという事実を見つめ直すよう求められると、一次資料や当時の証拠に残されている事実に彼らは抵抗する。自分たちが支持してきた嘘に、先祖たちの欠点に向きあわざるをえなくなるからだ。〈南部連合軍退役軍人の息子たち〉の会員のグレッグ・スチュワートは、二〇一五年のチャールストン教会銃撃事件後に『ニューヨーク・タイムズ』紙にこう語った。「自分の曾祖父母や高祖父母がモンスターだったと認めろというのか」[74] こうした現実を受け入れることは、彼らにとって、長らく自分たちの血筋の一部になっていた物語の崩壊を、この世に存在していると信じていた多くの人物の崩壊を意味するのだ。

しかし、ブランドフォードのことを考えると、わたしたちは誰しも、これまで語られてきた物語のパッチワークの一部にすぎないのではないかという気がしてくる。たとえこれまでずっと教えられてきた物語を打ち砕くことになったとしても、たとえ自分が何者で、家族が何者だったかを根本から見直さなくてはならないとしても、今後、あるいはいままさに誤った歴史と向きあうには何が必要だろうか？　受け入れがたいことだからといって、それを拒んでいいはずがない。誰かが話してくれたからといって、その物語が真実とは限らないのだ。

〝独立の日〟
ガルヴェストン島

一八六五年六月一九日、北軍将軍のゴードン・グレンジャーがテキサス州ガルヴェストンにあるアシュトン・ヴィラのバルコニーに立ち、奴隷制の終わりを告げる命令書を読みあげたという神話が古くから伝わっている。この主張を具体的に裏づける当時の証拠は存在しないものの、グレンジャー将軍がバルコニーでそれを読みあげたという話は、この地域の民間伝承に深く根づいている。毎年この日には、ガルヴェストンのジューンティーンス・プログラム［ジューンティーンスとは、アメリカで事実上奴隷制が廃止された記念日］の一環として、〈北部合衆国軍退役軍人の息子たち〉の再現役が、聴衆に見守られるなか、アシュトン・ヴィラで布告を読みあげる。神話が伝統に変わる年に一度の瞬間だ。

ガルヴェストンはテキサス州南東の沖合に浮かぶ小さな島だ。ここ数年、このイヴェントは屋外で行われていた。しかし、夏の暑さと島の湿気と参加者の平均年齢を考慮し、主催者はその年のイヴェントを屋内で開催することにした。グレンジャー将軍の格好をしたスティーヴン・ダンカンが階段のふもとに立ち、その両側に北軍兵士に扮した男たちが並んだ。スティーヴンは羊皮紙を見おろし、まるで初めて見たかのようにそこに書かれた言葉を品定めした。それから彼を見あげる聴衆を見おろした。スティーヴンは咳払いをすると、マイクに近づき、黄ばんだ羊皮紙を目の高さまで持ちあげた。

「アメリカ合衆国行政府からの布告に従い、あらゆる奴隷は自由であると、テキサスの人民に告げる。これには、かつての主人と奴隷のあいだにおける人権と財産権の完全なる平等が含まれ、彼らのあいだに存在した従来の関係は、雇用者と非雇用労働者という関係となる。自由となった者は、現在の家に静かにとどまり、有給で働くことを推奨される。彼らが軍駐屯地に集まることは許されず、どこにおいても怠惰な者は支援されないことをここに告げる」[1]

あらゆる奴隷は自由である。その言葉が群れから離れた鳥のように部屋を飛びまわった。わたしは、スティーヴンがその言葉を発したときの人々の表情に注目した。目をつぶる人。体を震わせる人。隣の人と手を握りあう人。ただ微笑みを浮かべ、一世紀半以上前に先祖が聞いたであろう言葉に浸る人。

この場所に——二五万人の人々の自由が宣言された、まさにその小さな島にいると思うと、体じゅうで歴史が脈打つのを感じた。

グレンジャー将軍率いる部隊がガルヴェストンに到着したのは、リンカーンが奴隷解放宣言に署名してから二年以上もあとであり、さらにロバート・E・リーの有名な降伏から二カ月以上もあとのことだった。広く誤解されているのだが、リンカーンの奴隷解放宣言は、実は複数の目的を持った軍事戦略だった。戦争に道徳的観点を当てはめ、リンカーンが一度身を引いた奴隷制問題について明確にすることによって、ヨーロッパ諸国が南軍を支持するのを防いだのだ。その結果、南軍への支援を検討していたフランスとイギリスは、両国の奴隷制反対の立場から最終的に支援を拒否した。この宣言により、北軍は黒人兵士を徴兵できるようになり（終戦までに、二〇万人近くが北軍として戦った）、さらに奴隷にされた人々の働きと身分に依存していた南部の社会秩序を崩壊させる脅威にもなった。

奴隷解放宣言は、しばしば記憶されているような広く包括的な文書ではなかった。この宣言が適用されたのは南部連合加盟の一一州のみで、奴隷の所有を合法としながらも、北部合衆国に忠誠を誓ったままの境界州は含まれなかった。宣言の命令にもかかわらず、要求を無視した南部諸州のひとつにテキサス州があった。多くの奴隷たちが北軍戦線の後方に逃亡した挙げ句に北軍に入隊する事態になってもなお、南部の奴隷所有者たちは残りの戦争中も黒人を奴隷として束縛しつづけた。一八六五年四月九日、ヴァージニア州アポマトックス郡でリー将軍が降伏し、事実上の南軍敗北が示されたが、テキサス州の奴隷所有者の多くはそのニュースを自分たちの所有する人間たちに教えなかった。一八六五年六月一九日、ガルヴェストンに到着してまもないグレンジャーは、一般命令第三号として、あらゆる奴隷は自由であるとの告示を行った。その言葉はテキサス州全域のプランテーションからプランテーションへ、農場から農場へ、人から人へと広まっていった。

九二歳になる元奴隷のフェリックス・ヘイウッドは、その日が自分や多くの人々にとってどんな意味を持ったかを、うれしそうに懐かしみながら回想した。「戦争の終わりは、まるで指をぱちんと鳴らすようにやってきた。（中略）歓喜のハレルヤが湧き起こった。（中略）突然、兵士たちがあちこちに現れた――束になってやってきて、縦横無尽に歩きまわったり、馬で走りまわったりしていた。誰もが歌を歌い、至福に酔いしれていた。（中略）われわれは自由になった。まさに、自由になったんだよ」[2]

アシュトン・ヴィラは塩と熱気の匂いがした。通りはほどよい交通量で活気があった。コーラルレッド色のレンガでできたファサードが、夏の太陽の下できらめいていた。邸宅はヴィクトリア朝様式の三階建てのつくりで、各階に白く縁取られた背の高い窓が、フォレストグリーン色の鎧戸を全開にしていくつも並んでいた。玄関まで続く歩道には、鋳鉄製のベランダの影が落ちていた。一八五九年に完成したこのヴィラは、南北戦争中に北軍と南軍の両方の地域本部として使われていた。テキサス州の、ひいてはこの国の未来を決める戦いが繰り広げられるなかで、互いの軍が勝っては本部を設置し、負ければ撤退を繰り返していたのだ。このヴィラの大部分は、奴隷にされた人々の労働力によって建てられた。

なかへ入ると、ひんやりとした空気に救われる思いがした。古い邸宅の奥には、大きな明るい部屋があった。わたしはなかに入り、その細長い長方形の空間に並べられた二〇以上はある、縁が垂れるほどの大きな白い布がかけられた円テーブルのひとつに席を取った。天井が驚くほど高く、まるで下にいる人たちから逃げているみたいだった。部屋の中央にはシャンデリアが吊るされ、その湾曲した銀のアームから垂れさがったガラス装飾の透明なクリスタルが、光の天蓋の下で一粒一粒きらきらと輝いていた。部屋の正面には、ピアノを弾く男性がいた。一連のコードに沿って鍵盤の上を滑る指からは、式のあいだに演奏する予定の曲が予告された。

プログラムの開始が近づくにつれ、初めのうちはぽつりぽつりと、次第にどっと部屋は人々と笑いに埋め尽くされていった。友人、家族、近所の人が互いの存在を認め、そのささやかな再会に抱きあい、握手を交わし、歓声をあげながら、夢中になってテーブル席まで移動した。デザインに汎アフリカ色を取り入れたジューンティーンスのTシャツを着た人、ダシキ［カラフルな色合いをしたアフリカの民族衣装。プルオーバータイプの首まわりや裾に刺繍をあしらったものが多い」にカラフルなビーズを合わせた格好の人。大半の人は、まるでピクニックにでも行く途中かのように見えた。会場内にいた大多数が黒人だったが、ほかにもさまざまな人種や肌の色をした人々があちこちに混在していた。

その光景は、幼少時に行ったことのある黒人教会の礼拝の始まりに似ていた。それは共同体から生まれる光景だった。建物自体ではなく、そこに築かれたコミュニティによって成り立つ聖域。アシュトン・ヴィラは、復活への期待に満ちあふれていた。

その日は、アル・エドワーズ・シニアによる第四〇回ジューンティーンス朝食祈禱会が行われる日だった。一九七九年に、州議会議員アル・エドワーズ・シニアによって、ジューンティーンスを州の正式な祝日に制定することが提唱されたテキサス州議会下院法案第一〇一六号が可決されて以来、このイヴェントは毎年開かれている。

「わたしはテキサス軍管区司令の陸軍少将グレンジャーです。本日は、アメリカ合衆国で奴隷にされていた人々がついに解放されたこの日までの彼らの歴史をいくつかご紹介したいと思います。ここにお集まりくださったみなさまに感謝申しあげます。今日という日は、ガルヴェストンの歴史において、テキサス州の歴史において、アメリカ合衆国の歴史において非常に重要な日です。この日、自由の約束が現実のものとなったのです」

一六歳くらいの若い女生徒が、〝一四九二〟と書かれた白いプラカードを持ってマイクのほうへ歩いてきた。観客はみな、もっとよく見ようと椅子を調整したり、頭を動かしたりした。女生徒は両腕を伸ばしてプラカードをマイクの上にあげ、表側に書かれた文字を全員が読めるように配慮した。そして、自分は裏側に書かれた文章を読みあげた。

「一四九二年、ヨーロッパ人が三つの〝G〟――つまり、黄金（gold）、栄光（glory）、神（God）を求めてアメリカにやってきました。奴隷とされるアフリカ人がやってくるよりはるか昔に、スペイン人たちは主君イサベル一世とフェルナンド二世の意に反して先住民たちを奴隷にしたのです」

彼女はプラカードをおろすと、マイクから離れて壁に向かった。すると、ふたたびグレンジャー北軍将校に扮した男が話しだし、次の若者の出番を促した。「一五二八年、」とその若者は言った。「先住民ではない奴隷が初めてガルヴェストンにやってきました」

また別の若い女性がマイクに歩いていき、前の女生徒と同じようにプラカードを持ちあげた。「テキサスにやってきた先住民以外の最初の奴隷は、エステヴァニコという北アフリカのムーア人でした。彼は子どもの頃にスペイン人にとらえられ、奴隷にされました。そして主人であるアンドレス・ドランテス・デ・カランツァ船長とともにナルヴァエスの遠征［スペイン人軍人パンフィロ・デ・ナルヴァエスが率いたフロリダ征服遠征のこと］に同行し、現在のフロリダ州タンパに上陸しました。一五二八年一一月、彼らの船はテキサス沖で座礁してしまい、結果わずかに生き残ったエステヴァニコ、ドランテス、アロンソ・デル・カスティーリョ・マルドナードは、一五二九年四月に本土に帰還するまでの数カ月間、ある防波島で生活しました。それがいまのガルヴェストン島ではないかと考えられています」

北軍の制服を着た男がふたたび語りだした。「一六一九年、奴隷にされたアフリカ人たちが初めて連れてこられました」こんなふうにさらに数分ほど続いた。生徒たちが次々とマイクの前に立っては年代順に事実を語り継いでいき、そうして聴衆を一八六五年六月一九日のジューンティーンスの日まで導いた。

小学生から一〇代までいる生徒たちは、ガルヴェストン島にある非営利活動法人ニア・カルチュラル・センターのフリーダム・スクール［おもに南部のアフリカ系アメリカ人のためのフリースクール］に通ったことのある子どもたちだった。〈児童擁護基金〉という非営利団体による取り組みのひとつであるこのプログラムでは、若者を対象に六週間の夏季強化学習プログラムを提供し、とくに歴史と生徒たち自身との関係理解を手助けすることに重点を置いている。

わたしは、文脈のなかでとらえたこの国の歴史の一部を若者たちが聴衆に向かって読みあげる姿をじっと見ていた。その瞬間、彼らが羨ましくなった。もし、彼らが話しているようなことをわたしも若い頃から知っていたら、長らくどうにも表現できずにいた社会的・感情的麻痺状態から早くに解放されていたのではないだろうか。自分自身の歴史を充分に知らないせいで、他人から言われた嘘——奴隷制とはどういうもので、それが人々に何をしたかとか、奴隷解放が実現されたはずのあとに何が起こったかとか、なぜこの国がいまのような価値観になっているかとか、そうしたことについての嘘——をうまく見極められずに生じていた麻痺状態から抜けだせていたかもしれない。わたしは、こちらの悪い点についてばかり、もっと改善すべき点についてばかり、わたしのような黒人の子どもに飽きもせずにひたすら教えてくる世界で育った。一方で、これだけ多くの黒人の子どもが貧困と暴力の蔓延するコミュニティで育つほかない理由について教えてくれる人はあまりいなかった。これらの現実が権力者の決断の結果であり、わたしたちよりも何世代も前からすでに存在していたことを教えてくれる人はあまりいなかった。

　大学卒業後に自分でいろんなものを読むようになってから、何世代にもわたりわたしたちのコミュニティや人種に起こっていたさまざまなことを理解できるようになった。解放された気分だった。それまで感じていながら、どう言えばよいかわからなかったことを表現するための言葉を手に入れたのだ。奴隷制の歴史遺産や、そのあとも世代をまたいで根強く人種差別が繰り返されてきた事実について黒人の若者に話すと、衝撃のあまり心を閉ざされてしまうのではないかと思う人がいる。しかし、自分たちの社会がなぜこのようになっているかを突き止めるための言葉や歴史や全体像を若者たちに与えることには、非常に大きな価値がある。こうしたことは偶然ではなく、意図して理解できるようになるものだからだ。それによってわたしから主体性が奪われたということはなく、むしろ主体性が返ってきた。彼ら若者たちが歴史を語る姿を見て、こうした授業をあらゆる子どもたちに広げられたらどうなるだろうと想像した。ここで起こったことをわたしたち全員が完全に理解できたら、この国はどれだけ変わって見えるだろうか?

　低学年の子どもたちが歌の準備をしているあいだも、わたしは引き続き部屋の隅から見ていた。ある小柄な白人女性が、いろんな目的や興奮であちこち動きまわる子どもたちを集めて正しい位置に連れていき、そのあと満員の会場に向かって歌う彼らを堂々と誇らしげに見守っていた。

　キャシー・ティエナンは、白髪まじりのブラウンヘアをふんわりとふくらませ、大きな縁なしメガネをかけていた。垂れた両目が、情深く暖かな印象を与えた。前年度の色褪せたジューンティーンスTシャツの上から、カラフルなビーズのロングネックレスをかけた彼女は、ダグ・マシューズという男性と一緒に、一〇年前からこのプログラムに携わっているという。そのため、このプログラムが雑多なイヴェントをわずかに寄せ集めただけの状態から、よりまとまりある地域の祭典へと進化するのを見守りつづけてきた。キャシーは、次世代のガルヴェストン島民にジューンティーンスの重要性を理解してもらうのに欠かせない存在だ。

「四年ほど前、このジューンティーンスの朝食祈禱会に集まった人々を見まわしていたとき、以前は来ていた年配の方の多くが来ていないことに気づいたのです」と、のちにキャシーは話してくれた。「教会も同じですが、人々が徐々に亡くなっていき、その方の連れだった三、四人のご友人たちも来なくなりました。それで思いました。子どもたちを参加させなくては、と。そこで、わたしはフリーダム・スクールの学長でニア・カルチュラル・センター長のスー・ジョンソンに、彼女のカレッジのインターン生にこの日の歴史のことをもっと語ってほしいと頼んでみたのです」

なかでもキャシーがとくに気に入っているのが、このコミュニティ教育プログラムだという。年長の子どもが年少の子どもを教える。子どもが大人に教え、大人が子どもに教える。教育とはどうあるべきかという伝統的な概念を壊し、脱却する学習モデルだ。

「わたしにとって、この部屋が人であふれているのを見たり、子どもたちの歌を聴いているときの人々の顔や、しばらく考えもしなかった――あるいは本当に初めて知る――歴史の一部を聞いてうなずく人々を見たりすることは、実に感動的なことなのです。より多くの人が自分たちの物語に関わるようになれば、ものごとは変わっていきます。ものごとは、つねによい方向へ変わっているのです」

「黒人だけでこれをやってもうまくいきません。地域社会全体が関わる必要があります。それで変化が生まれたのです。黒人だけではそうはなりませんでした。黒人が協力し、白人が協力し、ヒスパニック系の人々が協力しあって実現したのです。そうしたときにものごとは動き、みなが理解し、参加し、互いの物語を大切に思うのです。それこそがわたしの喜びです」

子どもたちが歌い終えると、聖ヨハネ宣教バプティスト教会のルイス・シンプソン・ジュニア牧師が壇上にあがり、みなを祈りに導いた。杖に寄りかかり、まるで頭上の見えない糸を引っ張られたり緩められたりしているかのように頭を動かしながら、牧師は神によるイスラエルの民の解放と、アメリカにおける黒人奴隷の自由獲得の類似を概説した。こうした類似は、奴隷制の時代から黒人牧師によって長らく引きあいにされてきた。

「われわれを囚われの身からお導きくださったことに、主よ、われわれは――」と、そこで彼は頭を持ちあげた。「ただ感謝を捧げます」

あたりを見まわすと、全員が頭をさげて祈っていた。敬虔なとっさの動きが部屋じゅうに伝播していた。シンプソン牧師が壇上からおりると、祈禱中にさりげなくBGMを演奏していたピアニストが、黒人国歌として知られる《みな声をあげて歌おう》の最初のメロディに切れ目なく移行した。

もともとこの歌は、故エイブラハム・リンカーン大統領の誕生日を祝して、ジェームズ・ウェルドン・ジョンソンが書いた詩だった。その詩が歌に進化し、さらにその歌がひとりの人物への賛辞にとどまらない、はるかに大きなものへと進化した。学者のイマニ・ペリーは、この歌の起源について書いた著書『永遠に立ちあがれるように（*May We Forever Stand*）』（未邦訳）のなかで、この歌は「黒人たちの物語と闘争への哀歌かつ賛歌」であり、やがて「学校や教会や市の集会などの式次第において欠かせない部分」

となったと述べている。[3]

誰に促されるでもなく、会場にいた全員が起立した。歌詞が書かれた紙を持っている人もなかにはいたが、大半の人は目を閉じ、両手を合わせて立っていた。彼らは文字を追う必要がなかった。もう長いこと記憶に刻まれた賛美歌に合わせて、彼らは体を揺らし、唇を動かした。

わたしは半分歌い、半分部屋を見渡しながら、言葉をのせる人々の口の動きを観察した。それぞれの歌詞の中心にある母音が、まるで暖かい日の洗濯物のように伸びやかに漂った。陽光と歌が織りなす、また痛みとカタルシスが織りなすタペストリーが、わたしを取り囲んだ。ピアノの和音が部屋じゅうに響き渡るなか、わたしは人々の歌を聴きながら、みなの頭の上に浮遊する言葉を想像し、見えないはずの文字ひとつひとつのカーブを目で追った。そのうち、手を伸ばしてその言葉をつかみ、ポケットにしまわなければという気持ちに襲われた。歌が終わってしまっても、この瞬間をとどめておこうと。

二番の歌詞に入ると、人々のなかに何か違うものが芽生えたような、また自分のなかにも何か違うものが芽生えたような気がした。

涙に濡れた道を歩んできた
虐殺された人々の血にまみれた道を歩んでやってきた
暗い過去から抜けだして
いまようやくここに立つ
明るい星が放つほのかな白い光が落ちるところに

人々はいまや信徒に変わっていた。最初は警戒していたわたしの唇も、やがて歌の一片一片に巻きつき、そこに居場所を見いだしていた。それまでも何度となく黒人国歌を歌ってきた——教会で、学校で、わが家の食卓で。だが、この日、この場所でこの言葉のハーモニーが響き渡るのを聴いて、わたしはそれまで経験したことのないような感動を覚えた。

涙に濡れた道を歩んできた／虐殺された人々の血にまみれた道を歩んでやってきたと人々が歌ったとき、一五四年前には、こうした歌詞はきっと抽象的な概念ではなかったのだろうと、血というのも隠喩ではなかったのだろうと思った。ブランドフォードを訪れて以来、自分のなかで締めつけられていた何かが、ようやく解き放たれたような気がした。わたしは息を吐いた。これまでとは違う呼吸ができた。

そのあとのプログラムでは、コミュニティのリーダーや、地元の政治家、イヴェント主催者などが順番に部屋の正面の演壇にあがっては、なぜジューンティーンスが重要なのか、自分たちにとってどんな意味があるかを演説した。

なかでもとくに印象的だったのは、グラント・ミッチェルという背の高い中年の白人男性によるスピーチだった。彼の家族が、数年前からこのプログラムの後援をしているという。

「今日は喜びの日です」と、演壇に身をのりだしながらグラントは言った。「数百万の人々に自由が訪れ、ひどい不公平が撤廃されたことを告げる命令がガルヴェストンに届き、それが地域一帯から南部のほかの州にまで伝わった日として、わたしたちはこの日をお祝いします。一度は引き裂かれたものの、ふたたび手を取りあった偉大なるわが国が、すべての人々は平等につくられているという国是の中核をなす約束を果たすために、勇敢かつ決定的な一歩を踏みだしたことを告げる命令が届いた日として、お祝いするのです。しかし、今日は単にお祝いする日ではありません。公正への道は長く不確かなものです。前進することもあれば、後退することもあります。ですから、今日は省察の日でもあるのです。まわりを見渡し、自分自身に尋ねてみてください。『自分はいま道のどこにいる?』と」

歴史を学ぶだけでは充分ではない。過去のある特定の瞬間を祝うだけでも、勝利が——あるいは敗北が——今日のわたしたちを取り巻く世界に与えている影響を理解することなく、勝利の遺産ばかりもてはやすだけでも充分ではない。テキサス州は現在、国内のどの州よりも黒人の人口が多く、およそ三五〇万の黒人がテキサスを故郷と呼んでいる。[4] とはいえ、全国どこも例外なく、黒人コミュニティは所得、貧富、教育、刑事司法において深刻な格差を突きつけられている。* ガルヴェストンをはじめテキサス州全体が、奴隷解放を祝う素晴らしい祭典の発祥の地として自分たちの歴史を称えている。しかし、自由の歴史を誇りにする州において、なぜこれほどまで大きな人種的隔たりができてしまったかを理解するためにも、過去一世紀半を深く掘りさげる必要がある。

プログラムが終わりに差しかかり、わたしは自分のテーブルから北軍兵の再現役の人たちが座ってい

---

* 二〇一〇年の国勢調査によると、テキサス州の黒人人口は全体の一二パーセント、刑務所・拘置所収容者数は全体の三二パーセント、一方の白人人口は全体の四五パーセント、刑務所・拘置所収容者数は全体の三三パーセントだったという[5]。テキサス州の黒人のうちの二〇パーセント以上が貧困生活を送っているのに対し、白人は一五パーセントにとどまっている[6]。テキサス州における黒人女性の乳児死亡率は白人女性の二倍以上に及ぶ[7]。高校卒業率は黒人が八七パーセント、白人が九四パーセント[8]。ほぼすべての指標でこのようなリストが続く。

るところまで、部屋を横切り歩いていった。スティーヴン・ダンカンに自己紹介をしてから、彼の隣の椅子を引いた。スティーヴンの顔は丸く白く、鼻の高い位置に薄い丸メガネをかけていた。顎鬚にはダークグレーと白が入りまじり、北軍の帽子を脱ぐと、後頭部まで後退した薄い生え際があらわになった。スティーヴンとほか四人の再現役の人たちは、ダークブルーに金の縁飾りのついた北部合衆国軍の式服を着ていた。制服の正面にずらりと並んだボタンが、シャンデリアの明かりの下できらめいていた。彼が話すときの声色は、柔らかいなかにときおり軽快さが入りまじり、いつも世間話をしたくてたまらない近所の人みたいに音程が上下した。彼は牧師で、かつこの地域で教師をしていた。

スティーヴンは、南北戦争に興味を持ち、自分の血筋をより深く調べたいと思ったことをきっかけに、〈北部合衆国軍退役軍人の息子たち〉という組織に入会したという。再現活動を始めようと申し込みをしたところ、「突然、北軍役を探している人たち全員から電話がかかってきた。テキサス州のほとんどの人は南軍役をやりたがるから、よくあることなんだ」と彼は言った。

いまやプログラムは終了し、まわりのあちこちで会話が生まれ、無料で提供される朝食を取りに行く人々の行列ができていた。プログラム終了後の雑談で騒々しいなか、わたしはスティーヴンに南北戦争で戦ったご家族はどなたかと尋ねた。

「北軍で戦った高祖父が三人いる。ひとりは騎兵隊の兵卒で、あとのふたりは歩兵だった」スティーヴンは上着のいちばん下の金ボタンをいじった。

「われわれの歴史のなかで、あまりにも分断された恐ろしい時代だった。つまり、われわれ国民は、この国の最悪の状態を目にしたということだ。他人を奴隷にして所有してもかまわないと思う人たちを目の当たりにした」彼は続けた。「そのなかでもがき、事態をひっくり返したということが、わたしにはとても重要に思えてね」

北軍の式服に身を包んだスティーヴンと話をしていると、この国が語る南北戦争の物語が、複雑なはずの現実をしばしば均一化してしまっていることに気づかされた。たとえば、テキサス州は南部連合州だったが、州民はそう一枚岩ではなかった。多くのテキサス州民は合衆国派で、南部連合の大義を支持していなかった（合衆国に忠誠を誓っていた州の南部連合支持派にも、同じことが言えるだろう）。そのうちのひとり、テキサス共和国［メキシコから独立後、一八三六年から一八四五年まで存在していた国］の初代大統領に加え、テキサス州上院議員と州知事も務めたサミュエル・ヒューストンは、分離独立に反対し、テキサス州が南部連合に加盟するのを防ごうとしたが失敗した。彼は、南北戦争に向けて南部連合を結成しようとしていた州のなかで、分離独立に反対した唯一の州知事だった。

一八六一年、テキサス州が合衆国から脱退することを正式に決定した党大会で、ヒューストンは南部連合への宣誓を拒否した。そのとき彼はこう文書に書き残している。「わたし自身の良心と男気の名において、（中略）この誓いを立てることを拒否する」[9]

州当局はヒューストンを知事の座からしりぞけた。その後、エイブラハム・リンカーンが繰り返し彼にテキサス州の南部連合加盟を阻止するための軍事支援を願いでたが、ヒューストンは権力を維持するために武力を行使するという考えに反対した。

スティーヴンは二〇一二年のブルランの戦い［一八六一年七月に起きた南北戦争最初の会戦］の記念日頃から再現活動に参加するようになったが、実はそれよりずいぶん前から考えてはいた。

「安くはない趣味だからね」とスティーヴンは笑いながら、制服一式で約一〇〇〇ドルもかかるのだと言った。

彼が制服を着られる機会は限られていたという。そんなとき、二〇一五年にキャシー・ティエナンから、ゴードン・グレンジャー役として一般命令第三号を読みあげてもらえないかと頼まれた。スティーヴンはこの機会に飛びついた。

「それをやらせてもらえるなんて、このうえなく光栄なことだ」彼の声は喜びにあふれていた。「壇上に立って『あらゆる奴隷は自由である』と言う。歴史上で最も強力な言葉じゃないか」

わたしは、そこに立ってその言葉を告げるのはどんな気分かと尋ねた。

「最初はとにかく圧倒されてしまった。みな屋外にいるなか、わたしはバルコニーにあがった。気温が一〇〇度くらいあるような気がしたよ。そして『あらゆる奴隷は自由である、もう一度言おう、あらゆる奴隷は自由である』と言った。するとみなが『自由、自由、自由、自由』と唱えはじめた。下院議員のシーラ・ジャクソン・リーがそこにいて、その唱和を促していた。わたしは……その力強さにまさしく圧倒されてしまった」

わたしはスティーヴンに、ジューンティーンスのイヴェントにもっと多くの白人が参加しないのはなぜだと思うかと尋ねた。

「彼らは、それが黒人だけのものだと思っている」スティーヴンは答えた。「でもわたしが思うに、これは〝黒人のもの〟ではなく、アメリカ人のものだ。これは、われわれ全員にとって自由を決定づけるものだ。だからとても重要なんだ」

話をしているあいだ、人々がスティーヴンやほかの再現役の人たちのところへ次々とやってきて、礼を言った。たくさんの人が制服姿の彼らに一緒に写真を撮ってくれないかと頼み、スティーヴンたちはそれに熱心に応じていた。わたしからすると意外なことだった。

「たくさんの人が声をかけてくれる」とスティーヴンは言った。「これでもこのコミュニティではけっこうな有名人なんだ」彼はそこで水を飲んだ。「みな、やってきてお礼を言ってくれる。わたしは人前で青い帽子をかぶる人として知られている。帽子は二種類持っている。牧師の帽子と、将軍の帽子と。青い帽子を見たアフリカ系アメリカ人は、その意味を正確に理解していると思う。わたしはたくさんの感謝と笑顔をもらっているんだ」

しかし、スティーヴンがここでしていることに誰もが感謝を示すわけではない。「ときどき南部連合支持者から嫌味を言われることがある。『おいおい、その色は間違ってないか?』と

わたしは、つい数週間前にブランドフォードを訪れ、彼の対の組織である〈南部連合軍退役軍人の息子たち〉の人々と会って話したときの様子をスティーヴンに伝えた。

「彼らのことはよく知っている」スティーヴンはうなずきながら、唇をさっと口のなかに巻き入れた。「本当に気のいい人もいるが」そこで彼はいったん言葉を区切った。「まだ戦争は終わっていないと思っている人もいる」

ジューンティーンスの公開イヴェントは、さまざまな意味で、一八五〇年代後半に出現した〝失われた大義〟の物語に対する公然の非難として機能するようになった。テキサス州をはじめ全国の黒人たち

が、奴隷解放と戦争の切っても切れない関係を毎年公の場で思いださせようとしているなかで、どうして戦争が奴隷制のためではなかったと言えるだろうか？　〝失われた大義〟の神話が二〇世紀初頭になっても続くと、ジューンティーンスは単なる祝賀ではなく、人々の記憶をつなぎとめるものになった。歴史家のエリザベス・ヘイズ・ターナーはこう述べている。「抑圧された人々にとって、記憶は力だ。自分の人生に起こる大半をコントロールすることはできないが、自分自身の記憶を持つことはできるからだ」[10]

南北戦争後に始まったテキサス州のジューンティーンスの祝いの初期には、奴隷解放宣言を式典で朗読することから、黒人新聞の紙面にエイブラハム・リンカーンの写真を掲載するといったことまで、さまざまな慣習が行われていた。これらは、黒人コミュニティの多くの人々のあいだで、リンカーンがすでに伝説、ひいては神話的地位を築きはじめていたことを示す証拠でもある。またジューンティーンスは教会の礼拝でも祝われた。牧師が信徒たちに自由への感謝を促すと同時に、人種平等を求めて続く闘争にこれからも取り組みつづけるべきことを説いた。パレードが行われることも多く、その歌と祝祭の大がかりなスペクタクルは街を揺るがした。午後には、スペアリブやフライドチキン、黒目豆など、人々が一年じゅう待ちに待った盛大な食事がふるまわれた。家のひび割れた窓の隙間からは、カラードグリーン［ケールの一種。南部でよく食べられる］の匂いが逃げていき、道行く人を刺激した。近所の人々のあいだでは、焼き菓子のスペシャルレシピが交換され、するとオーブンは砂糖とパン粉をまぶした喜びの培養器と化した。子どもたちは、やさしいご近所さんからもうすぐできるご馳走をいち早く味見させてもらおうと、互いの家を駆け足で行き来した。ピクニックあり、美人コンテストあり、野球の試合あり。そして通りのいたるところから、絶え間なく歌が聞こえてきた。
残念なことに、こうした公の祝賀を目にする機会は減っていった。共和党が黒人コミュニティを見捨てて去ったため、南部再建政策は脆くも崩れた。黒人アメリカ人の二級市民としての身分は、ジム・クロウ法によって新たに成文化し直され、つねに存在する暴力の脅威によって強制された。やがてジューンティーンスの祝賀は歓迎されないだけではなく、危険な行為とみなされるようになった。南部の黒人にはつねにリンチの脅威がつきまとったため、全国に広がっていた祝賀は公の場から姿を消し、個人宅や黒人教会で行われるようになった。そうして黒人アメリカ人が完全な平等にまるでたどり着けないまま数十年が過ぎ、一部の人にとって、ジューンティーンスはあたかも果たされない約束のようになってしまった。黒人新聞の『ヒューストン・インフォーマー』紙は、一九四一年に次のように書いている。「ニグロたちは、ジューンティーンスを喜んでいいのか、悲しみの日と考えるべきなのかわからなくなってしまっている。彼らは、自分たちがここで本当に自由なのかわからない」[11]
一九七〇年代初めになると、ジューンティーンスの祝賀がゆっくりとふたたび姿を現すようになった。テキサス州をはじめ全国の地域文化団体が、黒人文化や黒人史を称える手段としてジューンティーンスを取りあげるようになったのだ。一九七九年、テキサス州選出の新人議員アル・エドワーズ・シニアが、六月一九日を州の祝日とする下院法案第一〇一六号を提出した。エドワーズは、四カ月かけて州議会内にさまざまな支持派閥を築いた。あるジューンティーンス支持者はこう語った。「たとえアメリカ合衆国のアメリカ人が内心ではその日をわれわれのために空けてくれないにしても、いずれにせよ彼らはそうすべきだと思う。（中略）彼らは有色人種に自由を祝う日を与えるべきだ。その日はカレンダーの赤印になるべきで、実際にそうなった」[12] エドワーズの運動は功を奏し、一九七九年、テキサス州は黒人の奴隷解放を祝う祝日を制定した全国初の州となった。

アシュトン・ヴィラのジューンティーンスの朝食祈禱会では、アル・エドワーズ・シニアが自分の席に向かって歩いていた。姿勢を保つための歩行器に覆いかぶさるように前屈みになって歩く彼の足取りは、弱々しくふらついていた。動きがぎこちなく、一歩一歩が不安定な彼を、息子や孫たちが手伝って席に着かせた。

エドワーズは一六人兄弟の六番目として、一九三七年にヒューストンで生まれた。一九六六年にテキサス・サザン大学を卒業後、マーティン・ルーサー・キング・ジュニアやジェシー・ジャクソンらとともに公民権運動に参加した。彼はジューンティーンスの祝日を提唱したことから、ジューンティーンスの父とも呼ばれている。

わたしはエドワーズと話をしようと腰をおろしたが、彼の声はとても小さく弱々しくて、何を言っているのかわからなかった。彼の距離感を尊重しつつ、できる限り近くに位置を取り直してみたものの、どうやってもうまくいかなかった。言葉は聞き取れなかったが、エドワーズ本人に直接会えたことは、かつてこの祝日にかけられた思いが、いまとは比べものにならないほど強かったことを実感する貴重な機会になった。このとき八二歳のエドワーズは、奴隷として生まれた数千の人々がまだ存命中の世界で生きてきた。

一九三六年から三八年にかけて元奴隷だった人々にインタビューをした連邦作家計画のデータベース

のなかから、わたしはガルヴェストンおよびその周辺でインタビューを受け、エドワーズと生きていた時期が重なる人を探した。

一八五二年にアラバマ州タスカルーサで生まれ、のちにテキサス州に移住したミンティ・マリア・ミラーは、競売台に立つのがどんなものかを悲惨なほど細かに説明した。

木の塊の上に立たされたわたしに、ある男が入札した。気がおかしくなりそうだった。当時わたしは若かった。若すぎて何も知らなかった。なんのためにわたしを売るのかわからなかった。ただ、わたしを買った男はわたしに口を開かせ、歯を見ていた。それでおしまい。彼らはそうやって、馬を売るみたいにわたしたちを売った。[13]

ジョセフィン・ライレスはガルヴェストンに生まれ、生涯そこで暮らした。彼女は自分の誕生日を思いだせなかった。

黒人たちは何度も逃げだしたよ。ひどく働かなきゃならないし、太陽が恐ろしく暑いから。森に隠れるけど、スノウのだんなは黒人を狩るための犬を何匹も飼ってるんだ。でっかい耳をした犬で、凶暴すぎて近づけやしない。スノウのだんなが犬の鎖を外して黒人の匂いを嗅がせる。すると犬はその人を見つけるまで一日じゅう探しつづけるんだ。それでときどき黒人を怪我させちまう。労働者の手の肉を引き裂いたこともあるって話だよ。[14]

ウィリアム・マシューズは、インタビュー当時に八九歳だったが、奴隷にされた人の日常生活を鮮明に記憶していた。

奴隷たちは日の出前に畑に出て、真っ暗になるまで働く。それから家に戻って、明かりひとつない家で過ごさなきゃならなかった。両親は農作業労働者、ばあさんは料理婦だった。ばあさんは四時頃には調理場に入って、夜明けまでに朝飯を用意しなきゃならなかった。だんなたちはろうそくや松明の明かりで飯を食った。黒人坊主がひとり、彼らが食うあいだ飯を抱えて後ろに突っ立っていた。(中略)奴隷小屋は邸宅の裏にあったが、床なんざなかった。まるで豚の囲いみたいに地面に垂直に置かれてただけだ。(中略)わしらは奴隷解放のあとも働きつづけた。老いたバック・アダムスがわしらを手放さなかったのさ。解放された人がやってきて、新聞を読んで、金をもらわん限り働かなくていいって教えてくれたのは、あとのことだった。[15]

そもそもジューンティーンスという日ができたのも、テキサス州などで奴隷にされていた人々が自由になったことを知らずに働きつづけていたという事実があったからだ。そうは知っていても、奴隷所有者たちが意図的に彼らを奴隷として囲いつづけたと理解するのは、またどこか意味が違う気がした。テキサス州ジャスパーのテンピー・カミンスという女性は、自分と母親の身に起こったできごとについて次のように語った。

母の仕事は家事と料理だった。母は煙突の隅に隠れて、白人たちの話をよく盗み聞きしていたんだってさ。自由が宣言されたとき、だんなさんはそう言ってくださらなかった。でも奥さんには、奴隷は解放されたが、あいつらは知らないから、穀物をあと一、二回つくらせるまでは黙っておこうと言っていたのを、母は聞いていた。[16]

カミンスいわく、彼女と母親はそのあとすぐに逃げだした。主人が銃を手にして、逃げる母親を撃ったことが忘れられないという。

カミンスの話からわかるのは、一八六五年六月一九日は多くの人にとって束の間の喜びだったということだ。グレンジャー将軍の布告は、ガルヴェストンやテキサス州の奴隷たちにすぐさまの解放をもたらしたわけではなかった。歴史家のW・ケイレブ・マクダニエルは、ジューンティーンス後の数日間、数週間、数年間について、「奴隷制はきれいさっぱりと、一日で終わったわけではない。それは暴力的で不公平な過程を経て終わったのだ」と述べている。[17]

一般命令の噂が広がり、奴隷だった人々が自由への一歩を踏みだそうとすると、多くの白人が彼らを引き戻しはじめた。元南軍のガルヴェストン市長は、黒人の〝逃亡者〟を所有主に返すための一斉検挙まで行った。[18]〝所有主〟や〝逃亡者〟というレッテルに法的能力などないにもかかわらずだ。法のもとに自由であれば、逃亡者にはなりえない。しかし、多くの南部人はそうは思わなかった。さらに、北軍当局が奴隷だった人々に対する権利を一貫して行使しなかったことが、この問題をより複雑にさせていた。

ガルヴェストンに限らずテキサス州で奴隷にされていた人々は、自分が解放されたことをすぐに知ることはなかった。州の地理的条件に加え、ほとんどの人が辺ぴな地域に住まわされていたせいで、数週間、数カ月間、場合によっては数年間も、布告が彼らの耳に届かなかったのだ。[19] ターナーも書いているように、布告を耳にできた人も、奴隷主がそれを無視するなら活かす機会はほとんどなかった。農村や人里離れた場所という地理は、北軍戦線の背後に逃げることも難しくしていた。[20] テンピー・カミンスと彼女の母親のように逃げようとした人は、たいていの場合で失敗した。白人自警団が逃亡を図ろうとした元奴隷たちを根こそぎつかまえ、処罰することもあった。さらにテキサス州は解放民管理局――奴隷だった黒人や、南北戦争後に貧窮化した南部の白人を支援するために設立された――からの援助を最後まで受けられずにいたことも、事態をより困難にしていた。実際に局の職員がやってきたのは、グレンジャー将軍がガルヴェストンで一般命令を発布してから二カ月以上もあとのことだった。また、解放民管理局の人が来るまでは、解放された者同士で集まることも禁じられていた。[21]

南部各地の元南部連合諸州の人々は、奴隷だった黒人たちがスムーズかつ安全に自由へと移行することを認めようとしなかった。彼らは少なくとも財産の損失の補償はされるべきだと考え、ときに暴力に訴えでた。テキサス州ラスク郡のスーザン・メリットという女性は、このように述べている。「奴隷解放後、多くのニグロは殺された……逃げようとしたところを奇襲され、銃で撃たれた。解放直後には、たくさんのニグロがサビーンの低地の木々に吊るされているのを目にした。サビーン川を泳いで渡るニグロたちをつかまえ、撃ったんだ」[22]

またメリットは、ある日、政府を代表する男が現れ、黒人労働者全員に向かってきみたちは自由だと告げたとも述べている。しかし、「男が文書を読んで、わたしらは自由だと言ったあとも、（中略）主人は何カ月もわたしらを働かせた。その人は二〇エーカーの土地とラバ一頭がもらえると言ったけど、もらえなかった」[23]

ようやく自由が訪れても、それはやはり手の届かないものに感じられた。かつての奴隷に対する経済的支援はほとんどなく、また経済的・社会的流動性を構築するための手助けもほとんど得られなかった。フェリックス・ヘイウッドはこう言った。「自由になったのはわかったが、それでどうなるかはわからなかった。自分たちも白人らみたいに金持ちになるもんだと思っていた。なんなら、白人らよりも金持ちになるもんだと思っていた。わしらのほうがたくましく働き方も知っているが、白人はそうではなく、わしらを働かせることも、もうできなくなるからだ。だが、そうはならなかった。自由は人々の誇りにはなるが、金持ちにしてくれるわけではないことに、わしらはすぐに気づいたんだ」[24]

奴隷解放宣言に署名がなされた一八六三年、黒人アメリカ人の所有する財産は合衆国全体の約〇・五パーセントだった[25]。今日にいたっても、黒人は全人口の一三パーセントを占めるにもかかわらず、所有する財産は国全体の四パーセントに満たない。この国の富を生みだすのに黒人が果たした役割の大きさとは裏腹に、彼らはその大部分を手にできずにいる。

ジューンティーンスの式典で、わたしはアル・エドワーズ二世が父親にやさしく語りかけながら、父親のもとにやってくる人々におだやかに、かつ熱心に挨拶する様子を見ていた。アル二世の声は低く、まるで浜辺近くの歩道に薄くこびりついた砂みたいにざらついていた。彼はふだんは家族とニューオーリンズに住んでいるが、高齢の父親と一緒に過ごすために、定期的にヒューストンに足を運んでいるという。

アル・エドワーズ・シニアは、一九七九年にジューンティーンスを州全体の祝いごとにしようとする以前から、この日の重要性を人々に理解してもらうためのキャンペーンを始めていた。彼は教会に通ったり、ラジオ番組に出演したり、地域団体や学校を訪れたりして、ジューンティーンスの真実を説き広めた。彼の望みは、それまでの数十年間行われてきた家での小さな集まりや人目を忍んだお祝いから、この日を脱却させることだった。息子の言葉を借りるなら、「本当に多くの人々が、この日を認識され祝われるべき重要な日だと思っていることを市や州に気づかせるために」、たくさんの人が外に出て祝うことを望んだのだ。

わたしは、若かりしアル・エドワーズ・シニアが、テキサスの暑い日差しに照りつけられ、玉の汗を顔からスリーピースのスーツの襟元に滴らせながら州議会議事堂に入っていく姿を想像した。ジューンティーンス法案の可決は、確実とはほど遠かった。「九割九分は無理な賭けでした」と息子のアルは言った。そこには、熱く手に汗握る巧妙な裏取引が必要だった。「五一パーセントさえあればよかったのです」とアルは言ったが、それは共和党員の大きな支持が必要ということだった。彼らは、黒人に害を及ぼす政治思想でキャリアを積んできた人たちだ。しかしエドワーズ・シニアは、政治——とくにテキサス州の政治——が、清廉潔白の上に築かれることなどありえないと知っていた。過去の恨みや個人的な嫌悪に道を邪魔されるわけにはいかなかった。共和党議員たちの支持と引き換えに、エドワーズ・シニアは彼らが必要なときには自分も支持にまわると約束した。彼は自分の議員生命を、このジューンティーンス法案の成功に賭けていた。「ときにはそういうことも必要です」と息子は言った。「つねに正しくあるだけではだめなんです。ときおり正しくあればいいということでもありません。ときには、自分が利益をもらいたい相手にとっての利益に自らならなければならないのです」

エドワーズ・シニアにとって、いかなる妥協も犠牲も価値あるものだった。キング牧師とデモ行進してきた彼にとって、ジューンティーンスを州の祝日にすることは、公民権運動からの功績の延長線上にあった。公認されたからといって、この祝日が定着することはないかもしれない――エドワーズ家はジューンティーンスを欠かさず祝ってきた――が、それでも法で制定されれば、長らく否定されてきたコミュニティに制度としての正当性を与えられる。エドワーズ・シニアは推進しつづけ、困難にぶつかりつづけ、圧力をかけつづけ、犠牲を払いつづけて、ついに報われた。必要な投票数を獲得したのだ。

一九八〇年にジューンティーンスが正式にテキサス州の祝日となったとき、アル二世は七歳だった。彼はその法制定によって起こるさまざまな変化の重要性を完全には理解できていなかったものの、何か重要なことが起こったという感覚はあったという。「もちろん、当時七歳の子どもには、そうした細かいところは何もわかりませんでした」アルは言った。しかし、数年後にキング牧師記念日が連邦の祝日になることが宣言されると、「アフリカ系アメリカ人のために設けられた初の州の祝日が、州にとどまらず、国の歴史の一部として認められたこととの重要性に気づきました。アフリカ系アメリカ人の存在を認める国の祝日の制定を全力で推進する動きの先駆けとなったのですから」

「つまり、お父さまのジューンティーンス法案が、キング牧師記念日法案をあと押ししたと考えているのですか？」そのふたつの関係をよく知らないわたしは尋ねた。

「もちろんです」アルは答えた。「キング牧師のような重要なアフリカ系アメリカ人の名にちなんだ国の祝日をつくるのは、より受け入れやすく、擁護も簡単でした。（中略）とはいえ、ある意味では自然な流れでした。ですが、それがゴールラインを超えて初の国の祝日となるには、最初のひと推しが必要だったのです」

法案の可決後、彼の父親はこの法律がどれほど重要なものになるか、また、黒人がこれまでどんなことを乗り越えなければならなかったかをこの国に認めさせる戦いというより大きな文脈においても、どれほどの意義を持つかをわかっていたのだろうか、とわたしは気になった。

「あの時代――つまりジム・クロウ法から世紀の変わり目までの時代というのは、政治家にとって本当に多くの変化があったときだと思います。ですから、父は長期的な全体像を考える時間もなく、ただ戦いそのものに没頭していたのではないでしょうか。父が振り返って考えるのに多くの時間を費やしたとは思えません。あらゆる場面で、誰かしらが打倒し返そうとしてきていたのですから」彼の声が毅然としてきた。「父はその日を崇めるよりも、実際の活動に多くの時間を費やしていたと思います。ジューンティーンスは見える形であるべきものだと、火をつけて活性化させておくべきものだと、とくにわれわれのような人々の心を照らすべきものだと、父はわかっていたのです。なぜなら、そのまま放っておいたら、間違いなくあと戻りしてしまうからです。父はそのことをつねに心配していました」

ジューンティーンスが正式な祝日となって最初の祝典がどんなだったかを回想しながら、アルは言った。「それまでとは全然違いました。花火があがったのです！　たいそう大げさでしたが、それも父がアメリカ独立記念日と同じくらいの意義があると考えていたからです。なぜなら、それは本質的にはわたしたちの独立記念日なわけで、父はそのような見方をすべきことを人々に理解してもらいたかったのです。ほかの国民が独立記念日をそう見ているのと同じように」

アルの話は、フレデリック・ダグラスが一八五二年に行った、有名な独立記念日のスピーチを思いださせた。

あなたがたの高潔なる独立は、われわれとの計り知れない距離をただ明らかにするだけです。今日、あなたがたが祝う恩恵は、みなが共通して享受できるものではありません。あなたがたが父親から譲り受けた正義、自由、繁栄、独立の豊かな遺産は、あなたたちのものであり、わたしのものではありません。あなたがたに生命と癒しをもたらした太陽の光は、わたしに鞭と死をもたらしました。七月四日はあなたがたのものであり、わたしのものではありません。[26]

わたしはアシュトン・ヴィラをあとにし、一キロほど離れたガルヴェストンのオールド・セントラル・カルチュラル・センターへ向かった。かつてその建物は、一八八五年にテキサス州で初めて黒人のための高校として設立されたセントラル・ハイスクールの一部だった。

センターのなかで、スー・ジョンソンと会った。後ろの壁からジャンベの太鼓のビートが響くなか、大きな赤いジューンティーンスTシャツを着た彼女が、わたしの向かいに腰をおろした。スーは髪を短く切り、黒とグレーのわずか数センチほどのアフロにしていた。ガルヴェストンで生まれ育ち、およそ三〇年前からジューンティーンスのイヴェントを企画しているという。わたしは彼女に、四〇年前にこの法案が可決したあと、ガルヴェストンの黒人コミュニティはどんなことを感じていたかと尋ねた。興奮、感動、あるいは感謝だろうか?

「むしろ、『ようやくか』といった感じでした。ガルヴェストンでは一八六五年からジューンティーンスを祝っているので、なんにせよその日をお祝いする気分になってしまっているんです」スーはテーブルに身をのりだしながら、プライドと反抗心を交えて言った。彼女もこの祝日がテキサス州によって認められるべきとは思っていたものの、それをガルヴェストンの黒人住民が祝うかどうかは、立法機関での可決とは関係がなかった。「(州の)祝日になったという事実は、ケーキの上のアイシングのようなものでした」と、スーは言った。

スーにとって、ジューンティーンスは個人的なものだ。ガルヴェストンで育ったからというだけではなく、この歴史の研究家として人生をずっと過ごしてきたからだ。彼女は、一八六五年の有名な六月のあの日に、黒人がどんな恐怖からようやく解放されたかを深く理解している。

「わたしは、奴隷文学や、奴隷にされていた頃の話をたくさん読んで育ちました」スーは手をマッサージしながら話した。「いつ読んでも心を動かされました。大半の人はそうしたものにまったく目を向けようとしませんが、わたしは違います。わたしは目を向けなければならないと感じています。だって、もし自分がどこにいたのかを覚えていなければ、これからどこへ向かうかもわからないでしょう。方向もわからなければ、過去からの教訓もありません。この日を祝うことで、とくに若い人たちが過去を振り返り、いま自分たちのいるところや、これから向かうべき場所を理解できるように手助けすることが、わたしにとって重要なのです」

わたしたちのいた部屋は、もとは学校の体育館で、だだっ広く暑かった。三匹のハエがテーブルの上を飛び交い、それぞれがほかのハエのまわりをぐるぐると旋回しながら、いらだちのシンフォニーを奏でていた。わたしはスーに、ニア・カルチュラル・センターで一緒に活動している若者だけではなく、ガルヴェストンの若者全体がこの祝日の意味を理解していると思うかと尋ねた。彼女は深く息を吸い込むと、眉をひそめながら、正しい答えの重みを推し量るように頭を右へ左へ傾けた。

「わたし個人の考えでは、このコミュニティはただ祝うだけではなく、教育にもっと力を入れるべきだと思います」とスーは言った。「それが今日イヴェントをしている理由のひとつです」彼女は、裏からまだ太鼓の音がする背後の壁を指さした。「〝ドラムと癒しの国際デー〟〔ジューンティーンスと同日に設けられたアフリカ系アメリカ人のための日〕があるのは、奴隷制について、また奴隷にされることだけではなく、自由であることの意味について考える機会を与えてくれるからです」

教育者かつ学生として、また研究者かつ作家としてのわたしの肌感覚として、新世界の海岸に到着する以前の黒人が、球と鎖につながれる以外のどんな存在だったかについての主流の議論というのはほとんどなかった。これは一〇年前にセネガルに住んでいたときに言われたことだが、わたしたち黒人アメリカ人は、とらえられて大西洋を渡る船に無理やり乗せられる前の自分たちの伝統や文化や考えについてほとんど何も教わっていないという。スーが指摘したように、黒人アメリカ人たちは自分たちの歴史を、先立つアフリカの自由からではなく、奴隷となったところから始まるものとして理解してしまう危険性がある。

スーは、自分たちのコミュニティでこうした話題が出ることはめったにないと訴えた。おもな理由として、誰かを怒らせるかもしれないという恐怖があるからだという。具体的に言えば、旧南部連合諸州にいる誰か、ということだ。「南部では誰も白人を怒らせたくなくて、堂々とこの話題をすることにためらいがあるように思います」とスーは言った。彼女は、「奴隷制の醜さと向きあい、議論する」ことに抵抗があるように感じていた。「なぜなら、それはつまり白人がわたしたちに何をしたかを話すということで、そういう話にはためらいがあるのです。白人がそれを聞きたがらないなら、わたしたちも言いたくはない。わかるでしょう?」彼女の声が低くなった。「あるいは、あまりに多くの痛みを思いださせるから、話したくないというのもあります」

自分のコミュニティには歴史に基づく教育が欠けていると感じたスーは、いまわたしたちがいる建物内にニア・カルチュラル・センターを設立した。ガルヴェストンで暮らすなかで、彼女は非常に多くの歴史保存活動が行われていることを知った。だが一方で、市が白人の歴史保存にしか興味がないように見えることに懸念を覚えたという。「彼らの歴史はたくさん保存されていましたが、わたしたちの歴史はどんどん壊されていました」そうして、自分のコミュニティの意識と象徴の回復を目指す彼女の決意は固まった。

「自分たちの物語を伝える必要があると気づき、歴史をアピールするイヴェントを始めました。それは黒人歴史月間だけに限りません」スーは言った。「実演歴史博物館で再現に参加し、地域の歴史上の人物やできごとを子どもたちに教えています」

ガルヴェストンの若者たちに奴隷制やその後の歴史を教えることに邁進すると同時に、彼女はもっと歴史を遡っていきたいと思っていた。自分たちの祖先や歴史は〝奴隷貿易の中間航路《ミドル・パッセージ》〟から始まったわけではなく、鎖から始まったわけでもないと、若者たちに理解してもらいたかったのだ。

「子どもたちには、ああ、自分たちは突然現れて奴隷になったんだ、と思ってほしくありませんでした。そうじゃありません。わたしたちは白人に発見される前から、繁栄したコミュニティや国を築き、素晴らしい数々のことをしていたのです」スーの主張は伸びやかだった。「わたしたちは本当にたくさんのことをやってきました。ですから、わたしたちは何もできない愚か者としてここへやってきて、真の教育を受けて使いものになるように誰かのやり方を学ばなければならなかったわけではないのです。若い人たちには、自分たちが持ってきたものに目を向け、自分らしさを保ちつづける努力をしてほしい。そして、うまくやっていくためには、自分の文化を捨て、別の誰かの文化を受け入れなくてはならないとは考えないでほしいのです」

スーいわく、社会は若者を正当に評価しておらず、不相応にないがしろにしているという。若者に歴史を理解するツールを与えることは、すなわち自分自身を理解するツールを与えることになり、その結果、彼らの生き方を根本から変えていけるというのがスーの信念であり、またこれまでの活動でも証明してきたことだと彼女は言った。「人々は幼い子どもたちに煩わされるのをいやがりますが、彼らの物語を聞かせてあげたり、彼ら自身や残された遺産についてほとんど知られていない事実を教えてあげると、みな顔を輝かせるんですよ」

ガルヴェストンでは、〝公園〟には行ったかと何度も人々に尋ねられた。ジューンティーンスがテキサス州でどういう意味を持つかを理解したければ、そこに行かなければだめだと彼らは言った。そこで、夏が帰り支度を始め、秋が忍び寄る九月の暖かな日に、わたしはヒューストンの第三区《サード・ワード》にある歴史名所、奴隷解放公園を訪れた。

公園のある地は、ヒューストンの黒人コミュニティにジューンティーンスを祝う場を提供したいという思いから、一八七二年にかつて奴隷だった人々によって購入された。現在では、ジューンティーンスの祝典が毎年催される全国でもとくに長い歴史を持つ場所となっている。そのきっかけとなった元奴隷たちの指導者はジャック・イェーツという人物で、彼は牧師かつコミュニティのリーダーとして、一九世紀後半のヒューストンの黒人生活における社会的・政治的情勢の中心的役割を担っていた。わたしが奴隷解放公園を訪れたのも、彼の曾孫のジャッキー・ボスティックに会うためだった。彼女は公園からわずか数分のところに住んでおり、曾祖父の遺産を絶やさないために熱心に活動を続けている。

ミセス・ボスティックとは、かつて公園の体育館だった建物の会議室で会った。彼女は齢八〇代とは思えないほど俊敏だった。くるくるとカールした白髪頭で、夕暮れのようなおだやかな目をしていた。彼女の記憶は冴え渡り、声はゆっくりとなめらかだった。彼女が話すと、目尻にしわが寄った。

ヒューストンで育ったミセス・ボスティックは、人種差別が黒人生活のあらゆる面を勢いづかせた日々のことを鮮明に覚えていた。彼女の活動家としての感性は、若い頃からはっきりと表れていた。「わたしはつねに、正しくないと思うこと、不公平だと思うことに異議を唱えてきました」と彼女は言った。「テキサス、ルイジアナ、ミシシッピなどの南部の多くの場所で、そのなかには黒人が全人口を占めるところもあるのに、ほかの誰かがつくったルールに従うしかないという状況が理解できませんでした。そして、そんな状況を打破できると、変えられると思いもしない人々のことも理解できませんでした。怖いのはわかります。あの頃は多くの人がリンチに遭っていましたから。（中略）ですが、わたしのなかにはいつも、違う、わたしはこんなふうに生きる必要はないし、そうはならないと確信できるものがあったのです」

ミセス・ボスティック自身は曾祖父のジャック・イェーツに会ったことはないが、まるで彼という人間の輪郭が彼女の記憶のなかでしっかりと具体化されているようだった。ヴァージニア州で生まれたイェーツは、ハリエット・ウィリスという女性と結婚し、一一人の子をもうけた。しかし、彼の妻と子どもたちは別々のプランテーションで暮らしていた。奴隷解放宣言のあと、ウィリスの所有主は自分の労働者たちを奴隷のままにさせておくために、テキサス州に経営を移したのだ。ミセス・ボスティックによると、かつての奴隷主からすでに解放されていた彼女の曾祖父は、そのことを知ると、家族と一緒にいられるように奴隷に戻る権利を買わせてもらえないかと、妻の所有主を説得したという。

わたしは自分が聞き間違えたかと思い、ミセス・ボスティックにもう一度話してくれと頼んだ。彼女は共感したようにうなずいた。自由になった黒人が金を払ってふたたび奴隷になるなど、初めて聞く人にとってはどれほど衝撃的な話かを、彼女はよくわかっているのだろう。家族が離れ離れになるのを防ぐために奴隷たちがどれだけのことをしたかを明らかにした、恐ろしく悲惨な真実だった。イェーツの家族への愛は、ほかのどんな思いよりも勝っていたのだ。

イェーツ一家は、ガルヴェストンから海岸をおよそ一五〇キロくだったテキサス州マタゴルダ郡に移った。ゴードン・グレンジャー将軍が布告を読みあげ、奴隷にされていたテキサス民に自由であることを告げたとき、一家はそこにいた。知らせが彼らのいたプランテーションに届くのに、そう長くはかからなかった。ミセス・ボスティックいわく、知らせが届くと、奴隷所有者は彼らの意思に任せると告げたそうだ。残るもよし、去るもよし。もし去るなら止めることはできない、と彼は言ったという。だがもし残れば、ただ働きを続けなければならない。ジャック・イェーツと家族は去ることにした。

一家はヒューストンへ移住した。当時そこはできて三〇年も経っていない、まだ新しい市だった。彼らはのちに第四区《フォース・ワード》となる場所に居を構え、〝解放奴隷の町〟と呼ばれるにふさわしい地区を形成していった。市のやや郊外には、より多くの黒人家族がやってきて定住した。そこなら土地が買え、奴隷解放後のテキサスに対する喜びと不安を抱えながら、解放された黒人たちのコミュニティに入って暮らすことができた。イェーツはこのコミュニティで重要な役割を果たすこととなった。彼はヴァージニア州のプランテーションで、幼少時に遊び友だちだった奴隷主の息子から読み書きを習っていた。〝解放奴隷の町〟に住む大多数の黒人より教養のあったイェーツは、牧師となって教会を建て、学校を設立し、コミュニティに新しくやってくる解放奴隷たちが残りの人生を築くための市民としての基盤をつくりあげた。

数年後、イェーツの関心は、こうしたすべてを可能にした日をコミュニティで祝うための場所探しに向かった。彼は、コミュニティのほかの住人とともに八〇〇ドルを集めて土地を購入した。こうしてヒューストンで、ひいてはテキサス州で最初の公共公園が誕生した。ミセス・ボスティックは、子どもの頃にその公園で行われていたジューンティーンスの祝典をうれしそうにこう振り返った。「公園で遊んで、親睦を深めて、美味しいものを食べて、なんとも楽しい日でした」

奴隷解放公園は、二〇世紀に移ってからも数十年にわたり、ヒューストンの黒人コミュニティの中心的存在として機能した。しかし、一九七〇年代になると、公園は老朽化し、かつての面影は消え、二〇〇七年にはジューンティーンスの祝典が全面中止となってしまった。この中止がコミュニティの住人への警鐘となり、〈奴隷解放公園友の会〉という団体が公園の修復に尽力することとなった。同じ年に、ヒューストン市議会がこの公園を歴史的建造物に指定したことで、再生への道が開かれた。その後の一〇年のあいだに、公園は体育館、レクリエーション・センター、新しいプール、野外劇場の建設など、三四〇〇万ドルをかけて改修工事を行った。それに合わせて、二〇一七年に市議会は、公園に隣接して走り、南軍司令官のリチャード・W・ダウリングの名にちなんでつけられたダウリング通りを、エマンシペイション・アヴェニュー（奴隷解放通り）に改名することを決議した。

わたしはミセス・ボスティックに、創立から一四七年後の今日、公園で改修工事とジューンティーンスの祝典の両方が行われていることを曾祖父のイェーツはどう考えていると思うかと訊いてみた。

「そうですね、奴隷制から抜けだしたばかりで、当時はいまのような公園になるとは思いもしていなかった人々によって始められた公園に、二〇一九年になっても人々が足を運ぶことができているというのは、ただただ素晴らしいことです」ミセス・ボスティックは部屋を見渡し、それから窓の外をちらりと見やった。「いろいろな変化はありましたが、いまでもここは人々が家族と楽しみ、仲間と親睦を深め、自由を謳歌する場所です」

彼女はそこでいったん口をつぐんだ。「大事なのは自由です。彼らにとって自由がどれだけ重要か」

とくにミセス・ボスティックが力を注いでいることがある。それは、奴隷解放公園が人々にジューンティーンスを祝う場を提供する一方で、その祝賀によってジューンティーンスの実際の歴史に対する人々の理解がなおざりにならないようにすることだ。彼女もスー・ジョンソンと同じように、歴史の保存活動は積極的にしなければならないと、歴史は培われ育成されなければならないと、そうでなければ失われてしまう危険があると気づいている。

「わたしの世代は」と彼女は言った。「多くの人が殺され、殴られ、唾を吐かれ、侮辱され、だまされました。彼らは、人々に理解してもらうためには物語を語りつづけなければならないことをわかっていなかったのだと思います。それぞれの世代が、現在にいたるまでの物語を知っておかなければなりません。知らなければ、またそこへ逆戻りしてしまうからです」

彼女の声が震えだした。「人々が戦って得たものが、何度も覆されるところを見てきました。（中略）それだけではなく、わたしはここで、人々が状況を好転させられずにいるのをリアルタイムで見つづけています。それは、いま起こっていることをわたしたちがちゃんと理解できていないからです」

「学校制度では、わたしたちが奴隷だったことには触れられても、奴隷制のあとに何が起こったかは話されません」彼女の表情が沈んだ。「黒人たちがどのように解放されたか、どのように土地を得たのか……もし得られたらの話ですが――そして、何も与えられなかった人もいたこと」

ミセス・ボスティックは続けた。「この国でこれまでに起こったすべての戦争でわたしたちがどう戦っていたか、本当の物語は語られません。南北戦争についても然りです。これまで戦ったどの戦争よりも、この国で多くの死者を出した戦争だったのです。学校は、そうしたことを語ろうとしません。南軍を美化したいがために、歴史の教科書に載せようとしないのです」

この歴史を継承する責任は、コミュニティと学校の両方にある。この国で公立学校に通う一〇人にひとりが暮らすテキサス州では、黒人の歴史、なかでも奴隷制の歴史を教える学校側の姿勢について、これまで数々の汚点が取り沙汰されてきた。[27] 二〇一五年、州教育委員会と出版社のマグロウヒル・エデュケーションは、大西洋奴隷貿易によって「数百万人の労働者がアフリカからアメリカ南部に連れてこられ、プランテーションで働くようになった」[28]と記述した教科書を生徒たちに提供し、非難を浴びた。このような記述は多くの人にとって、アフリカ人は強制的に暴力を振るわれて故郷から引き離されたのであり、北アメリカの土地を耕す手伝いをすることに同意した単なる〝労働者〟ではないという事実を意図的に不明瞭にしているように感じられたのだ。二〇一八年四月、テキサス州サンアントニオのグレート・ハート・モンティ・ヴィスタ・チャーター・スクールの八年生は、「公平な視点で見る奴隷の生活」と題された課題シートを提出させられた。そのシートにはふたつの欄が設けられ、生徒たちはひとつに奴隷制の「ポジティブな」要素を、もうひとつに「ネガティブな」要素を書くよう求められた。同学校で使用されていた教科書には、奴隷制について「親切で寛大な所有者」や「さほど不幸せではなかったかもしれない」奴隷もなかにはいたとの記述があった。[29] 以降、テキサス州教育委員会は、南北戦争の原因として奴隷制が「中心的役割」[30]を果たしていたことがわかるように、州全体の教育基準の見直しを図っている。

「これは誰も触れたがらない問題です。というのも、誰もそのことを本気で話したいとは思わないからです」ミセス・ボスティックは言った。彼女は身をこちらに傾け、わたしの目を見据えた。「ですが、それが起こったという事実をわたしたちが理解したいと思うようにならない限り、その問題はこの国を分断しつづけるでしょう。それは実際に起こったことなのですから」

ガルヴェストンでアシュトン・ヴィラに引き返すと、むわっとする熱気に襲われた。いまだどんよりと重たい島の空気が、わたしの肌を覆う。車道に背を向け、ヴィラの正面の歩道に立っていると、背後で信号待ちをしている車のエンジン音が聞こえた。わたしは目を細め、光から目を守るように額に手をかざしながら、もう一度バルコニーを見あげた。真昼の光につややめく細やかな鉄の蔦細工や、それぞれのパーツの見事なシンメトリーに驚嘆せずにいられなかった。細い金属の柱がバルコニーの地面から伸び、その先に菊のような花を咲かせていた。そこから螺旋を描く花模様が咲き乱れ、その上の屋根を支えていた。頭上を飛んでいたスズメの群れが屋根の上におり立った。見えない救急車のサイレンが、遠くで歌声を響かせる。わたしはバックパックから水のボトルを取りだした。結露した水を指先に滴らせながら、ごくりとひと口、冷たい水を喉に流し込んだ。

わたしはこの神話に、この起源の物語が真実である可能性に自分の想像力を傾けた。空を指す銃剣を担いだ司令官たちに囲まれ、ベランダに立つグレンジャー将軍を思い描いた。彼の読みあげる一般命令書は、ここからどれほど小さく見えただろう。テキサス州で奴隷にされていた二五万もの人々の鎖を断ち切ったその小さな紙切れは、彼らの足元の大地を揺るがすほどの力を持ったその羊皮紙の切れ端は、どれほど小さく見えたことか。わたしは、自由になったことを初めて知った大勢の人々のなかにいるのはどんな感じだろうと考えた。自分が彼らの亡霊に囲まれているところを想像した。その亡霊たちはひとつの歴史の影として、いまだしっかりとこの地に足をつけている。わたしは彼らの存在を驚くほど鮮明に感じた。まるで彼らと肌を密着させ、押しあいへしあいしているのを感じられるほどに。わたしたちはみな一緒になって、知らせに期待をふくらませてベランダを見あげる。

わたしは目を細め、アシュトン・ヴィラのファサードの輪郭をなぞった。写真がなくても思いだせるように、目に焼きつけておきたかった。この先、自由を思いだす必要に駆られたとき、その名をささやけば、いつでもその姿を呼びだすことができるように。

五〇メートルほど右手に、いまより四〇歳若いアル・エドワーズ・シニアの銅像があった。スリーピースのスーツ姿でまっすぐ立ち、右手に持った下院法案第一〇一六号を空に掲げて微笑んでいた。像の背後にある太陽がブロンズの日食をつくりだし、像のくっきりとした輪郭を黄金色で取り囲んでいた。わたしがガルヴェストンを訪れた一年後にこの世を去ったエドワーズは、この姿で人々に記憶されつづけるのだ。わたしが話した年老いた男ではなく、意志の強さの鑑として。ジューンティーンスを正式にテキサスに、そして全国にもたらした人物として。

わたしはエドワーズの銅像を見て、それからアシュトン・ヴィラを見返して、ジューンティーンスがどれほどたくさんの祝福をもたらす日か、それがどれだけたくさんの悲劇に満ちた状況から生まれてきた日かを考えた。テキサス州をはじめ南部の奴隷所有者たちは、黒人たちが自由を認められたあとも、何カ月も、実質的には何年も、彼らを奴隷のままとどめおこうとした。ジューンティーンスは、この国が黒人アメリカ人たちに何をしてきたかを粛々と思いだす日であり、また黒人アメリカ人が乗り越えてきたすべてを祝う日でもある。ジューンティーンスは、全国民の自由に向けてこの国が日々意識して決断をしていかなければならないこと、そして、それは積極的に行われなければならないことを思いださせてくれる。自由は決してひとりでに実現されるものではないのだ。ジューンティーンスは、自由への計画がいつも思いどおりにはいかないことを教えてくれる。わたしたちは、自由にたどり着けなかった先人たちがどれほどいたか、どれほどたくさんの人がいまだ待ち侘びているかを、繰り返し肝に銘じなければならない。

“わたしたちは善人だった?”
ニューヨーク市

ニューヨーク市のペン・ステーション駅からマンハッタンをくだるあいだ、地下鉄一系統は線路を疾走した。各駅でドアが開くたび、乗客は携帯電話や本や恋人の肩に顔を埋めた。しばらくは満員だった列車も、マンハッタンを南下するにつれ徐々に空いてきた。サウス・フェリー駅に到着すると、車掌の終点を告げるアナウンスとともに、まだ残っていた六人の乗客が席から立ちあがった。川に突っ込みでもしない限り、これ以上南へは進めない。階段をのぼって地下鉄を出ると、ハドソン川からの風がわたしを包み込んだ。わたしはパーカーのフードを頭にかぶり、上着のポケットに両手を埋めた。駅から二ブロック歩いて国立アメリカ・インディアン博物館のニューヨーク分館までたどり着くと、ニューヨーク市の奴隷制と〈地下鉄道〉に関するウォーキング・ツアーがすでに始まろうとしていた。

一〇人ほどの人々が、ツアーの案内役だと示す目印を持って建物の正面階段の上に立つ女性のまわりに集まっていた。その人々は、それまで見たことがないほど多様性に富んでいた。ガイドがどこから来たかと尋ねると、さまざまなアクセントがグループに飛び交った。彼らはドイツ、韓国、ブラジル、オーストラリア、イギリス、カナダ、ロングアイランド、ブルックリンからやってきたという。

ガイドのダマラス・オビは、レザーブーツ、パンツ、ジャケットと全身黒ずくめのスタイルに、グレーのバックパックを肩からしっかりとかけていた。黒いきつめの縮れ毛を肩まで伸ばし、そのスパイラルの髪の先端を、かすかに残った赤いハイライトが彩っていた。彼女は意図的ながら感じのよいユーモアセンスをうまく織り込みながら、この国の最も闇深いときを滔々《とうとう》と説明した。

「わたしのことはDと呼んでください」彼女はマイクを調整しながら、一行に笑顔を向けた。そして、自分がナイジェリア人の父とドミニカ人の母のあいだに生まれ、ニューヨーク市で育ったことを話しはじめた。こうした経歴も関係があるのだ、とダマラスは言った。なぜなら、「このツアーでは、わたし自身を例として挙げるからです」

「みなさんは今日、膨大な量の歴史を聞くことになります。これは黒人の歴史ではありません。ニューヨークやアメリカ人の歴史でもありません。これは世界の歴史です」そこで彼女はいったん間を置いた。

「その歴史は、世界じゅうの教育制度からきれいさっぱり消去されてしまっています。というのも、もはやこのことは教えられていないのです。たとえ教えられていても、誤って教えられているのです。今日お聞きになるいくつもの事実に、みなさんはとても居心地の悪さを覚えるでしょう。それでいいのです」ダマラスは微笑んだ。「居心地の悪さを感じることこそ、人としての学びであり成長なのです。お話しすることのなかには、みなさんのこれまでの教育や信念に反するものもあるでしょう。それでいいのです」

「まず言っておきますが、〈地下鉄道〉とは、地下でもなければ鉄道でもありませんでした」ダマラスは周囲を見まわした。「微笑んでる方もいますね。わたしがいつもこう前置きしなければならないことにとても驚かれるでしょう。というわけで、今日のツアーは地下鉄や洞窟などの地下でやるわけではありません」

ダマラスは続けて、一八六一年にアメリカで南北戦争が勃発した時点で、奴隷制はすでに二〇〇年以上も存在しており、数十億ドル規模の巨大産業だったことを説明した。歴史家のデイヴィッド・ブライトの研究をかいつまんで紹介しながら、彼女は奴隷制がいかにアメリカ経済の中心だったかを解説した。一八六〇年になる頃に四〇〇万人近くいた奴隷は、この国で最も貴重な経済的資産となっていた。およそ三五億ドルというその価値は、国内すべての製造業と鉄道業を合わせても及ばないほどだった。[1]

ダマラスは、歴史を通して世界各地に存在してきた奴隷制について説明した。戦争捕虜となったり、借金を負ったりしたことで、人々は定期的に奴隷になった。彼女の話によると、たいていはある一定の期間だけ奴隷にされ、またたとえ自分が一生奴隷であったとしても、子どもがその後奴隷になるとは限らなかったという。

アメリカの奴隷制は違った。「この新世界の奴隷制は」とダマラスは言った。「この資産としての奴隷制は、人種カースト制度、つまりは人種のヒエラルキーに基づいていました。それは、アフリカ人の遺伝子構造には本質的に人間以下、あるいは非人間的なところがあるというヨーロッパ的イデオロギーに守られていました。そのため、この終身刑の対象となるかどうかの唯一の決め手は、色素、つまりは肌の色だったのです」

「人種とは、人種差別の副産物です。実際のところ、人種というものは存在しません」ダマラスは、まるで水は湿っているとでも言うような感覚でそう言った。「驚いている方もいるようですね」彼女は足の位置を直し、背筋を伸ばした。「これは社会的な構成概念なのです。人種という概念を裏づける科学的・遺伝学的証拠はいっさいありません。そうした誤りにもかかわらず、人種という概念はわたしたちのあらゆる社会構造に織り込まれているのです」

ダマラスは、バーバラ・フィールズとカレン・フィールズが著書『人種をつくるもの（*Racecraft*）』（未邦訳）で、人種と人種差別はそれぞれ別の社会的存在であることを概説しているのを引きあいに出しながら、人種が先にあって人種差別が生まれたと人は思うものだが、実際にはその逆なのだと断言した。フィールズたちはこう主張している。「人種差別とは何よりもまず社会慣習である。つまりそれは行為であり、また行為の根拠であり、あるいはその両方であることを意味する。人種差別は、つねに人種という客観的実在を当たり前にあるものと思っている。（中略）だからこそ、このふたつの違いを明確に示すことが重要なのだ。攻撃する側が行うものである人種差別を、攻撃される側という存在である人種へと、まるで見逃しやすい手品のように言葉を短くすることで変換しているのだ」さらに彼女たちは、「南部の黒人は肌の色のせいで差別された」[2]といった内容が教科書に載っていても、生徒たちは驚きもしないと述べている。ふたりが著書のなかで説明しているように、このような受動的な解釈はあたかも差別がまったくもって自然なことであるかのように思わせ、体系的か対個人かにかかわらず差別する人をいかなる責任からも無罪放免にしてしまっている。

わたしたちがそのときいた土地は、ニューヨークでも最も古くからある地域で、もともとは一六二四年にオランダ人によってニューアムステルダムとして建設された。この地にやってきたオランダ人たちは、紀元前一万年前からその地に住んでいた、アルゴンキン語を話すネイティヴ・アメリカンのレナペ族と出会った。当初は友好的な交流をしていたというが、土地をめぐる緊張が高まるにつれ、彼らの関係は悪化していった。二年後、オランダ西インド会社がレナペ族から六〇ギルダー相当の価格（現在の約一〇〇〇ドル相当）でマンハッタン島を〝購入〟した。ダマラスはこの購入に関する最古とされる資料――オランダ政府にその知らせを報告する一六二六年の手紙――のコピーを持ちあげた。契約書の原本は残っていないが、おそらくレナペ族にとってこのできごとは、オランダ人とはまったく異なる何かを意味していただろう。「ご覧のとおり、土地や資源を所有するというこの考え方――それはヨーロッパの概念でした。ネイティヴ・アメリカンにとって土地を所有するということは、水や月や星を所有するようなもので、事実、アルゴンキン語には（土地）所有権を表す単語は存在していませんでした」

ニューヨークにやってきた最初の奴隷は、一六二六年にニューアムステルダムの海岸に連れてこられた一一人のアフリカ人たちだった。彼らは土地の開拓、家や道路の建設、初期のオランダ人植民地のインフラ整備などの仕事に従事させられた。彼らがロウアー・マンハッタンの木から切りだした木材が、まわりまわって囚われたアフリカ人を運ぶ船の材料に使われた可能性もある。[3]

オランダ西インド会社の記録には、その二年後、「会社のニグロ男性の慰みのために」三人のアフリカ人奴隷女性が連れてこられたとある。

「彼らは無理やり新世界に連れてこられ、ピーター・ポルトギースやらアンソニー・コンゴやらといった名前を持つことになりました。おわかりのとおり、アフリカ人にアンソニーやピーターのような名前はありません。自分が奴隷にした人にまずやっておきたいのは、彼らのアイデンティティを剝ぎ取ることでしょう。ではどうやって？　彼らの（生まれたときに授けられた）アフリカ人の名前を奪い、新たにヨーロッパ人の名前に置き換えるのです」囚われたアフリカ人の名字は、とらえられた場所や、故郷から彼らを連れ去った人物と縁のある地を示す場合が多かった。ダマラスいわく、こうすることで奴隷所有者たちは自分の貨物を管理しやすくしたのだという。

彼ら奴隷たちは、わたしたちがその日立っていた地のほとんどの礎を築く手伝いをした。わずか数ブロック先にあるウォール街もそのひとつだ。「なぜウォール街がウォール街と呼ばれるか知っている方はいますか？」ダマラスは質問を投げかけた。「そこに壁があったからです」と言って彼女が笑ったので、わたしたちも笑った。「わたしからの質問がこれ以上難しくなることはありませんよ。お約束します」彼女は、壁がどんなものだったかを描いたイメージ図を、全員に見えるように体を半回転させながら見せた。

「人々はこう言います。『この壁は、オランダ人が先住民から身を守るために建てた』と。先住民には、この壁を襲撃するという悪い癖があったんですね」ダマラスの声には嘲笑がこもっていた。しかしそのあと彼女は真剣な面持ちになり、オランダ人のネイティヴ・アメリカンに対する暴力の歴史や、彼らこそネイティヴ・アメリカンの土地を奪おうとする外国人侵略者だった事実を指摘した。「となると、オランダ人が先住民から身を守る必要があったのでしょうか？　それとも、先住民がオランダ人から身を守る必要があったのでしょうか？」

この壁がネイティヴ・アメリカンからオランダ人を守る役割をしていたというのは広く知られた話だが、もともとは、おもにイギリス人から守るために建てられたものだった。しかし、一六四三年にオランダ軍がヴィレム・キーフト総督の命令のもと、男女、子どもを含む一〇〇人以上のレナペ族を虐殺したことをきっかけに、オランダ人は急ぎネイティヴ・アメリカンの攻撃から身を守る必要に迫られた。[4]この話についての二〇世紀の記述には、この報復攻撃が、のちにウォール街となる場所に沿って走る最初の壁ができた理由だと書かれている。

マンハッタン島の赤い人々が本土に渡ってきて、そこでオランダ人と条約を結んだ。よってその地は〝平和のパイプ〟、彼らの言葉で〝ホーボーケン〟と呼ばれるようになった。しかし、それからすぐのある晩のこと、オランダ人総督キーフトが兵士たちをそこへ送り込み、住民たちを虐殺した。わずかに逃れた人々がそこで起こった話を広めたことで、残されたすべての部族は白人入植者に敵意を抱くようになった。その後まもなくして、ニューアムステルダムは怒れる赤い隣人たちから身を守るための二重の柵を設置し、しばらくのあいだ、この柵がオランダの都市の北限となった。かつてのふたつの壁のあいだは現在ウォール街と呼ばれ、いまでも人々を守る精神を宿している。[5]

それから約一〇年後に、植民地総督のピーター・ストイフェサント――ニューヨークきっての名門高校の名にもなっている――が奴隷労働者に命じ、「高さ約四メートル、直径約五〇センチの先端をとがらせた」丸太を使ってマンハッタン島全域にバリケードを建設させ、壁の強化と拡張を図った。[6]

わたしは、自分たちを取り巻く金融街の喧騒を見つめた。あらゆる方向から音が聞こえてきた。柔らかい土を求めてコンクリートブロックを砕くジャックハンマーのスタッカート音。鋼鉄のジョイントを延ばして通りの角から別の角へと瓦礫を持ちあげるクレーン車。赤くちかちかと、けたたましく緊急のサイレンを鳴らしながら、車や横断歩道を縫って走る救急車。モンティチェロを囲む静かで断絶された山々や、ホイットニーを覆う長い芝生のさらさらとやさしく揺れる音や、アンゴラの不気味な静けさとはひどく対照的だった。

ツアーの一行は階段をおりた。下まで着くと、ダマラスが国立アメリカ・インディアン博物館に背を向け、わたしたちがその大きな建物を見ながら話を聞けるように、みなを自分の正面に集めた。

一九〇七年に建設されたアレクサンダー・ハミルトン合衆国税関を利用したこの博物館は、三ブロック分にまたがり立っており、両側を交通量の激しい道路にはさまれている。砂色をした七階建ての建物のファサードには一二本の円柱が並び、それぞれの柱のてっぺんにローマの商業神メルクリウスの頭部が置かれている。その柱に囲まれるように並んだ窓に、向かいの高層ビルの一部が映り込む。階段の両脇と建物の両隅には、大理石でできた四体の複雑な人物彫刻が、それぞれ石の台座に異なるポーズでのっている。彫刻家ダニエル・チェスター・フレンチ作のこの四体の像は、それぞれアフリカ、ヨーロッパ、アメリカ、アジアの地域を表している。フレンチは、ワシントンDCにあるリンカーン記念堂のリンカーン像を制作した彫刻家でもある。

「四体の像のなかで、アフリカだけが台座の上で寝ているように表現されていることに注目してください。これは、歴史を通してアフリカが〝眠れる大陸〟として知られてきたからです。また、四体のなかでこの像だけが半裸に彫られています。これは、アフリカ人が本質的に未開で野蛮だという典型に当てはめられた結果です。四体とも何かしらの王座の上に座っていますが、アフリカの王座は大陸の奥地で採れた岩石を彫ったものです。この時代、アフリカ人は王家のシンボルを付すほど人間とはみなされていませんでした」

一九一五年二月、フレンチはこう書いている。「ニグロは鼻を短く上向きに、唇を最大限に誇張して表現するのがふつうだが、実はこうした存在はニグロでも最も下級のタイプである。実際のところ、おそらくアフリカの一部の地域には、鼻が高く、白人から見て美しく威厳のある顔立ちをしたニグロもいるようだ。このタイプがアフリカ人を特徴づけるに足る姿をしていないと言う気は毛頭ないが、構図の法則から見て、ヨーロッパの芸術基準に従った美を表す自然な配列に沿った顔立ちだということである」[7]

ダマラスは、ヨーロッパを表現した次の像にわたしたちの注意を向けさせた。「ふたつの像の違いに注目してください。先ほどとは対照的に、ヨーロッパは王座に威風堂々と座っています。彼女は立派なローブに身を包み、左手のこぶしを本の山の上にのせています。さらにその本は、ヨーロッパがかつて世界を征服したことを象徴する地球儀の上にのせられています。彼女は、あらゆる知恵と知識でわたしたちを未来へ導こうとしています」

ダマラスは少し間を置いてから、アメリカを表現した三つ目の像に移動した。「アメリカだけが動きのある彫られ方をしているのに注目してください。自由の松明を手にした勇者アメリカは、わたしたちを啓蒙の新時代へと導きます」ダマラスは、アメリカ像の右足の下にあるものにわたしたちの注意を引きつけた。それは、メソアメリカの蛇神ケツァルコアトルの頭部だった。

それからダマラスは、アメリカ像の背後に身を屈めたネイティヴ・アメリカンの像を指さした。「ここが構造のポイントです。彼はアメリカの背後に隠れています。ネイティヴ・アメリカンが過去の遺物となったことを象徴しているのです。アメリカはわたしたちの未来に向けて、前を向いています」

諸説あるが、歴史家ドナルド・L・フィキシコは、一四九二年にコロンブスがやってきた時点の北アメリカには、数百万から一五〇〇万人のアメリカ先住民が住んでいたと推定している。[8] 一九世紀後半になると、その人口は約二五万人にまで減少した。

最後にダマラスは、アジアの寓話的彫刻があたかも頭蓋骨のベッドの上にのっているかのようにつくられていることを説明した。彼女の脇には男女や幼い子どもがひれ伏している。フレンチいわく、「インドの騒々しさと、おびただしい数の住民の生活に対する絶望感」を表現しているという。[9]

国立アメリカ・インディアン博物館のそばを通るのは、そのときが初めてではなかった。優美だなと思う以外に何も気にせず、わたしは何度この彫像の前を通り過ぎたことだろう。そう、わたしは虐殺、植民地化、奴隷制、探検といったものの必要性が文字どおり石に刻まれ、誇らしげに展示されていることなど気にもしていなかったのだ。

一七世紀から一八世紀にかけての一時期、ニューヨークにはアメリカ北部のほかのどの都市部よりも多くの黒人奴隷がいた。[10] 市の労働力の実に四分の一以上を奴隷労働者が占めていたのだ。都市が発展するにつれ、奴隷の数も増加した。アメリカ独立戦争が始まった頃には、アフリカ人の子孫がニューヨークの人口のおよそ六分の一を占め、そのほとんどが奴隷にされていた。[11]

歴史家のアイラ・バーリンとレスリー・M・ハリスが選集『ニューヨークの奴隷制（*Slavery in New*

York)』（未邦訳）のなかで述べているが、オランダ植民地時代初期の奴隷制の規範は、のちの時代とは異なっていたという。[12] そもそもの人種的ヒエラルキーはあったものの、そのヒエラルキー内での人々の動き方はさまざまだった。たとえば、奴隷にされた人の多くは仕事の対価として報酬を受け取っていた。労働の対価をもらえなかった奴隷のなかには、オランダ西インド会社に対し、自分が正当だと思う金額の支払いを求めた者もいた。また、一部の黒人はオランダ当局から解放され、マンハッタンの最南端にあるニューアムステルダムと、島のそれ以外の地域との境にある土地を与えられた。とはいえ、この土地は善意から与えられたわけではなく、白人入植者とネイティヴ・アメリカンとのあいだの緊張がますます高まっていたことから、そのあいだに緩衝地帯をつくる狙いで与えられたのだった。[13] 結果、一七世紀半ばには、自由黒人がニューアムステルダムの黒人人口の三分の一を占めるようになった。こうした自由黒人の多くは、オランダ人教会で結婚したり、オランダの司法制度で裁かれたり、なかにはオランダ名を名乗る者もいるなど、オランダ人入植地の社会生活に参加していた。しかしこれは、自由黒人が社会の平等な一員だったことを意味するわけではない。彼らは決して平等ではなく、つねにそのことは肝に銘じさせられていた。このように、黒人にとっての〝自由〟にはわかりやすくアスタリスク記号がついており、その自由が彼らの子どもにも適用されるとは限らなかった。バーリンとハリスはこう書いている。「自由を手に入れた黒人もいたが、その自由はアフリカ人奴隷制に頼った社会の安全を保証するために与えられたものだった」[14]

一六六四年にイギリスがオランダを追いだし植民地を奪うと、オランダの統治下で存在していた奴隷たちの〝半自由〟――と歴史家は呼んでいた――はもはや消え去った。女性が市内に残って家事や奴隷主の子どもの世話をする一方、男性は郊外で農業労働者として使役させられる機会が増え、男女はもっぱら引き離されることとなった。奴隷たちは恋人を見つけるのに苦労するようになり、結果、自分の家族を持つ人が減っていった。新たな労働者を見つけるのに、ニューヨークのイギリス人は大西洋奴隷貿易にますます依存し、アフリカや西インド諸島から毎年平均一五〇人の奴隷を輸入するようになった。[15] 歴史家のデイヴィッド・ブリオン・デイヴィスによると、イギリス領マンハッタンの約四〇パーセントの世帯で奴隷が所有されていたという。[16]

しかし、奴隷たちがかつてないほどの重労働を強いられ、さらに新しい病に対する免疫をほとんど持たないアフリカ人が新世界にどんどん連れてこられたことで、ニューヨークの黒人の死亡率は跳ねあがった。彼らがニューヨークの海岸にたどり着く前の時点ですら、死者は恐ろしい数にのぼった。歴史家のジル・ルポールによると、アフリカから連行された一〇〇人当たりにつき、内陸部から海岸までの旅路を生き残れたのはわずか六四人だけだったという。[17] その六四人のうち、数週間に及ぶ大西洋横断の旅を生き延びたのはおよそ四八人。ニューヨークの港で船をおりることのできたその四八人のうち、植民地で初めの三、四年を生きていられたのはわずか二八〜三〇人だった。バーリンとハリスは、このときのニューヨークを「黒人の死の製造工場」と呼んでいる。[18]

抵抗する奴隷たちも現れた。わざと仕事のペースを落としてみたり、仮病を使うなどしてわからないように反抗する者もいれば、はっきりと抵抗を示す者もいた。一七一二年四月、最大級の反乱が起きた。二五人から五〇人ほどの奴隷が決起し、九人の白人を殺害、さらに六人を負傷させた。これにより七〇人以上の黒人が逮捕され、うち四三人が裁判にかけられ、二三人が死刑に処された。なかには首を括られた者や、火あぶりにされた者もいた。反乱後は、奴隷たちの行動を制限したり、彼らの財産の所有を禁じたり、奴隷所有者が自分の奴隷を解放させる際には法外な費用を支払わせたりと、奴隷生活を規制する法律がさらにきびしくなった[19]。

ニューヨークの歴史において、奴隷による暴動は一七一二年の反乱だけではなかったかもしれない。一七四一年、ニューヨークで火災が相次いで発生した。これを大陪審は、奴隷制を転覆させる陰謀の一環として黒人の放火集団が火をつけたものと結論づけた。これにより一〇〇人以上が逮捕された。うち七〇人は売られてカリブ海で働かされた。一七人が絞首刑、一三人が火あぶりの刑に処された。ルポールは、これをセイラム魔女裁判［一六九二年よりマサチューセッツ州セイラム村で行われた一連の魔女裁判］の暴力やヒステリーよりもひどい反応だったと述べている。「セイラム村では一五〇人以上が魔女と告発されて逮捕されたのに対し、ニューヨークでは二〇〇人近い人が共謀者として告発された。しかしセイラムで処刑されたのは一九人のみで（さらに四人が獄中死した）、世間の意見に反して誰も火あぶりにはされなかった」[20]

一七四一年の火災が奴隷たちによる組織的反乱の一環だったのか、あるいはほかの解釈があるのか、学者たちのあいだの議論はいまだ決着していない。いずれにせよ、この火災にまつわる伝承は、それ以降の植民地における奴隷制の軌道を大きく変えた。一七四一年以前は、ニューヨークの奴隷労働者のおよそ四分の三がカリブ海から来ていた。陰謀とされる火災以降、ニューヨークの奴隷所有者は労働者の大半をアフリカから直接仕入れるようになった。そうすれば、奴隷同士でのコミュニケーションが困難になり、その結果、大規模反乱を計画する可能性が低くなると、彼らは考えたのだ[21]。

ニューヨークでは奴隷制が拡大しつづけ、奴隷にされた人々がますます輸入された。アメリカ独立戦争勃発前には、ニューヨークはヨーロッパ人に対する黒人奴隷の割合が北部のどの入植地よりも高く、市内におよそ三〇〇〇人、マンハッタンから八〇キロ圏内には二万人の奴隷がいた。[22] ニューヨークを訪れたある旅人はこう不満を漏らしたという。「路上にこれほどたくさんの黒人奴隷がいるのを見るのは、ヨーロッパ人の目にはかなり苦痛だ」[23]

ダマラスが前で手を振り、わたしたちは博物館から金融街の通りへと集団で移動した。ダマラスが小さな赤い旗を頭の上で持っていてくれたので、わたしたちは人混みをかき分けながらも彼女を追うことができた。たくさんのバーやデリを通り過ぎ、何千という足音が鼓動する街角をいくつか曲がった。パール・ストリートに入ると、歩道から突きでたレンガブロックがあり、金色の手すりがガラスに覆われた井戸を取り囲んでいた。手すり越しに地面の穴をのぞくと、朽ちたレンガが藻に覆われ、小さな植物が貯水槽の片側から反対側へと伸びているのが見えた。

一八世紀まで遡るこの井戸は、近隣住民たちの重要な水源だった。一日の初めと終わりに家で使う水をこの井戸まで汲みに来ることが、奴隷たちの日課だった。[24] そのときここで、彼らは互いに一緒の時間を過ごすことができた。

「相手の目を見てもいいのです」とダマラスは言った。「『おはよう』と言ってもよいのです。この井戸にやってきた奴隷たちは、一日のうちに二〇分だけ自分の人間性を取り戻すことができました」ダマラスの意味するところは理解できた。要するにこの井戸は、奴隷たちが別の状況でさらされているきびしい監視や暴力を受けずにいられる場所だと言っているのだ。だが同時にわたしは、奴隷たちを〝人間性〟

で定式化すること、また人間性とはある特定の瞬間や行動に左右されるものではなく、そう思わせるところこそが奴隷制のもくろみだということについてふたたび考えをめぐらせた。彼らは井戸端にいても人間であり、そこから離れても人間だったのだ。

井戸をあとにしたわたしたちは、パール・ストリートを北東に向かって、車の往来とは逆方向に歩道を進んだ。左手の小さなピザ屋から溶けたチーズと焼いたパンの匂いがこぼれ、店のドアの外に群れる六羽のハトが地面に落ちた食べ残しのピザ生地を断続的につついていた。ジョギングする人たちが、狭い歩道を歩くわたしたちの合間をすり抜けていった。安酒場のひび割れた窓からは、密集した客たちの体や呼気の熱が漏れ、彼らにわずかな救いを与えていた。新たな週末のおしゃべりが通りに流れ込み、人々の往来に合わせて音量が満ち引きした。スモーキーグレーの石のベンチが置かれた小さな三角形のクイーン・エリザベス二世公園が、市の商業エリアにささやかな緑をもたらしていた。

ダマラスは、ウォーター・ストリートとウォール街の角にある小さなプレートの前で止まった。そこに書かれた文字は小さすぎて、遠くからでは判読できなかった。ダマラスは、読む時間を取るので、終わったら数メートル先の角に集合してくださいと言った。わたしは数人を先に通した。彼らが読み終えると、わたしは白い文字の書かれた緑のプレートに近づいた。そこにはこう書かれていた。

一七一一年一一月三〇日、市議会法によりパール・ストリートとウォーター・ストリートにはさまれたウォール街に、アフリカ人の血を引く奴隷を競売する市場が設立された。この奴隷市場は一七六二年まで使用された。奴隷所有者は、ネイティヴ・アメリカンの血を引く人々を含む奴隷労働者を日雇い労働者として雇いたい場合も、ここで同じように競り落とす必要があった。一七二六年に建物は、植民地の食生活に欠かせないトウモロコシや穀物や肉などもここで独占的に取引されていたことから、ミール・マーケットと改称された。

奴隷制は一六二六年にマンハッタンに導入され、一八世紀半ばまでには、ニューヨーク市に住むおよそ五人にひとりが奴隷という割合となり、マンハッタンのほぼ半数の家庭に少なくともひとりの奴隷がいた。ニューヨーク州では一八二七年に奴隷制が廃止されたものの、実際に完全撤廃となったのは、非居住者が州内で最長九カ月まで奴隷を保持できる権利を廃止した一八四一年のことだった。しかし、南北戦争前後のニューヨーク経済には、砂糖や綿花などの原料生産のためにほかの地域で奴隷の労働力を利用することが不可欠だった。ほかにも奴隷たちは、ブロードウェイ建設のためにほかの森林地を開拓させられたり、ウォール街の名の由来となった壁や、かつてのトリニティ教会の建設を手伝わされたりした。奴隷市場が建てられて数カ月も経たないうちに、メイデン・レーンのわずか数ブロック先で、ガーナのコロマンティ族やポーポー族の奴隷たちが率いるニューヨークで最初の奴隷反乱が起こった。[25]

文章の横には、一七〇〇年代初め頃の奴隷市場の絵が描かれていた。手前にある船の静止した帆が、風のないおだやかな日を表現していた。遠くには建物が広がっていて、そのなだらかな地平線の中心に、教会の尖塔らしきものが突きでていた。岸には一〇人ほどの人がおり、よくよく見てみると、中央にある小さな東屋では、誰かが跪く奴隷の前に立ちはだかっているようだった。

このプレートは、二〇一一年に起きた〝ウォール街を占拠せよ〟運動の最中にこの場所を調査しはじめたアーティストで作家のクリス・コブによって考案された。コブは、周知の事実となっていたことを証明するための資料探しに何年も費やした。そして、ニューヨーク公共図書館で、奴隷市場が描かれたウィリアム・バーギスによる一七一六年の地図を発見した。それは彼がまさしく探し求めていたものだった。「最高の瞬間でした」と、二〇一五年のインタビューでコブは述べている。「実在していたのです。見えなかったものが、突如としてふたたび見えるようになったのです。わたしはその地図を写真に撮り、フォトショップで市場をさえぎる船を削除しました。そうしてできた市場の全貌が、プレートにのせた絵です」[26]

わたしは周囲の様子を見ようと、三六〇度ゆっくりと回転した。目の前のブロックの右手にシティバンクがあり、そのトレードマークである赤い弧が、スカイブルーに浮かぶ白字の上にかかっていた。[*]すぐ右手には、窓のなかから赤いネオンバナーを光らせたバンク・オブ・アメリカがあった。わたしはこれらの銀行の存在と、かつての奴隷市場との距離の近さに衝撃を受けた。そして、奴隷制とアメリカ有数のいくつかの銀行との関係性を考えずにはいられなかった。

バンク・オブ・アメリカの前身であるサザン・バンク・オブ・セントルイスとボートメンズ・セイヴィング・インスティテューションは、一八六三年に債務の担保候補として奴隷にされた人々をリストに挙げていた。シティバンクもまた、奴隷制との結びつきがあった。

一九世紀の銀行家で、シティバンクの前身であるシティバンク・オブ・ニューヨークの代表取締役だっ

* シティバンクは二〇一九年一二月に六九〇オフィスビルから移転したが、わたしが訪れた二〇二〇年一月にはまだ看板が残っていた。

たモーゼス・テイラーは、南部の砂糖プランテーションの資本管理を行っていたほか、キューバへの奴隷密売にも深く関わっていた[27]。

アメリカ最大の銀行であるJPモルガン・チェースは、奴隷貿易に最も深く関わっていた。同行の二〇〇五年の声明には次のようにある。「JPモルガン・チェースは、奴隷制との関連があったかについて当行の歴史を広範囲にわたり調査しました。(中略)これにより一八三一年から一八六五年のあいだに、当行の前身であるふたつの銀行――ルイジアナ州のシチズンズ・バンクとカナル・バンク――が約一万三〇〇〇人の奴隷を融資の担保として承認し、そのうち約一二五〇人に対し、農園主が債務不履行となった際にその所有権を実際に獲得していたことを報告いたします」[28]

一九世紀の初頭までに、ニューヨークの金融業界は奴隷制にさらに深く関わるようになっていった。ニューヨークの銀行家から流れる資金は、奴隷貿易のあらゆる財政面に注ぎ込んだ。ニューヨークの実業家が船をつくり、それで綿花を輸送し、そして奴隷たちが着る衣服を生産するといった循環が生まれた。南部での奴隷制の繁栄を可能にさせていたのは、北部の金融資本だったのだ。綿花貿易が拡大するにつれ、ニューヨーク市はアメリカ南部とヨーロッパ間の綿花輸送の重要な港町となった。一八二二年には、ニューヨークの港から出荷される貨物の半分以上が南部諸州で生産されたものとなり、綿花だけで市の輸出品の四〇パーセント以上を占めた[29]。

全員がグループに戻ると、ダマラスは言った。「この国でいまだに語られている最大の嘘があります。わたしもそれに立ち向かおうとしているのでわかるのです。つまり、南北戦争のあいだ、わたしたちは善人だったよね、と。ニューヨーク市は正義の味方で、悪いのはみな南部のやつらだと」

彼女は続けた。「要するに、これがいま起きていることなのです。わたしたちは自分たちを二種類に分類します。南部――つまりは奴隷所有州の連合国と、北部――つまりは自由州の合衆国に。わたしたちは何をめぐって争っているのか?」ダマラスは言葉を切り、わたしたちの顔をさっと見まわした。「通貨です。自分たちの通貨をどう発展させていくかということです。アメリカ合衆国の経済は、人間という家畜を売った通貨で成り立っていました。だから奴隷制をめぐって戦争をしたのです。この話を子どもたちや大人たち、また国外の人々に教えるとき、わたしたちは嘘をつき、ニューヨークは……わたしたちは奴隷州ではなかったと、自由州だったのだと言うのです」ダマラスはいったん深呼吸をしてから首を振った。「みなさんは、たったいまなんの前に立っていましたか?」彼女は背後のプレートを指さした。声が一オクターブ高くなっている。「わたしたちが立っているのは」今度は足元の地面を力強く指さした。「アメリカ合衆国で二番目に大きな奴隷市場があったところです。二番目ですよ。一番目はチャールストンに……」彼女の声は都市の騒音にかき消された。

ダマラスはマイクを調整しながら、救急車が通り過ぎるのを待った。「やがて奴隷制は、わたしたちの経済ととても密接に絡みあうこととなりました。フェルナンド・ウッド――南北戦争中にニューヨーク市長だった人物ですが」彼女は念押しするように言った。「彼は、『いいか……われわれは合衆国から脱退すべきだ』と言ったのです」[30]とダマラスは、市の綿花取引による南部連合との利益関係を守るために、一八六一年にウッドが実際に提案した内容をわかりやすく言い換えて説明した。

ダマラスは、現在の警察活動、住宅、雇用の不平等などに織り込まれた人種差別の遺産に、奴隷制の歴史がどう関わっているのかを理解することの重要性を強く感じていた。彼女はツアーの一行に向かって、アメリカの黒人たちは「二級市民だ」と、言葉を濁さずに言った。

友人ふたりとツアーに参加していた年配の白人女性が、ダマラスの表現に異議を唱えた。八〇歳だというその女性は、ニューヨーク市に偏見があるようには見えないと、ここではみなが平和に共存しているように思うと言った。

ダマラスは丁寧にうなずいた。眉間にしわが寄っていたが、怒ってはいなかった。「わたしが言いたいのは」と彼女は切りだした。「ある階級の生まれであるせいで、ある肌の色をしているせいで、みんなとは違う人生経験を持つことになるという視点を考えてみていただきたいのです」女性は不満げに口をすぼめながらダマラスをさえぎり、自分も労働者階級の生まれだが、自力で這いあがってきたと言った。ほかの人もそうすればいいだけの話ではないかと、暗に言っているようだった。女性が話しているあいだ、ダマラスは耳を傾けうなずいていた。彼女はずっと、正直に堂々と、寛大な精神を持って話していた。それが、ほかではおそらくありえない質問や意見を引きだしていた。女性が話し終えると、ダマラスは答えた。「そうですね。ニューヨークにはあなたと同じ人種ではない人がたくさんいます。彼らの生きてきた経験は、きっとあなたとは違うでしょう。あなたの社会集団のなかではそうした考え方もあってよいのかもしれませんが、ほかの社会集団ではそうではないかもしれません。そういうことです」

ウォール街を三ブロックも進むと、ニューヨーク証券取引所に着いた。そこでダマラスは、ここウォール街に事務所を構えていたアーサーとルイスのタッパン兄弟などの奴隷制廃止論者たちの活動について説明した。絹産業でかなりの富を築いたタッパン兄弟は、その財産をニューヨークの奴隷制廃止論者の支援に活用した。彼らの活動は、北部と南部両方の奴隷制支持者たちの反感を買った。たとえば一八三四年には、暴徒がルイス・タッパンの家を襲撃し、彼の所持品を通りで燃やした。[31] ダマラスによると、ニューヨークの奴隷制廃止論者たちは、見つかることを警戒して暗号で会話をしていたという。「やあ、おはよう。調子はどうだい？　いいか。午後三時に南の境界線から荷物を持っていく。くれぐれもブラックバードを避けるように。やつらは正午頃に出かけるはずだ」とダマラスは、市内の奴隷制廃止論者たちのあいだで交わされていたであろう暗号による会話をまねて言った。バーリンの著書『解放までの長い道のり：アメリカ合衆国における奴隷制の崩壊（*The Long Emancipation: The Demise of Slavery in the United States*）』（未邦訳）によると、〝ブラックバーダー〟と言われる奴隷捕獲人や誘拐人が北部の都市に集まり、日増しにもうけのよくなる仕事に精を出していたという。ある奴隷制廃止論者いわく、ニューヨーク市は〝奴隷所有者の猟場〟と化していたそうだ。[32]

ダマラスはわたしたちの後ろにある建物のひとつを指さし、そこはＪＰモルガンの銀行ができる前、トーマス・ダウニングという自由黒人が経営するオイスター・ハウスがあった場所だと説明した。ダウニングは、奴隷だった両親が解放されたあと、ヴァージニア州のイースタンショアで育った。幼少時代に牡蠣獲りをして過ごした彼は、フィラデルフィアに移り住むと、数年間オイスターバーで働いた。その後ニューヨークに移ると、すぐに自分のレストランを始めた。〈トーマス・ダウニングのオイスター・ハウス〉と名づけたその店には、市内の裕福な白人銀行家や商人などが足繁く通った。牡蠣の商売が繁盛する一方、ダウニングは自分のレストランを別の活動の隠れ蓑にしていた。「彼が上の階で食事をふるまったり、雑談をしたりしているあいだ」とダマラスは言った。「その足の下では、息子のジョージが食器棚のなかに人々をかくまっていました」

ニューヨークでは一八二七年に奴隷制が正式に完全撤廃されたにもかかわらず、*逃亡奴隷を――さらには自由黒人までもを――とらえて南部へ連れ戻そうと、奴隷捕獲人たちがあいかわらず街をうろついていた。奴隷捕獲人には、自由に生まれた黒人も、逃亡してきた黒人も、たいして区別がつかなかったのだ。親たちはわが子のことをひどく心配したが、それには理由があった。一八三〇年代に、七歳のある黒人少年が「逃亡者と疑われて学校から引きずりだされた」[33]という事件があったのだ。

一九世紀の黒人たちは、身分や社会的立場に関係なく、いつなんどき奴隷捕獲人が自分たちやわが子をさらいに来るかと恐れながら生きていた。二一世紀の黒人たちは、肌の色以外に疑われるそぶりがあろうとなかろうと、いつなんどき警察に壁に投げつけられるか、あるいはもっとひどいことをされるかと恐れながら生きている。

ダウニングの物語は貴重である。というのも、〈地下鉄道〉にまつわる民間伝承では、善意の白人の役割が誇張される一方で、関わった黒人たちについては完全に抹消されているとまでは言わないまでも、過小評価されている場合が多いからだ。黒人たちこそ、自由だった人も奴隷だった人も、この奴隷制廃止運動の中心的存在だった。『カラード・アメリカン』紙、『フリーダム・ジャーナル』紙、『ラムズ・ホーン』紙、『ライツ・オブ・オール』紙などのニューヨークを拠点とした新聞は、黒人の奴隷制廃止論者やその支持者たちの声を取りあげた。ジェームズ・W・C・ペニントン、デイヴィッド・ラグルス、へ

* ニューヨーク州では、一七九九年から〝段階的奴隷解放〟が開始された。一七九九年に制定された奴隷制の段階的廃止法では、奴隷女性から生まれた子どもは自由とされたものの、二〇代になるまで――男性は二八歳、女性は二五歳まで――は解放されないと規定された。これにより、奴隷所有者は〝年季奉公〟という名目で人々の最も働き盛りの時期を依然として搾取することができた。

ンリー・ハイランド・ガーネット、トーマス・ダウニングといった人々は、毎回命を危険にさらしながら、奴隷制反対を訴えたり、逃亡者をかくまったりしていた。また、つねにつきまとう奴隷捕獲人の脅威から逃亡者やニューヨークに住む黒人を守るために、〈ニューヨーク自警団〉のような黒人組織もいくつか結成された。歴史家のマニーシャ・シンハはこう書いている。「奴隷制反対への勢いが白人アメリカ人のあいだで衰えつつあるなかでも、ニューヨークの黒人奴隷制廃止論者たちは依然として活発でありつづけた」[34]

子どもの頃、奴隷制廃止論者とは奴隷制を廃止し、かつ奴隷だった人々へ平等な権利を拡大しようとした人々のことだと――ときには暗に、多くの場合ははっきりと――教えられた記憶がある。大人になるにつれ、そうきれいに定義されないものだと知るようになった。なかにはタッパン兄弟のように奴隷制の廃止と黒人の権利の支援の両方に信念を持った人もたしかにいたが、多くの人々にとって、奴隷制反対と人種差別反対の目的は合致しないものだった。たとえば、〈アメリカ植民協会（The American Colonization Society　ACS）〉は、黒人を物理的に排除してアフリカに送ることを望んだ。ACSは一八二三年の年次総会で、毎年三万人の黒人を国外に追放すれば、国内のアフリカ系アメリカ人を完全に根絶できるとの試算を出した[35]。一八二九年、ACSのニューヨーク支部は、〝堕落した人々〟からこの国を清浄するには、アメリカ合衆国から黒人を排除することが効果的な方法であると結論づけた[36]。

また、奴隷制の廃止を望みつつ、人種カースト制度を維持するならという条件つきで黒人たちが国にとどまることに前向きな姿勢を見せる人々もいた。一八二一年のニューヨーク州憲法制定会議で、共和党代表のピーター・リヴィングストンは、ほかの代表たちに向かってこう宣言した。「彼らがわれわれの政治制度にとって危険であるなら、われわれを打倒する武器を彼らの手に渡してはならない」[37] つまり、ニューヨークに住む黒人は奴隷制からは解放されても、投票権は得られないということだった。会議では、参政権がすべての白人男性に拡大された一方、黒人男性は二五〇ドルの財産を所有していることが条件に付された。議員たちは、この基準を満たす黒人男性がほとんどいないことを知っていた。この会議で制定された法律は、何十年にもわたり黒人ニューヨーカーたちの生活を方向づけた。歴史家のパトリック・ラエルは書いている。「法律は単に人々の態度を反映しただけではなく、それを助長し、人種に対して新たな言い訳をする力を与えた。次第に、なぜ黒人が劣っているかを議論する必要もなくなっていった。黒人であること自体が、劣っているとみなされるに充分な原因となったからだ」[38]

黒人の奴隷制廃止論者たちは、南部の奴隷制と、自分たちの集団のなかにも存在するひどい人種差別との両方に対して反対の声をあげた。奴隷制廃止運動の成功は、単に奴隷制に反対するだけではなく、反人種差別主義に基づき成し遂げられなければならないことを、彼らは知っていたのだ。

証券取引所からツアーの次の目的地であるアフリカ人墓地国立記念碑までは、ブロードウェイをまっすぐ歩いて一五ブロックほどだった。歩いているあいだ、ドイツのハンブルクから観光に来ていたピエールという二〇代前半の青年と会話を交わした。彼は金髪でひょろりと背が高く、強めのアクセントにやさしい声をのせて話した。わたしたちはブンデスリーガ――ドイツのプロサッカーリーグ――の好きなサッカー選手の話をした。ピエールは、自分の地元チームが上位にちっとも食い込めそうにないこと、とくに長年の強豪バイエルン・ミュンヘンに勝てないことを嘆いていた。わたしは彼に、ドイツでアメリカの奴隷制について習ったことはあるかと訊いてみた。「学校で少しだけ」とピエールは言った。「ふだんは《それでも夜は明ける》みたいな映画で見るくらいです」

でも深く掘りさげることはない？　とわたしは尋ねた。

「学校ではアメリカの歴史を一年学びますが、かなり違うというか……」ピエールは頭を振ってダマラスのほうを指し示した。自分が受けた学校教育とツアーで知ったこととを比較しているようだった。

ピエールの英語は充分すぎるほど堪能だったが、まだ完璧とは言えなかった。彼は話の内容を細かく理解できなかったときもあったものの、それでもこのツアーでは新しいことをたくさん学んでいると言った。アメリカに来たのはこれが初めてだそうで、アメリカではいまでもみなが平等ではないことを知って驚いたという。彼は、ある黒人アメリカ人と話したときに、いまだに人種差別は大きな問題なのだと言われたそうだ。「ちょっとショックでした」ピエールは言った。「ふだんアメリカから入ってくる話だと、みんな『いや、ここは問題ない』って言っているから」

ピエールは続けた。「前はぼくもそう思っていて、『ここでは誰もが実現できる、アメリカンドリーム』っていう言葉をよく耳にしていました。どこから来たかは関係ないと」彼は適切な言葉を探した。「夢を描くことができて、叶えられる土地だって」まわりの通りがさらに騒がしくなった。救急車やパトカーや消防車のサイレンが、どの方角からも聞こえてくるように思えた。

「仕事につきたいと思っても、白人にはできて、あなたのような人にはできない。いつも疑問に思わなきゃならない。『これって肌の色のせいなのか？』って……」彼の声が次第に小さくなった。「想像もつきません」

ピエールはわたしのほうを向いた。「あなたはどう思いますか？　本当の問題はなんだと、なぜ変わらないと思いますか？」

わたしは一瞬考えてから答えた。「ひとつに、問題があると認めること自体に抵抗があるのだと思う」

「抵抗？」彼はその言葉がわからなかったようだ。

「抵抗か」その意味をもっとはっきりと説明するにはどうしたらよいかと、わたしは考えた。「そもそも問題があるということを、人々は認めたくないんだ」するとピエールはうなずいた。

それから数ブロックのあいだ、わたしはピエールと貧困、住宅事情、食料不安、大量投獄などについて、またそのすべてが奴隷制やアメリカ版アパルトヘイトの遺産と結びついていることについて話した。

「わたしがこうしたことに興味を引かれるのも、歴史がとても重要だからというのがひとつにあると思う。この国では、自分たちの歴史について充分に考えたり話したりしているとはとうてい言えないからだ」わたしは言った。

ピエールはふたたびうなずいた。「たしかに、それは大きな問題だと思います。本当の問題について、本気で話していない」

わたしたちはブロードウェイを北上しつづけ、デュエイン・ストリートで右に曲がった。そのブロックの真ん中でダマラスは立ち止まると、わたしたちに笑顔を向け、それから深呼吸をした。彼女の背後には、アフリカ人墓地国立記念碑があった。一七世紀から一八世紀にかけて埋葬された、アフリカ系自由民と奴隷たち四一九人の亡骸がおさめられた場所だ。

一六九七年、ニューヨーク市は〝遺体の人種隔離政策〟を制定し、黒人たちが愛する人をロウアー・

マンハッタンの教会の墓地に埋葬することを禁じた。[39] 黒人たちは、自由民か奴隷かにかかわらず、市外の荒涼とした土地に遺体を埋めることを余儀なくされた。歴史家の推定によると、一六九〇年代半ばから一七九五年まで使用されていたこの埋葬地には、自由民と奴隷を合わせた黒人およそ一万から二万人の亡骸が埋められており、この国で最古かつ最大のアフリカ人墓地だという。[40] この埋葬地は、一八世紀末に閉鎖された。都市が発展するにつれ、道路が舗装され、建物が建てられ、そうしてこの埋葬地は人々の記憶からほとんど消え去った。

一九九〇年、連邦政府はこの忘れ去られた場所に、二億七六〇〇万ドルをかけて三四階建てのオフィスタワーを建設する準備を始めた。連邦規定により、政府はプロジェクトを進めるにあたって考古学的・環境的関連事項を確認しなければならなかった。政府に雇われた調査会社は、建設予定地がかつてアフリカ人墓地だったことを発見しただけではなく、この二世紀のあいだにいずれの遺体も損壊してしまった可能性が高いことを指摘した。とはいえ、遺体が残っている可能性もあるため、政府は捜索を続けるほかなかった。まず、市の道路の約一〇メートル下から何本かの人骨が見つかり、やがて何十本と見つかった。最終的には、かつて埋葬地だった六エーカーに及ぶ場所から、男女子ども合わせて数百体もの白骨遺体が発掘された。[41]「この国のほとんどは埋葬地です」ダマラスは両腕をさっと広げながら言った。「この国のどの州に行っても、わたしたちがここをアメリカと呼ぶ前からここにいた人々の遺体が見つかるでしょう」

黒人コミュニティのあいだから発掘作業中の配慮や配慮不足を心配する声があがったため、遺体は最終的にワシントンにある黒人大学として有名なハワード大学のW・モンタギュー・コブ研究所に移送され、そこで徹底的な調査が行われた。その結果、遺体の半数近くが一二歳未満の子どものものだったことが判明した。ダマラスは眉間にしわを寄せ、唇を噛んだ。深呼吸をしながら、まるで心を落ち着かせようとするかのごとく少しのあいだ目を閉じた。「この会社には、ほかにも子どものことについて述べている歴史家がいます。感情的になりすぎてうまく言葉にできませんが」と彼女は言った。この植民地では乳幼児の死亡率が高かったという。[42]奴隷主によるものか母親によるものかは不明だが、幼児殺しが日常的に行われていたからだ。「お伝えしたいのは、多くの奴隷の子どもたちは母乳で育つことが許されなかったということです」ダマラスは言った。彼らの母親は、白人の子どもの乳母として授乳させられたり、休みなく働くことが当然として授乳する暇も与えてもらえなかったりした。ダマラスはまた、研究者たちが若い人々の遺体から発見した損傷についても説明した。そのなかには、変形性関節症の事例も含まれていたという。この症状は、ふつうなら五〇歳を過ぎないと発症しない。しかしここでは、一六歳という若さの子どもたちの遺体に変形性関節症の痕跡が見られた。一瞬、ダマラスの顔に悲しみがあふれたが、すぐに彼女は気を取り直した。

歴史家のクリストファー・ムーア――ニューヨーク市に最初に連れてこられた一一人のアフリカ人奴隷のうちのひとりだったグルート・マヌエル（ビッグ・マヌエルとも呼ばれる）の子孫――によると、この墓地に愛する人を埋葬した人々は、なるべく伝統的な慣習で弔おうとしたものの、当時の黒人たちの生活や行動を規定するきびしい法的制約のせいで、できることは限られていたという。たとえば、葬列や墓前での儀式には一度に一二人までしか参加できなかった。多くのアフリカの慣習では夜に埋葬することが一般的だったが、それもできなかった。奴隷にされていた黒人たちは、自分の家から約二キロ以上離れた場所に行くには、書面による許可証が必要だった。だが、たいていの場合、彼らの家と墓地の距離は二キロ以上離れていた[43]。

ひどい仕打ちは葬儀がすんだからといって終わらず、彼らの死後も続いた。地域の医者や医学生たちが墓地から違法に遺体を掘り起こし、解剖や実験に使うことも珍しくなかったのだ[44]。

ハワード大学の研究所を経て、二〇〇三年、盛大なセレモニーが開かれるなか、アフリカ人墓地から発掘された遺体はニューヨーク市に返還された。四一九体の遺骨はそれぞれガーナでつくられた手彫りの棺におさめられ、七つの納骨堂に分けられた。それぞれの納骨堂は、「生者からアフリカ系祖先へ」送られた八〇〇〇通近い手書きの手紙とともに地下に安置され、目印として七つの埋葬塚が建てられた[45]。この場所は一九九三年にアメリカ合衆国国定歴史建造物に、また二〇〇六年にジョージ・W・ブッシュ大統領によって国定史跡に指定された。

アフリカ人墓地の発見は、ニューヨークがその歴史に対して、奴隷を所有していた過去から目をそらすことなく、より正直に説明責任を果たしていかなければならない決定打となり、また『アーキオロジー』誌の一九九三年の記事の言葉を借りれば、「植民地時代のニューヨークに奴隷制はなかったという通説に疑問を投げかけた」[46]。わたしは、ダマラスの背後にある埋葬塚が、まるで波打つように盛りあがっているのを眺めた。そしてその草と土と石の層の下に眠るあらゆるものに――歴史に、物語に――思いを馳せた。もし、建設前の査定が連邦法で義務づけられていなかったら、この墓地は舗装道路の下で忘れ去られ、高層ビルの陰で失われていたかもしれない。わたしは、埋もれ、忘れ去られた碑が全国にあとどれだけあるのだろうと考えずにはいられなかった。

「これでツアーを終了したいと思います」ダマラスは言った。「困惑するような内容にもおつきあいくださり、ありがとうございました」彼女はわたしたちひとりひとりを見つめた。両手を重ねあわせ、それを言葉の合間に上下させることで、自分の発言に句読点を打つような効果を生みだしていた。「わたしからみなさんにお伝えできる助言があるとすれば、すべてを疑ってみてくださいということです。わたしが言ったことも、みなさんが読んだことも、聞いたことも。事実のチェック、チェック、チェックです」ダマラスは両手を離すと、交差させるように大きく振った。「みなさんが心地よく感じるものは、どれも信じてはいけません」

その場を離れて地下鉄に乗る前に、わたしはダマラスにニューヨークでほかに行くべきところはないかと尋ねた。

「セントラル・パークですね」と彼女は言った。「セントラル・パークは、セネカ・ヴィレッジという、(一九世紀に)自由黒人たちの居住区があった場所に建てられました。そこは彼らのコミュニティであり、領土でした」そう教えてくれた。「多くの人はそのことを知らないと思います。ぜひセントラル・パークに行ってみてください。アメリカでもとくに訪れる人の多い場所ですが、人々は自分たちが遺跡の上に座っていることを知らないのです」

数週間後、わたしはウェスト八五丁目とセントラル・パーク・ウェストの交差点へ向かった。空気は身を切るように冷たく、空一面が冬らしい光沢のある灰色に覆われていた。オレンジと白のストライプのバリケードに囲まれた開いたマンホールから、蒸気が吹きだしている。赤いダブルデッカーバスが大まわりで左折するなか、そのまわりを黄色いタクシーがびゅんびゅんと走り去った。通りの片側には販売価格が三~四〇〇万ドルもする住宅アパートメントが立ち並び、その反対側にセントラル・パークのアッパー・ウェスト・サイド側入り口があった。わたしは公園のほうに曲がり、奥に向かってアスファルトの歩道をのぼった。二羽のアオカケスが木のまわりを追いかけあいながら、その枯れた枝のあいだに沈み込んだり飛び立ったり、大きな幹の両側に隠れあったりしていた。スズメが数羽、乾燥した冷たい土のなかに餌を探し求めていた。交差する小道沿いには、犬を散歩させる人々の行列が断続的に続いていた。コリー、レトリヴァー、パグ、プードル。どの犬もリードをめいっぱい伸ばして歩いている。親たちが赤ん坊を乗せたベビーカーを押して歩くかたわら、サイクリング中の人々が身を切る風にヒューッと音を鳴らしながら、公園内のメインロードを疾走していった。

わたしは三面の案内板に近づいた。そこには、いま立っている場所が一八二五年から一八五七年まで存在していたセネカ・ヴィレッジという黒人の自治コミュニティの中心部があったところだと書かれていた。一八五五年までに、ヴィレッジにはおよそ二二五人が住んでいた。そのうちの三分の二が黒人で、残りの三分の一ほどがアイルランド移民、ごく少数だがドイツ系子孫もいた。教会の記録に裏づけされた事実によると、黒人と白人の家族が一緒に洗礼を受けたり、同じ墓地に並んで埋葬されたり、互いに結婚したりと、コミュニティ内では人々がみな平和に共存していたという。[47] セネカ・ヴィレッジは、そこに住む黒人が自由であったことや、コミュニティが最終的に平和に統合されたことだけではなく、多くの黒人住民が自分の財産を所有していたという点でも歴史的意義がある。財産を持つことで彼らは経済的に安定し、さらに一八二一年の憲法制定会議で可決された法律によって投票権を得ることができたのだ。

このヴィレッジが建てられたのは、その辺一帯のかなりの土地を所有していたジョンとエリザベス・ホワイトヘッド夫妻が、自分たちの私有地を二〇〇区画に細分化して売りに出したことがきっかけだった。都市の密集状態に辟易し、日常を締めつける人種差別から逃れたいと切に思っていたニューヨークの黒人たちは、すぐさまこの機会に飛びつき、小さな区画を購入してコミュニティを築いた。ホワイトヘッド夫妻が最初に土地を売った相手は、アンドリュー・ウィリアムズという二五歳の黒人の靴磨き職人だった。彼は三区画の土地を一二五ドルで購入した。同じ日に、アフリカン・メソジスト・エピスコパル・シオン教会の管財人だったエピファニー・デイヴィスが一二区画を五七八ドルで購入した[48]。その後一〇年以上にわたり、黒人家族が家、庭、教会、学校などを続々とつくった。一八五〇年代になる頃には、現在の八二丁目から八九丁目までと、セントラル・パーク・ウェストから七番街までに及ぶ地域に、繁栄したコミュニティが形成された。このヴィレッジに移り住んだ家族たちは、土地所有こそが選挙権への、また政治的権力への入り口であることを知っていたのだ。一八五〇年当時、ニューヨーク市には財産を所有する黒人が七一人おり、その五人にひとりがセネカ・ヴィレッジに住んでいた[49]。

しかし、一八五〇年代半ばになると、市が北へとどんどん拡大するにつれ、ヴィレッジのあった土地の価値が増していった。パブリック・ヒストリアンのシンシア・コープランドによると、ヨーロッパを旅した裕福なニューヨーカーたちが、パリのシャンゼリゼ通りやロンドンのケンジントン・ガーデンズを見て、ニューヨークにも似たようなところが必要だと考えたそうだ[50]。多くの人にとって価値があったのはその土地だけで、そこに住む人々は違った。のちに『ニューヨーク・タイムズ』紙となる『ニューヨーク・デイリー・タイムズ』紙の一八五六年七月の記事は、そのコミュニティを〝ニガー・ヴィレッジ〟と呼んで侮辱している。[51] そんな折りの一八五五年、ニューヨーク市長のフェルナンド・ウッド——のちにニューヨーク市の合衆国離脱を推し進めようとしたのも彼だ——は、市の土地収用権を利用してこのヴィレッジを市のものとし、ヴィレッジの住民はもちろん、ほかにもセントラル・パークに住み着いていた農民や不法占拠者など一〇〇〇人以上を一掃した。当初、多くの住民たちは命令に抵抗し、何年もかけて築きあげた土地や家を、微々たるものとしか思えない補償金と引き換えに手放そうとはしなかった。しかし、彼らは一八五七年の秋に強制的に立ち退かされた。そのときの様子について、約一〇年後に発行された『ニューヨーク・デイリー・タイムズ』紙の別の記事が伝えている。「法の優位は、警棒によって多くの頭を砕き、目を血に染めることで守られた。そして、公園の技師や測量士ら労働者の作業が開始された」[52]

セネカ・ヴィレッジの写真は一枚も残っていない。そのため、歴史家が想像することの多くは、長年かけて発見された小さな証拠の積み重ねによる推測に基づいている。あたりを見渡すと、案内板から半径約一〇〇メートルの範囲内にふたつの遊び場があった。左のほうで、ブランコに乗った少女が空に足を放りだしながら、前後に滑空する自分を見てと父親に叫んでいた。わたしは、およそ二世紀前にこの地で生活を築きはじめた家族のことを、そしてその生活が突然、非情にも奪い去られてしまったことを思った。わたしがいるところから一五メートルほど離れた場所に、かつてセネカ・ヴィレッジの教会のひとつが立っていた。わたしは目を閉じ、いまや取り壊され、オークの木やなだらかな丘に取って代わられた教会から響く歌声を想像した。それからこの土地に点々と広がっていた家々を思いながら、数百万ドルもするアパートメントが立ち並ぶ方角を振り返った。さらに数分ほど公園の奥に進むと、グレート・ローンに行き着いた。五五エーカーに及ぶその広場は、夏には人々がピクニックをしたり、野球をしたり、コンサートを鑑賞したり、フリスビーを投げあったりする。この空間が存在するのも、数世代前に何百人もの黒人たちが暴力的に家から追いだされたからなのだと思わずにはいられなかった。

わたしは公園を抜けて、聞き慣れた都市の騒音であふれる通りに戻った。それまでも何度となくこの都市を歩いてきたが、いまではその語られざる歴史がわたしのまわりで次々と解き明かされつつあった。通りの角のひとつひとつに、かつての面影が残っている。ダマラスも言っていたが、わたしにとってニューヨークは、時代の先端を走る場所として唯一無二の存在だった。だが実のところは、文化多元主義のふりをして、真実を中途半端にしか語っていなかった。ニューヨークは奴隷制から経済的な恩恵を受けており、その物理的な歴史――つまり、奴隷たちの血や肉体、彼らが建てた建物は、この都市の土壌に深く根づいていたのだ。

二〇一九年五月、自由の女神像の起源について、「アメリカの奴隷制廃止を祝う目的もあった」[53]という新たな解釈を打ちだした新しい博物館がリバティ島にオープンした。

港のターミナルで空港並みのセキュリティを通過したあと、わたしはフェリーに乗り込んだ。フェリーは、一三〇年も前からその記念碑が立つ島へと轟音とともに突き進んだ。自由の女神像を訪れるのは二〇年ぶりだったが、フェリーがリバティ島に近づくにつれ、そのスケールの大きさに圧倒された。まず、すぐさま気づかされたのは、プラスチック製のレプリカや写真では、建設当時に世界最大を誇ったこの像がどれだけ巨大かを前もって知ることはできないということだった。細部も、自分が記憶していた以上に精巧だった。肩にかかったローブのひだ、伸ばした腕からずり落ちた袖のしわ、髪の毛の細かな部分やうねり、両腕の筋肉の質感。頭にのせた冠がまるで半円の太陽のようで、空に向かって光線が伸びているかに見えた。松明の黄金の炎にも、少なくともいまほどは気づいていなかった。それは、とても見慣れたイメージであると同時に、ひどく新しく感じられた。

わたしは長らく自由の女神像を、決して実現されなかった理想を記念した数あるアメリカの象徴のひとつだと考えていた。このことは、アメリカ史の理想を祝した作品に対して多くの黒人アメリカ人が感じていることではないかと思う。アメリカ独立宣言とは、半端な真実と矛盾に満ちた羊皮紙以外の何ものでもないのではないか？　アメリカ独立戦争が終わったあとも鎖につながれたままだった人々のことを書かずして、なぜ独立の記念碑と言えるのか？　自由の女神像は、アメリカが果たせずにいる約束をわざわざ具現化しているのかと思う伝統の延長線上につくられたものであり、またその約束にわたしたち黒人が含まれるとは限らないことを思いださせてくれるものだ。ジェームズ・ボールドウィンの一九六〇年の短編小説『今朝も今宵も瞬く間に（*This Morning, This Evening, So Soon*）』（未邦訳）で語り手がこう言う。「この像がほかの人にとってどんな意味があるかは知らないが、自分にとってはつねに悪い冗談でしかなかった」[54]

この女神像がアメリカの海岸にやってくる新しい移民たちを歓迎しているのだという一般的によく聞く物語は、実は本来の意味にいっさい含まれていなかった。また、この像がアメリカの約束を祝うためのものという考えも、本来の話のごく一部にすぎない。

自由の女神像を発案したエドゥアール・ルネ・ド・ラブライエは、アメリカの憲法を専門とするフランス人法学教授であると同時に、熱心な奴隷制廃止論者でもあった。南北戦争が終結し、憲法修正第一三条によって奴隷制が廃止されると、ラブライエはフランスからアメリカに何かを寄贈したらどうかと提案した。それによって両国の同盟関係をたしかにし、また博物館によると、奴隷解放によって明示された自由の大義を大々的に掲げることが意図されたという。ラブライエが奴隷制を嫌悪していたことから、奴隷制の廃止こそがこのプロジェクトの原動力になっていたと考える歴史家も多い（ただし、ラブライエ自身がそう明確に述べた記録はない）。歴史家で、『自由の女神像：その大西洋横断の物語（*The Statue of Liberty: A Transatlantic Story*）』（未邦訳）の著者であるエドワード・ベレンソンは、二〇一九年のインタビューでこう述べている。「（この像の）本来の意味のひとつは奴隷制廃止に関係するものだったが、その意味は定着しなかった」[55]

ラブライエが、これによりフランスの民主主義運動を活発化できるかもしれないという考えを祖国の友人たちに話したところ、彫刻家のフレデリック・オーギュスト・バルトルディが関心を示した。バルトルディは一八七一年にアメリカを訪れ、元北軍将校で当時アメリカ合衆国大統領だったユリシーズ・S・グラントらアメリカの指導者たちとこのプロジェクトの可能性について話しあうために、海岸から海岸へと奔走した。当初は〝世界を照らす自由〟と呼ばれていた自由の女神像の初期モデルでは、左手に現在の平板ではなく、壊れた手錠――奴隷制廃止を象徴したと考えられている――を握りしめていた。完成した像が一八八六年にアメリカ国土に出現したときには、自由の女神の手にもはや手錠はなかった。代わりに、足元に壊れた鎖の小片が、一部ローブに隠れてあまり目立たず置かれていた。

博物館では、自由の女神像の歴史を概説したショートフィルムを見た。最初の一分で、像のコンセプトとラブライエの奴隷制廃止論との関係性が明確に示されていた。館内をさらに進むと、この記念碑が表現しているものの矛盾について説明したたくさんの展示があった。この博物館は、像の自由の松明が、黒人、女性、中国系移民、そのほかいくつもの社会集団のために光をともしているわけではないことを、はっきりと伝えていた。黒人新聞『クリーヴランド・ガゼット』紙の一八八六年の社説からの抜粋が展示されており、そこには「この国の〝自由〟が有色人種のために存在するようになるまで、バルトルディの像も松明も、すべてを海に投げ込め」と書かれていた。

女神像と奴隷解放に関係があるかもしれないという話を聞いたためしがなかったし、写真やレプリカで鎖を見た記憶もなかった。そこで、この島を管理する国立公園局が、訪れる人々にこの歴史をどのように伝えているかを説明してくれそうな公園管理者《パークレンジャー》を探した。

わたしは、この女神像が奴隷制廃止を祝うためのものだとラブライエが明確に発言していたかどうかを確認したかった。管理者は慎重に言葉を選びつつ、ラブライエが熱心な奴隷制廃止論者だったことは誰もが知っていたが、この像が思想の偏りの少ない、より広範な文脈のなかで表現されることになったのにはそれなりの理由があるのだと言った。ラブライエが女神像建設のための資金調達を任されていた一方で、パートナーであるアメリカ側はその台座建設のための資金調達を行っていた。アメリカで奴隷制が廃止されてわずか数年足らずで奴隷解放を像の物語の中心に据えたりすれば、資金集めが著しく困難になっていたはずだと管理者は言った。代わりにフランスとアメリカの強い友好関係を中心にすることで、黒人の自由に反対する人が多い富裕層により説得力のあるアピールができたのだという。

このような主張をするには証拠が充分ではないと考える歴史家も少なくない。だが、この展示を監修している歴史家委員会の委員長アラン・クラウトは管理者と同意見のようで、次のように述べている。「一八七〇年代から八〇年代に南北間の感情がひどく緊張していたのは間違いなく、その管理者の言うとおり、女神像と南北戦争の結果とのあいだに明確なつながりを持たせてしまうと、南部での資金集めが難しくなっていたでしょう。ですが、ラブライエがこの寄贈を自身の奴隷制廃止論者としての感情の延長線上にあるものと考えていたのはほぼ間違いありません。彼はフランスの反奴隷制協会の会長だったのですから」[56]

最終的にラブライエは、意味を広く持たせ、波風の立たないデザインに行き着いた。

わたしは管理者に短いやりとりの礼を言うと、外に出て女神像のほうに向かった。島の爽やかな午後の空気のなか、何十もの言語が飛び交っていた。わたしは女神像の目の前の水際まで歩き、上を見あげた。台座を移動してまわる豆粒のような人々が見え、像のスケールの大きさをあらためて感じさせられた。ただ、この角度からだと、女神像の足元が見えず、その横にあるはずの鎖も見えなかった。周囲を見渡してみたが、鎖が確認できそうな場所は見当たらなかった。それは女神のローブの下に一部分だけ隠されているというより、ヘリコプターからでも見おろさない限り、あらゆる人から完全に隠されているかのように思えた。わたしは自由の女神の左手にある平板を眺めながら、もし手のなかにあるのが壊れた手錠なら、デザインにおいても象徴においてもこの像はどれだけ違ったものになっていたのだろうと、しばし考えた。

閉園までにマンハッタンに戻るフェリーがあと数便しかなかったので、わたしは船着場に行って次のフェリーに乗り込み、二階の窓近くの席に座った。フェリーが遠のくなか、窓ガラス越しにもう一度最後に女神像を眺めていると、やがて像はかすかなシルエットにしぼんでいった。自由の女神の足元に目をやると、壊れた鎖のおぼろげな曲線が見えたような気がした。とはいえ、鎖がそこにあるとようやく知ったからこそ、そう見えたのかもしれない。

ゴレ島

〝ひとりの奴隷でも充分すぎる〟

おだやかな秋の朝、セネガルのダカール中心部で、ゴレ島まで通訳として同行してくれるモマー・ニアンと合流した。わたしは一〇年以上前に一度そこを訪れ、島の端にある有名な家もすでに見学したことがあった。わたしにとって記憶とは、何度も模様替えを繰り返している家のようなものだ。最初の訪問から何年も過ぎ、その色褪せたピンク色の家の壁の質感はあまり記憶にないものの、わたしの体を包んだ小さな部屋の窮屈さは鮮明に覚えている。あの日の空が何色だったかはほとんど覚えていないが、島の岩だらけの外周に打ち寄せる波の音は覚えている。部屋に閉じ込められていた人々についてガイドがなんと言っていたかは具体的に覚えていないけれど、彼の言葉が胸にしっかと注ぎ込まれたことは覚えている。

モマーはダカールにあるシェイク・アンタ・ジョップ大学で学んだのち、現在は市の郊外で暮らしながらジャーナリストをしている。すらりと背が高く、ゆっくりとしたペースで滑るように歩く。上向いた顎が、朗らかな笑顔と忍耐強い性格に合っていた。禿げているわけではないが、髪を生え際ぎりぎりのところで切りそろえ、唇の上にはうっすらと髭があった。彼にとって英語は第三言語でありながら——ダカールに住む大半の人が、地元のウォロフ語とフランス語をおもなコミュニケーション手段としている——流暢に話し、わたしのつたなくたどたどしいフランス語とはずいぶんな違いだった。

わたしは学校で何年もフランス語を学んだものの、この一〇年ほとんど使わずにいたせいで馴染みが薄れ、ぎこちなく舌がもつれた。セネガルで話されるフランス語には、一音一音にウォロフ語らしさがのる。文章は言葉の回転木馬さながらに、互いに近づいてはまた離れる。フランス語の密接な動き、その英語にはない口の丸め方や曲げ方を思いだすのにしばらく時間がかかった。

ダカールの中心街はにぎやかで活気があった。埃っぽい街角の端で人々が揉みあいながらゆっくりと歩く一方、車が排気ガスの輪で道路をくるみながら、互いのあいだを縫うように疾走した。乗客でごった返したマイクロバスが颯爽と正確に次々と角を曲がっていった。それぞれのバスが加速するにつれ、外装の青、黄色、オレンジ、赤といったカラフルな色合いが溶けあった。人々はタクシーやマイクロバスが止まってくれるものと思っているらしく、そのあいだを縫って堂々と道路を横切った。排気ガスにまじってバケットやローストしたナッツスナックの匂いが漂い、わたしの体に今朝食べたリンゴでは足りなかったことを知らせてくる。あらゆる音や匂いが煙の層となり、かつて自分もここにいたのだという忘却の記憶を浮かびあがらせた。

中心街を歩いていると、三九歳のモマーが、「〈奴隷の家〉にはまだ行ったことがないんです」と言った。彼の声はタバコの煙でコーティングしたような質感だった。わたしは道路を渡る前に縁石の上で立ち止まり、彼のほうを振り返った。「恥に感じていたのかもしれません」と、彼はつけ加えた。

ゴレ島へは、ダカールの末端から大西洋の小さな一片を渡るフェリーに乗って向かった。港近くのロータリーでは車がひっきりなしに通過し、鋭いクラクション音で快活なオーケストラを奏でていた。船着場に着くと、待合室があった。ごった返す観光客や売り子や学童たちが、その洞窟のような空間に活気をもたらしていた。

待合室には空いている席がなかったので、モマーとふたりで奥の隅のほうに立った。わたしは先ほど彼が言っていた、恥を感じるあまり奴隷の家《メゾン・デ・ゼスクラーヴ》に行くことができなかったという話に会話を戻した。

「自分でもなぜだかはっきりとはわからないのですが」探るような声でモマーは言った。「鎖を見ることが、鎖の音が怖かったのかもしれません。とても悲しい歴史ですから。きっと、そこへ行かないことでその物語を忘れようとしていたのでしょう」

さらにたくさんの人が待合室に流れ込んできた。モマーは仮定の話をした。「ときどき自分にこう問いかけるんです。もしいま自分がアメリカ人だったら……わたしの先祖が、わたし自身が、連れ去られた人々のひとりだったらと」わたしは、海に引き離された家族が、永久に変わってしまった血筋の物語を持たざるをえなかったことを思った。

「それは運の問題です」モマーは続けた。「一方で、わたしたちが黒人アメリカ人とつながりがあることも、彼らがアフリカから渡ったこともわかっています。ある黒人アメリカ人やその先祖のことを不運にもこのアフリカで奴隷主にとらえられた人々だと思うにしても、だからといってわたしたちが幸運だったとは言えないでしょう。ええ、わたしたちは幸運なわけではありませんでした。これは悲劇です。とてつもない悲劇です」

それまで〈奴隷の家〉に足を運ぶことができずにいたモマーだが、自分自身もこの国もその場所が伝えている物語としっかり向きあわなければならないことはわかっているという。「わたしたちはそこから逃げてはいけないのです。この物語を学ばなければなりません。これはわたしたちの集合的記憶の一部です。そして、これからのあらゆる世代にこの物語をまったく偏見のない形で伝えていかなければなりません。要するに、ここへ奴隷を奪いにやってきて、アメリカ大陸やブラジルなどに連れ去った入植者たちの責任について伝えることはもちろんですが、アフリカ人たちの責任についても伝えていかなければならないのです」

わたしはモマーに、セネガルの学校では奴隷貿易の歴史をどう教えているのかと尋ねた。彼いわく、そのテーマについては必要充分に深くは触れられていないという。「カリキュラムのどこかに、奴隷制に特化した特別授業を設けるべきでしょう。非常に重要なことですから、高校生になるまで待つのではなく、初等教育の段階でやるべきです。さらにもっと早くからこの話を伝えられれば、それに越したことはないと思います」そうでなければ、この国の歴史や軌跡を形づくってきた歴史的事実を人々が理解しそこなってしまう、と彼は言った。

フェリーが到着すると、誰もがわれ先にと船着場へ通ずるドアをくぐり抜けた。船着場の際で波に上下するフェリーは、半分ほどの人が立っていてもいいなら二〇〇人くらいは乗船できそうな、中型サイズの白い二階建ての船舶だった。フェリーが一定の速度で水面を進むと、デッキの上の布製の天幕がぴんと張り、エンジンの絶え間ない機械音が足元で振動した。

本土から島へ渡るのに一五分ほどかかった。船をおりると、そこには驚くほど美しい景色が広がっていた。島の家々が、風化したパステルカラーの不ぞろいな列をなしている。黄色が剝げて緑色に、オレンジが風雨に洗われてピンクに、青色がはがれ落ちた下には淡黄色が顔をのぞかせていた。建物の石垣には緑のつる植物が伝い、どの家も赤い屋根を冠している。ずらりと干された洗濯物が、濡れた衣類のネックレスとなって複数の家をつないでいた。家々の裏手には、青々とした木々が島のいちばん高い地点に向かってのぼるように群生している。ヤシの木がほどよく吹き乱れる島の海辺沿いには、プレ・ヤッサ［チキンを玉ねぎで煮込んだセネガル料理］やチェブ・ヤップ［肉の炊き込みご飯。セネガル料理のひとつ］、マフェ・ポアッソン［魚のピーナッツソースご飯。セネガル料理のひとつ］などを提供するレストランが立ち並んでいた。わずか三キロ先の騒がしい都市とはひどく対照的に、この小さな島では車の走行が認められていない。どの会話の背後にも、海の音が流れた。

空から見ると、ゴレ島は小さな釣り針のような形をしている。ポルトガル人が早くも一四四〇年代にこの島にたどり着き、その後まもなくして交易所を設置した。[1]セネガンビア地域の西海岸沖に位置していることから、貿易するうえでの戦略的な要所となり、またヨーロッパ船が大陸を出発する前に物資を補充できる場所としても重宝された。そのため、ヨーロッパの列強国がゴレ島の支配をめぐって二世紀ものあいだ争い、ポルトガル人、オランダ人、イギリス人、フランス人が相次いで島を支配した。島の支配者が変わるたびに、島の名前も変わった。初め、セネガル人はその島をベールと呼んでいた。その後ポルトガル人がイラデ・パルマと呼び、オランダ人が〝よい港〟を意味するグーデ・レーデと名称を変えた。一六七七年に正式にフランス領となってから、一九六〇年にセネガルが独立するまで概ね支配を維持していたフランス人は、その名をゴレ島《イル・ド・ゴレ》に変更した。

ポルトガルの支配下となり、奴隷が同国の経済の一端を担うようになった一六世紀から、フランスの支配下に移り、同国が全植民地の奴隷制を廃止する一八四八年まで、ゴレ島は奴隷貿易の拠点だった。長年この島は、奴隷たちが西アフリカから新世界に向かう際の重要な出発地点と考えられてきた。また、海に囲まれた小島であったために、とらえられたアフリカ人が容易に逃げだせない場所でもあった。[2]一九七八年に国連教育科学文化機関（ユネスコ）によって世界遺産に登録されたことで、その評判は瞬く間に世界じゅうに広まった。以来、ゴレ島は四〇年以上にわたり、観光客の目的地として、また奴隷制の歴史を見つめ直そうとする人々の巡礼地として、ますます注目されている。

のちにフランス首相となったミシェル・ロカールは、一九八一年に〈奴隷の家〉を訪問した際、最後の旅立ちの前に人々が収容されていたとされる場所に案内され、こう述べた。「正直なところ、ひとりの白人として、不安を覚えずに〈奴隷の家〉を訪れることは難しい」[3]

著名な活動家のアンジェラ・デイヴィスは一九九〇年にこの島を訪れ、〈奴隷の家〉のゲストブックに次のように書き残した。「故郷に戻り、祖先たちの深い苦しみを追体験し、この地で人類最悪の犯罪が行われたことを知る。二度と繰り返されてはならない」

一九九二年にこの島を訪れたローマ教皇ヨハネ・パウロ二世は、奴隷貿易を維持・存続させるためにキリスト教徒たちが担った役割に対して許しを請いつづけた。

この島には、ビル・クリントン、ジョージ・W・ブッシュ、バラク・オバマといった歴代のアメリカ合衆国大統領も訪れている。二〇一三年に家族とともに訪れたオバマ大統領は、ゲストブックにこう書き記した。「奴隷貿易の痛ましい歴史について知識を深め、全人類の権利のために絶えず気持ちを引き締めておく必要性を再認識する機会が得られたことに感謝する」

モマーと船着場から島におり立つと、自分たちを含め、少しでも外国人に見える人のところに島内ツアーを勧める人々が殺到した。わたしたちはある男に呼び止められ、左手にある小さな建物に行って島税を払わなければならないと言われた。モマーとわたしは混乱した。呼び止められてそんな指示をされることもなく、そのまま通り過ぎていく集団がたくさんいたからだ。大げさに騒ぎ立てたくはなかったので、わたしたちは左手の小さな事業所へ行き、女性に五〇〇CFAフラン（一ドル弱相当）という少額の税金を支払った。そこで近くにいた男性のひとりに、〈奴隷の家〉の場所を知っているかと尋ねた。その人はうなずき、そこまで連れていってくれると言った。気づいていなかったのだが、そのとき彼はわたしたちのガイドを引き受けたことになったのだ。

サムは浅黒い肌をした長身の男で、調光レンズのメガネが謎めいた雰囲気をかもしだしていた。金で縁取りされた長い白のブブ［西アフリカの男性がよく着る広袖のローブのような衣服］に身を包み、うっすらと土埃に覆われた青い靴を履いていた。彼は英語があまり話せなかったので、モマーに通訳をしてもらいながら、この島の歴史や美について話した。

わたしはサムに、島の〝完全なツアー〟はとくに必要ないと言った。そうしたツアーでは、自分たちの作品を売りつけようとするさまざまなアーティストや行商人のところに連れていかれるのがお決まりだからだ。たしかに彼らのアートは美しいものも多いが、ここへは特別な理由でやってきたので、サムには〈奴隷の家〉の場所を教えてもらうだけで充分だった。サムは落胆した様子をあらわにしつつも、わたしたちについてくるよう合図した。

〈奴隷の家〉に着いてまず目に入ったのは、ふたつの階段だった。両階段は左右対称の曲線を描き、手すりの役目を果たす色褪せたピンクの腰壁に縁取られていた。外気にさらされたその石材は、長年の風雨と何千人もの手の摩擦によってすり減っていた。階段をのぼりきったところに、屋根を支える数本の石柱があった。その背後に、まるで招待してくれているかのように鎧戸の開いた白いフレンチドアがずらりと並んでいた。わたしたちが訪れたときは、ちょうど家の改修中だったため、見学者が見てまわるかたわらで作業員たちが工事を続けていた。木製パネルの天井の隙間からおがくずがこぼれ、金色の薄片となって柔らかな螺旋を描きながら舞い落ちた。生コンクリートを大量に積んだ手押し車が石畳の上でがらがらと音を立て、釘を打つハンマーのパーカッションが空中にこだました。

〈奴隷の家〉は、かつてアンナ・コーラ・ペパンという女性の住居だった。ペパンは、当時シニャールと呼ばれていた人のひとりだった。シニャールとは、裕福なアフリカ人や、フランスとアフリカの混血女性を指すのに使われた言葉で、多くはヨーロッパ人男性の妻だった。こうした結婚は、シニャールたちにアフリカ人よりも高い社会階級を与えた。ペパンをはじめとするシニャールたちは、ときに自ら奴隷を所有し売買することもあった。[4]

一九六〇年にセネガルがフランスから独立すると、セネガル共和国の初代大統領となったレオポール・セダール・サンゴールは、島に住んでいたブバカル・ジョゼフ・ンジャイにペパンの家と奴隷貿易との関係を調査するよう勧めた。[5]ンジャイは住居の名称を〈奴隷の家〉と改め、一九六二年から他界する二〇〇九年までその家の学芸員を務めた。歴史家のデボラ・マックによると、ゴレ島の物語の中心をなす〈帰らざる扉〉というコンセプトを打ちだしたのもンジャイだという。[6]

〈帰らざる扉〉とは奴隷貿易の有名なシンボルであり、アフリカ西海岸の複数の史跡に存在する。大西洋に面したこれらの扉を抜けて、何百万もの奴隷にされたアフリカ人たちが、海の向こうで待っている奴隷生活へと自分たちを連れていく船に乗り込んだという話だ。

家のなかにいたのは、わたしたちだけではなかった。ほかにも複数のグループがいて、それぞれのガイドが家のあちこちを指し示すと、さまざまな言語で静かに話す声がした。わたしの真正面に、海に向かって開け放たれた〈帰らざる扉〉が見えた。

海から入ってきたそよ風に耳をくすぐられながら、わたしは足の爪先を扉の縁の向こうに伸ばした。空気から塩と太陽の味がした。大西洋のブルーグリーンの水が、真昼の光を受けて輝いていた。岩から霧状の小さな水しぶきが飛び散り、わたしの頬をかすめた。海の真上を舞うカモメたちが、その影を海岸線沿いに落とした。わたしは何十羽というカモメがくちばしを持ちあげていったん浮上し、それから翼をたたんで全身で海に突っ込み、ふたたび海面からあがってくるのを眺めた。そのうちの何羽かは、口にのたうつ小魚を咥えていた。フェリーのエンジン音が遠くでどっどっと脈打ち、それより小さな漁船が何艘か、網を張る場所を探して島をまわっていた。わたしの足の下で、引き潮が岸辺の岩に打ち寄せていた。かつてとがっていたはずの岩は、何世紀にもわたって塩水に洗われ、角が削れて丸くなっていた。わたしは立ち尽くしたまま岩を眺め、海岸線を眺め、そうして時が経つのも忘れて海を眺めつづけた。ようやく扉から後ろにさがると、光から遠ざかるのに合わせて自分の影が壁のなかに吸い込まれていった。

扉の両側には、ふたつの狭い部屋があった。サムいわく、奴隷船に乗せられる前の奴隷たちが収容されていたそうだ。アンゴラの古い独房でもやったように、わたしは両側の壁のあいだに腕を伸ばしてみた。ここでは、一方の壁に肘が触れた状態で、反対の手の指先がもう一方の壁をかすめた。石壁は汚れ湿っていて、触れた指先にうっすらと黒い汚れをつけた。今度は部屋の一角の壁に足のかかとをつけ、そこから爪先が反対側の壁に当たるまで歩いてみた——六歩という距離だった。真昼だというのに、部屋は暗闇に包まれていた。唯一、外壁の細長いふたつの開口部から、光がわずかに差し込んできた。その開口部の小さな隙間を抜けて入ってきた風が、室内の空気を突き刺した。

部屋の外に出ると、サムがふたつの階段下の壁に設けられた小さな開口部を指さした。その上方には〝CELLULE DES RECALCITRANTS〟と書かれてあった。抵抗した奴隷を収容していた場所だと、モマーが翻訳してくれた。なかはあまりに暗すぎて、どうなっているのかわからなかった。わたしは携帯電話のフラッシュライトをつけると、身を屈めたままなかへ入った。石壁が光をほとんど吸収してしまうらしく、狭い穴のなかは依然として暗く感じられた。暗闇に目が慣れるのを待ったが、いつまで経っても慣れない。わたしはなかで座ったまま、胸近くで両膝を抱きかかえた。膝と足首の関節がぽきっと鳴る。壁に触れると、泥が落ちてきた。まるで壁が迫ってきているかのように感じずにはいられなかった。わたしは、ここに収容されていた人々のことを思った。きっと、顔の目の前にかざした自分の両手もほとんど見えなかっただろう。海など何ひとつ見えなくても、空中に漂う塩水の味を感じることができただろう。わたしは、授業で奴隷制の話になったときに、「でもどうして彼らは反撃しなかったの?」という声が何度もあがったことを思いだした。それから、ホイットニーなどのプランテーションにあった鐘のことを思いだした。全員集合せよと、そして愛する誰かが血を流すまで鞭打たれるのを見届けろと、奴隷たちに命じるために鳴らされた鐘のことを。わたしは、アンゴラのレッドハット独房棟の部屋のことを、その空間の狭さに追い詰められたことを思いだした。ひょっとすると、この狭い穴は、奴隷制時代の初期に起こった初めての抵抗に対する教訓が活かされた場所だったのかもしれない。心と体が打ち砕かれた場所だったのかもしれない。

本やら新聞やらメモ帳やらが山積みになった机の背後に、〈奴隷の家〉の学芸員かつ現場主任のエロア・コリーの姿があった。机の隅に置かれた電話近くには、小さなセネガル国旗が飾られている。部屋の壁は家のほかの場所と同じくピンク色をしていたが、古くなったペンキのコーティングが剝がれて、下の灰白色のコンクリートがのぞいていた。周囲には、ここを訪れた著名人たちの写真がかけられていた。そのほとんどに、彼らと握手を交わしたり、家のなかを案内したりしているエロアが写っていた。彼は恰幅のよい体つきに、交差する赤い縞模様が入ったゴールドグリーン色のブブを着ていた。頭に毛がなく、目には分厚いメガネをかけており、太陽さながらの光が頭からも目からも反射していた。外からは光の断片が薄いブルーのカーテンをこそこそと通り抜け、部屋をのぞき込んでいた。モマーは部屋の隅の椅子に腰かけ、一方のサムは手を振って別れを告げると、退席した。

エロアはダカールきっての大規模高校の文化指導としてキャリアのスタートを切ったあと、一九八〇年代半ばに〈奴隷の家〉の学芸員助手になった。二〇〇九年に長年の上司であったブバカル・ジョゼフ・ンジャイが亡くなると、エロアが正式な学芸員となった。わたしが話をうかがった時点で、彼は約三五年間この場所で働いており、まさに〈奴隷の家〉とゴレ島が彼の生活の中心を占めていた。島で働く多くの人々と同じようにダカールに住むという選択肢もあるにもかかわらず、彼は〈奴隷の家〉のすぐ隣に住むことを選んでいた。

それほど近くに住んでいるおかげで、エロアはこの場所を大西洋奴隷貿易の歴史と向きあう場として機能させるために全力で取り組むことができているという。「記憶をとどめることが非常に重要だと思っています」エロアはモマーを介さず、英語で直接話してくれた。「この記憶をどのように保存していくか。起こったできごとをどのように伝えていくか。人権侵害についてより多くのことを伝えていくにはどうすればよいか」

この島はもともと、ヨーロッパ人が奴隷にするアフリカ人をとらえて売りさばくための場所ではなかった、とエロアは言った。わたしも文献で読んだが、ゴレ島は西アフリカの資源の宝庫と言われ、交易拠点としての戦略的価値があったために、ヨーロッパ諸国がこぞって手に入れたがった場所だった。「奴隷を探すことが目的ではありませんでした」と、モマーは言った。「目的は新大陸の発見だったのです。「ヨーロッパ諸国の多くは、ただこの地を占領したいがために、ゴレ島にやってきて互いに争いました」ゴレ島の使い道が変わったのは、アメリカに奴隷制が導入されてからだとエロアは言った。「アメリカ大陸の発見後、サトウキビのプランテーションをはじめ、綿花、コーヒー、米などの栽培が発達したことから、ヨーロッパ人たちは（ネイティヴ・アメリカンを）強制的に働かせました。しかし膨大な数の先住民が死んでしまったため、彼らはアフリカに目を転じ、先住民をアフリカ人に置き換えようとしたのです」

奴隷制がアメリカの経済的発展の中心になるにつれ、セネガンビア地域から輸入されるアフリカ人の数も増えていった。わたしは、ホイットニー・プランテーションを見学したときにイヴォンヌ・ホールデンが教えてくれたことを思い返した。ルイジアナ南部で奴隷にされていた人々の多くがセネガンビア地域から来ていたこと。彼らには米や藍の種を栽培する専門知識があったこと。ふとわたしは考えた。ゴレ島の扉をくぐった人が、ホイットニー・プランテーションに行き着いた可能性もなくはないのだと。

奴隷の需要が高まると、ヨーロッパ人は人間を略奪する行為を正当化しなければならなくなった。エロアいわく、人を故郷から連れだし、家族から引き離し、海を渡らせ、世代をまたぐ奴隷システムのなかで働かせることに正当な理由づけをしようとするなかで、ヨーロッパ人たちはアフリカ人を人間として見ることができなくなったという。「彼らは、黒人アフリカ人を人間ではなく、ただの商品だと考えました。そう考えたのは、ヨーロッパ人全員に受け入れられるようにするには、アフリカ人の人間性を奪う必要があると理解していたからです。アフリカ人は人間ではないから、利用していいのだと」

続けてエロアは、この悪質な産業には、あるアフリカ部族の指導者たちとの協力関係が必要だったと指摘した。「一六世紀にアフリカ人が使っていたのは弓矢だけで、銃器は持っていませんでした。そこにヨーロッパ人たちが銃器や酒、鉄などを携えてやってきて、内陸部や沿岸部に住むアフリカ部族に与えたのです」エロアの話によると、アフリカの部族間戦争のあいだ、さまざまな派閥が争いあっていたそうだ。白人ヨーロッパ人は、そうした異なる部族に喜んで銃を渡した。彼らにとって、誰と誰が戦っているかよりも、ほかの部族にとらえられた戦争捕虜の人間を対価として受け取ることのほうが重要だったのだ。「ヨーロッパ人に受け入れられた唯一の通貨が」エロアは一語一語を区切りながら言った。「奴隷だったわけです」これにより、武器などの物資をさらに手に入れたい特定の部族が、ヨーロッパ人に戦争捕虜を売るために進んでさらにたくさんの捕虜をとらえるという循環が生まれたのだった。
とはいえ、このことは必ずしも広く行われていたわけではないと、エロアはその部分を念押ししておきたかったようだ。「アフリカ人の全員が奴隷貿易に関与していたわけではありません」と、彼は言った。大半のアフリカ人たちは、ヨーロッパ人に抵抗するために奮起し、自分たちの土地や人々の自治管理を維持しようと戦ったという。またエロアは、アフリカ人もヨーロッパ人と同等の責任があるという考えを否定した。「こうしたことを体系化したのはヨーロッパ人です。アフリカ人は、その終着地がなんなのかを知らなかったのです」

エロアは、世界に奴隷貿易の歴史を見直してもらう手伝いをするだけにとどまらず、セネガルの歴史が奴隷制や植民地化で始まるわけではないことを提示できるようになるための活動の一端を担う者として自分を認識している。彼は、アフリカ大陸の拡大された歴史、つまり、西洋諸国による搾取以前から始まる歴史について世界が議論するようになることを望んでいる。「わたしたちは、セネガルの起源から現在までの歴史を書き直そうとしています。しかし、それはとても難しいことです。ずっと言われてきたのですから。黒人には何もないと」彼の声が、最後の言葉に余韻を残すように響いた。「アフリカを起源にするものがたくさんあるという事実を、彼らは忘れようとしています」エロアは言った。「奴隷貿易や植民地化がアフリカの出発地点ではなかったのです」

エロアいわく、こうした忘却が、アフリカ人の集団的自尊感情に悪影響を及ぼしているのだという。奴隷制以前の黒人が何者であったか、また奴隷制があったにもかかわらず現在の黒人が何者であるかに焦点を当てた歴史について、セネガルをはじめとする西アフリカ諸国がしっかりと教えていかなければならないと、彼は指摘した。「歴史を再構築するために、まずは教育によって解体しなければなりません。アフリカ人は、出発地点がアフリカにあったことを知らなければならないのです」

二〇〇九年に初めてセネガルにやってきたとき、わたしは、何百万もの人々が新世界へ向かうために〈帰らざる扉〉をくぐったのだと教えられた。これは、ゴレ島を訪れた何十万という人々に数十年間ずっと伝えられてきた話であり、〈奴隷の家〉の初代学芸員だったブバカル・ジョゼフ・ンジャイが積極的に広めた話だった。この主張はンジャイにとどまらず、国連機関であるユネスコにも支持された。[7]本書を書いている時点で、ユネスコ世界遺産リストにあるゴレ島の説明には、いまだにこう記載されている。「一五世紀から一九世紀にかけて、ここはアフリカ沿岸で最大の奴隷貿易拠点だった」

しかし、その後の調査で、この数字が著しく不正確だったことが明らかになった。現在、学者たちのあいだでは、ゴレ島を経由した奴隷は三万三〇〇〇人近くだったと推定されている。たしかに三万三〇〇〇人でも桁外れの数字だが、もともと言われていた、〈奴隷の家〉を通過した人だけで数百万人という数字とは矛盾している。ゴレ島には、国内の奴隷、新世界に移送されるためにとらえられた奴隷、自由アフリカ人、シニャール、奴隷商人、兵士など、さまざまな人が暮らしていた。つまり、奴隷貿易の手段として使われていただけではないのだ。

ゴレ島で調査に当たった経験を持つ、建築史家でヴァージニア大学副学長のルイス・ネルソンは、のちにこう教えてくれた。「あの建物を査定したところ、人間を収容する監房だったとされる部屋のひとつに収容されていたのは、おそらく最大でも一五人から二〇人ほどだったことがわかりました」しかし、島でよく語られてきた物語では、何百人と収容していた部屋もあったとされてきた。ネルソン氏は、ゴレ島で調査を実施した国際的研究チームの一員として、地元の学芸員たちと協力して〈奴隷の家〉とその歴史について研究した。「島にはいくつか収容所もありました。つまり、大勢の人を閉じ込めておく専用の建物があったわけです。最後には、その人たちを鎖につなげて船着場まで行進させたのです。ですから、あなたやバラク・オバマやローマ教皇が立っていた〈帰らざる扉〉は――」ネルソン氏はそこで言葉を切った。「おそらく実際には船へと導く扉ではなかったでしょう」彼の声が一オクターブ低くなった。むしろ、と彼は続けた。「そこは廃棄物を海に投棄する場所だったと考えられます」

この数字の話を持ちだすと、エロアは一瞬固まった。ふさわしい言葉を探しているかのように見えた。「ご存じのとおり、この小さなゴレ島には、いまわたしたちがいる〈奴隷の家〉だけがあったわけではありません。奴隷制時代の全体を通して、このような家が二〇以上ありました。ですが、この家は国の所有になっています。奴隷貿易が行われていたあいだに起こったできごとをより正確に把握するために、この家を購入したのです。ですから、いまある〈奴隷の家〉は、奴隷貿易のすべてを結晶化したものなのです」エロアは頭をさげ、メガネの上からのぞき込むようにわたしを見た。「これは奴隷貿易の**シン****ボル**なのです」

エロアが意図的にはぐらかしているのか、それとも言葉の壁があって理解しきれなかったのか、わからなかった。わたしはもう一度、学者が出している数字と、〈奴隷の家〉で長らく伝えられてきた物語とのあいだに食い違いがあることについてエロアに尋ねた。

「記憶の話をするとき、重要なのは数ではありません」エロアは言った。「記憶の話をするときは、本質に立ち返るべきです。奴隷は、ひとりでも充分すぎるほど多いのです」

エロアに同意する学者もいる。歴史人類学者のフランソワ・リチャードは、ゴレ島の物語について考えるときは、著名な社会学者のピエール・ブルデューがつくりだした用語を使って、ゴレ島を〝誠実なフィクション〟の場所と呼ぶのがよいだろうと述べている。[9] リチャードいわく、ゴレ島をめぐる統計学的な論争によって、記憶と反省の場としての島の立場が損なわれることはないし、また損なわれてはならないという。「世界的な奴隷制の問題を統計学の実践に置き換えるのは、それを考えるうえで最良の方法ではないだろうし、そのデータは残念ながら役に立つどころか、むしろ学術的議論を曇らせてしまっている」[10]と、リチャードは『ワシントン・ポスト』紙に語っている。

わたしは、さらに明確にしようと続けた。「つまり、あなたは〈奴隷の家〉をもっと大きな現象のシンボルとして見ているわけですね。奴隷制の歴史について人々が思いだし、見つめ直し、学び、考えるための場所だと?」

「そのとおりです」エロアはため息をつきながら言った。そのため息は、いらだちと安堵の狭間に落ちていった。

エロアの考えは、世界じゅうの史跡について言えることなのかもしれない。物理的な場所、つまり人々が実際に訪れて立つ地というのは、より広範な歴史への入り口なのであって、どの場所も歴史のひとつのピースにすぎないのだ。エロアは、西アフリカ各国に歴史を記念して人々が集まるこうした場所があるべきだと考えている。そのような場所を、彼は〝追憶の場所〟と呼んだ。

しかし、わたしは、ゴレ島の象徴性がその支えとなっているはずの不正確さによって損なわれているのではないかと考えずにはいられなかった。ゴレ島には依然として、そのデータをあたかも間違いのないものかのように観光客に教えている人たちがいた。実のところ、このデータはもう何年も学者たちのあいだで論争になっているのだ。自分たちが伝えている歴史が事実である保証もできずして、どうして歴史のシンボルになどなれるだろうか?

のちにネルソン氏はこう語った。「エロアは、自分が受け継いだ立場上、社会的にも文化的にも遺産を肯定する責任があるのです。それに、国が関心を寄せる遺産をあっさり放棄したり、失墜させるようなことは簡単にはできません」彼の言葉選びは慎重で、数単語ごとに長い沈黙が句読点を打った。「彼はこの物語を授かり、国のアイデンティティ、つまり国民意識にとって非常に重要なこの場所を世話し、管理する責任を授かったのです。それを完全に覆すなど、とても難しいことでしょう」

さらにネルソン氏は、欧米の学者にとって、現地の解釈を尊重すべきかどうかを慎重に検討することが大切なのだと言った。家族の縁故や文化的つながりのない場所に行って、長年語られてきた物語を覆す行為は、助けになるどころか害になる可能性のほうが高いのだ。ネルソン氏が言うには、ゴレ島の物語は、経験的証拠が〝正しい〟とか〝正しくない〟とかといった単純なものではないという。〈奴隷の家〉のような場所の歴史的意義を解釈する際には、道徳的、文化的、社会的なさまざまな要素を考慮する必要がある。

「別の解釈を広めるときには、非常に慎重に進めていかなければならないと思います。そうすることには、人間関係の構築という道徳的責任が伴うからです」ネルソン氏は言った。「ある場所の歴史を主張するつもりなら、その場所で信頼関係を築く必要があります。それが最初にやるべきことだと思うのです」

歴史家のアナ・ルチア・アラウージョに教えてもらった話によると、〈奴隷の家〉の物語は、初代学芸員のブバカル・ジョゼフ・ンジャイから始まったそうだ。ンジャイは、この記憶を推進していこうとする社会的意思もまだなく、物理的なインフラも整っていなかった時代に、世界各地の集団的記憶のギャップを埋めようとしたのだという。ンジャイは、目撃者の役割をしはじめたのだと、アラウージョ氏は言った。「大西洋奴隷貿易を目撃した人は、もはやひとりもいません」かたやホロコーストなどでは、自分たちが話を直接聞くことのできる被害者が存命中だったりするのですが、と彼女は帰国後のわたしに語ってくれた。

とはいえアラウージョ氏は、ンジャイが故意に嘘をついたと必ずしも考えているわけではない。この話が出現しはじめた一九六〇年代には、その主張を裏づける証拠はほとんどなく、経験主義とは無関係に話だけが独り歩きしてしまったのだ。アラウージョ氏は、ンジャイをある種の語り部《グリオ》だと考えている。つまり、彼は語りの力を使って、多くの人が忘れてしまった、あるいは無視しようとしてきた、より包括的な歴史に人々を向きあわせようとしたのだ。「彼は人々を導き、このような感情を生みだしたのです」と、アラウージョ氏は言った。問題は、この物語がより大きな社会的、文化的、政治的プロジェクトに組み込まれ、世界じゅうで繰り返される公式な物語になってしまったことだ。ンジャイが語ったこの物語は、たちまちユネスコのような公的機関にも支持された。これらの機関は、物語が主張していた数字を裏づける証拠がない段階にもかかわらず、表面だけ検証したふりをしてすませてしまったのだ。

「これこそが、こうした乖離があることこそが、奴隷制の記憶の問題なのです」アラウージョ氏は言った。「わたしたちは、この乖離を何かしらで埋める必要があります」

過去の反省というものに難儀しているのはセネガルだけではない、とアラウージョ氏は念を押した。彼女はブラジルから初めてアメリカへやってきたとき、ジョージ・ワシントンやトーマス・ジェファーソンといった歴代大統領の自宅がアメリカ合衆国公園管理局ではなく、民間で所有・管理されていることにショックを受けたそうだ。彼女からすると、こうしたことが、アメリカが過去についての一貫した物語を語るのを難しくしているという。どの場所も、自分たちで独自に過去への位置づけができるからだ。「言い換えれば、彼らは自分たちが望むとおりの物語を語ることができるのです」アラウージョ氏は言った。「こう考えると、わたしたちはよそのできごとをあれこれと批判する立場にない気がするのです」

エロアは何度もアメリカを訪れたことがあったが、なかでもアメリカ・ナショナルトラストから資金提供を受けて旅したときの思い出を語ってくれた。その際の訪問では、南部のさまざまな史跡をめぐったそうだ。その経験が、西アフリカ人とアメリカ南部の黒人とのつながりをより深く理解するきっかけになったと、彼は言った。「アフリカ人の遺産の一部が、海外で出会ったものと融合していました。それこそが、アフリカ系アメリカ文化となっているのです」

アメリカにいるあいだに、彼はいくつかのプランテーションも訪れたという。わたしは、訪問後に印象に残ったことを彼に尋ねた。エロアいわく、「絶え間ないアフリカ人の非人間化」というものに衝撃を受けたそうだ。「プランテーションの問題は、所有者の話ばかりして、奴隷の身に何が起きていたかには目を向けてこなかったことです。プランテーションがアフリカ系アメリカ人に関心を持ってもらいにくいのは、そのせいでしょう」

わたしは、その物語を覆そうとしているホイットニー・プランテーションについて話した。エロアもその取り組みのことはよく知っていて、今度アメリカへ行ったら、ホイットニーや、ワシントンにある国立アフリカ系アメリカ人歴史文化博物館を訪問したいと言った。彼は、ゴレ島がホイットニーのようなプランテーションと提携し、見学者に大西洋奴隷貿易の起点と目的地の両方の視点を提供することで、なぜこのようなことが起きたのか、なぜ二度と繰り返してはならないのかを理解してもらえるようになりたいと望んでいる。こうした取り組みが、奴隷制とはなんであったかという世界の認識を形づくってきた支配的な物語と戦うためには必要不可欠なのだと、エロアは信じている。

エロアは椅子の背にもたれると、腕を組んで言った。「歴史は加害者によって書かれます」彼の目標は、それを書き換えるひとりになることだという。

モマーとわたしは、その日の最終便のフェリーに乗る前に昼食をとることにした。狭い路地を歩いていると、足元で小石がざくざくと音を立てた。島の北端にほど近い通りに入ると、モマーがわたしを呼び止め、〝Rue de boufflers（ブーフレール通り）〟と書かれた標識を指さした。「この道は（スタニスラス・ド・）ブーフレールにちなんで名づけられました」と、モマーは言った。ブーフレールは一八世紀後半にセネガルのフランス植民地総督を務めた人物だ。

「それでいま市民のあいだでは、ダカールの通りの名前を変えるべきだという議論が起きています。というのも、どの通りにも植民地時代にここにいたフランス人の名前がついているからです」モマーの口調が、客観的なものから強く主張を持ったものに変わった。「いまこそ自分たちの通りに自分たちの英雄の名前をつけるときです。アフリカにも英雄がちゃんといるのですから」

モマーが話していると、せいぜい五歳か六歳くらいだろうか、幼い少年が数歩先にいる母親の声を追いかけて角を曲がってきた。モマーは少年のほうに向かってうなずいた。「いまが変わるときなのです。その変化はシンボルから始めるのがいい。あの幼い少年ももうすぐ尋ねるでしょうから。『ブーフレールって誰?』と」

わたしは少年が角を曲がっていくのを眺めつつ、モマーの話に耳を傾けながら、いま同じ瞬間にも、ニューオーリンズで彼のような黒人の少年たちが、ロバート・E・リーの名にちなんだ通りを走っているかもしれないと思った。ミシシッピ州では、黒人の少女たちがネイサン・ベッドフォード・フォレストの名がついた道路を駆け抜けているかもしれない。ジョージア州では、ジェファーソン・デイヴィスの名がついた通りを黒人の子どもたちがそぞろ歩いているかもしれない。わたしは、植民地主義の名残をめぐるセネガルでの議論と、奴隷制の名残をめぐるアメリカでの議論との類似について考えた。

「アメリカで南部連合の記念碑をめぐって話しあいが起きているのと同じですね」と、わたしはモマーに言った。「南部の奴隷制を維持するために戦争をした人々の銅像が、いたるところに建立されているんです。『なぜ奴隷制を維持するために戦った人の銅像なんかがある? 意味がわからない』と人々が言い、いままさに撤去させようとしているところです。わたしたちアメリカ版の論争はそんな感じです」

「非常によく似ていますね」モマーはうなずきながら言った。彼は、その前年にガーナの大学で起きたというマハトマ・ガンジーの銅像をめぐる論争について教えてくれた。ガンジーが――そこでモマーはいったん口をつぐむと、そのあと使う気でいる婉曲表現に自ら先に吹きだした――黒人を「悪く言った」

ことが問題になったのだという。「ある日、学生たちが銅像を撤去してしまったのですが、これに反対する人もいて、大学じゅうが大騒ぎになりました。『この男は人種差別主義者だから、これは撤去しなければならない』と*」

モマーは続けた。「セネガルでも同じことが言われています。昔はサン＝ルイに首都が置かれていたのですが、その市のど真ん中にフランス人総督ルイ・フェデルブの銅像が立っているんです。みな、こう言っています。『これはよくない。われわれは一九六〇年にすでに独立しているんだ』と」フランスの植民地化計画に組み込まれた多くの場所と同じように、サン＝ルイはフランス国王ルイ九世にちなんで名づけられた。モマーは、これらの名前やシンボルや銅像などが、自国の首にまるで重しのようにぶらさがっていると感じている。「わたしたちはこの――」彼は両腕を大きく広げながら、ふたたび道路標識を見あげた。「こうしたフランス支配を象徴するようなすべてを取り除いていかなければならない。これらは別々にされるべきなのです」

フェリーに乗ってダカールへ戻っていると、市のスカイライン上に燻ったような夕暮れが立ち込めていた。終わりの見えない工事計画が土埃やセメントの粉塵を雲めがけて吹きあげ、オレンジとブラウンの糸で地平線を編み込んでいた。前進するフェリーの正面に海水がぶつかり、小さな白波を立てた。波は外に向かって移動していくと、果てしなく青い海に吸い込まれていった。

* ガンジーは一九〇八年、「カフィールは概して野蛮である」と、南アフリカの黒人を侮蔑する呼称を用いて書いた（ジョセフ・レライフェルド、『偉大なる魂：マハトマ・ガンジー、インドとの闘争（*Great Soul: Mahatma Gandhi and His Struggle with India*）』〔未邦訳〕、ニューヨーク：ヴィンテージ・ブックス、二〇一一年：五四ページ）。彼の伝記作家のラーマチャンドラ・グハによると、若い頃のガンジーはたしかに人種差別主義者だったが、年を重ねるにつれて、そうした考え方から脱却したという。

セネガルでの滞在があと一日残っていたので、わたしはゴレ島にもう一度行きたいと思った。モマーもまた同行してくれることになり、翌朝早く、ふたりでフェリーの到着を待った。朝いちばんの新しい光が、触れたすべてのものをやさしく見せていた。わたしはモマーに、前日のゴレ島の印象を訊いてみた。

モマーは深くひと息ついてから、椅子に座ったまま太ももに肘を置いて身をのりだした。「ええ、かなりの発見がありました。あの場所にはとても衝撃を受けました。湿った壁、小さく狭い部屋。人々がつらい思いをした場所に自分を投影してみたんです」まるで昨日あの家でやったことをまねするかのように、彼は左右を交互に見た。「一七世紀に自分を置いてみたんです。どうしたら人間をあんなふうに扱えるのか、どうしてあんな小さなところにあれだけの人を詰め込めるのか、想像しようとしました。どこもかしこも、まるで自分でも痛みを感じられそうな気がしました」

昨日のモマーは警戒心が強かった。何かを見ては、まるで心理的・感覚的な過負荷から逃れようとするかのように身を引いていた。

船着場で、近くにいた赤ん坊がぐずりだした。母親は新生児をあやそうと、両腕の位置を直したり、やさしく赤ん坊を弾ませたりしていた。モマーは、奴隷の身に囚われた子どもたちのことをずっと考えてしまうと言った。病気が蔓延していくスピードも、子どもたちが感じた恐怖も、想像すらできないと。彼はふたたび黙りこくり、前方の床の一点を見つめた。わたしたちはそのまま、フェリーの到着を待った。

いくつもの路地を抜け、家々を通り過ぎるうち、自分たちが島の観光中心地から遠ざかっているのがわかった。訪れた学校は島の東端に位置していた。わたしは、その背後の風景に驚嘆した。海水が最高地点にのぼった太陽の光をつかまえ、海と空がどこで区切れているのかわからないほどだった。独立して新たに誕生したセネガル共和国の初代大統領レオポール・セダール・サンゴールによって一九七七年に設立され、セネガルの名高い作家でフェミニストのマリアマ・バーの名を冠したマリアマ・バー女学校は、セネガルでもトップクラスの寄宿学校だ。周囲には、授業の合間に学童たちの発する音が響いていた。砂まじりの地面をすって歩くサンダルの音、教室じゅうで机を引く音、リュックのファスナーを閉めて肩にかける音。

学校の歴史教師のハッサン・ケインが、緑豊かな中庭でわたしたちを出迎えてくれた。彼はオレンジと黄色のチェックの半袖シャツをダークブラウンのスラックスにたくし込んでいた。柔らかな声に大きな目、黒い頭頂部からは光が反射していた。若者を指導する全員に望まれる落ち着いた雰囲気が滲みでており、声には忍耐と強い信念がこもっていた。わたしたちは二階の空き教室に案内されると、正面の机を囲むように座った。ハッサンの英語は上手だったが、彼が第三言語でがんばって話そうとしてくれる内容の具体的なニュアンスをつかむのはやはり難しかった。そこでわたしは、自分の気持ちをいちばんよく表現できる言語で話してくださいと、もしそれがフランス語ならモマーが通訳してくれますからと伝えた。彼はまず英語で会話を始めたが、やがてフランス語に切り替えた。モマーはうまく訳すために、ところどころで彼を止めた。

ハッサンは、生徒たちに奴隷制の恐ろしい意味を理解してもらうことと、彼らを麻痺状態に陥らせないこととのバランスをつねに模索してきたという。この歴史はもちろん教えるべきだが、その結果として、若者が自分や祖先たちを、西洋の征服の遺産から決して逃れられない、抑圧され搾取された人間と思うようなことがあってはならないと考えているそうだ。生徒たちには奴隷制を理解してもらいたいが、それによって定義されてほしくはなかったのだ。「被害者と加害者という見方から脱却することが重要です」とハッサンは言った。そうやってこの歴史に取り組めば、生徒たちにも現代における奴隷制の影響を理解してもらえるようになるだろう、と彼はつけ加えた。

ハッサンは、自身の教育の要となる方針について熱く語った。それはエロアと同じく、アフリカの歴史は奴隷制から始まるのではないと生徒たちに教えることだという。「奴隷制以前のアフリカがどうであったか、奴隷制時代のアフリカ、奴隷制後のアフリカがどうであるかをそれぞれ伝えなければなりません」

さらに彼は続けた。「もしアフリカの経済事情を理解したいなら、奴隷制の時代に何が起きたのか、奴隷制がどれだけ大きな影響を及ぼしたかを理解する必要があります。なぜなら、奴隷制はわたしたちから発展にまずもって必要な動力を奪ったからです。つまりは人間の労力です。植民地化がわたしたちにどんな悪影響を及ぼしたのか、奴隷制がいかにしてアフリカから労働力を奪ったかを理解しなければなりません」

奴隷制と植民地主義をふたつの別々の歴史現象として分けて理解することはできないというのも、ハッサンが生徒たちに教えていることのひとつだ。これらは切っても切れない歴史なのだ。奴隷制は、西アフリカの人口に大きな打撃を与えた。数百万という人々が故郷から引き離され、海を渡って何世代も奴隷として働かされたからだ。また植民地時代には、西アフリカの大部分の地域で今度は人々の代わりに天然資源が奪われたことで、深刻な被害が続いた。ハッサンは言った。「奴隷制と植民地化のどちらにおいてもあったのは、略奪のシステムです。まず、奴隷制で人間の略奪が行われました。アフリカは人々を奪われたのです。そして植民地化では天然資源の略奪が行われました。わたしたちは、入植者たちに搾取されつづけました。いずれのシステムにしても、あったのは略奪のシステムなのです」

ハッサンの声に、ガイアナ人の歴史家で政治活動家のウォルター・ロドニーの声がこだまして聞こえた。彼は、一九七二年の著書、『世界資本主義とアフリカ――ヨーロッパはいかにアフリカを低開発化したか』(北沢正雄訳、柘植書房、一九七八年)で次のように書いている。「すべてのアフリカ人はそのシステムを理解し、その打倒のために努力する責任がある」[11] ハッサンにとっての努力とは、生徒たちがよりよいものを築いていけるように、自国の歴史を理解する手立てを授けることだった。

「白砂糖は黒人の不幸」というフレーズがある。これをハッサンは、資本主義と植民地主義と奴隷制のつながりの本質をよくとらえた言葉だと考えている。「いまのヨーロッパがあるとすれば、それはアメリカに連れていかれるがままプランテーションで働き、利益を生んだアフリカ人の血と努力の賜物です。それがヨーロッパの産業発展を助けたのです。というのも、ヨーロッパの発展の一部は、それを生むために必死で働く奴隷をわたしたちアフリカがアメリカに送りだしたからこそ可能だったわけですから。これこそが、ヨーロッパの現在の繁栄の根源なのです」

わたしは、ハッサンが賠償という問題についてどう考えているのか聞いてみたくなった。彼らにとって、盗まれた命や略奪された資源に対する補償とは何を意味するのだろうか? ハッサンは深く息を吸い込むと、唇を舐めてから切りだした。「それについてはいまだ議論が続いていて、意見もさまざまです」

と、今回はモマーの通訳を使わず英語で言った。

ハッサンは、アメリカで議論されているように、自国が賠償に値するかどうかが争点なのではなく、「何を修復するつもりなのか」が問題なのだと強く訴えた。彼は金銭的な賠償計画を立てることに反対しているわけではないが、一方でいわゆる道徳的な賠償が必要であることも強調した。「記憶をより大事にする人もいます。一度お金を受け取ってしまうと、『よし、受け取ったな。これですべて修復された。だから、もうこの話はしないでくれ』と言われるでしょう」それはハッサンの望む結果ではない。彼がほしいのは、起きたことへの謝罪だ。そしてその謝罪や反省によって、経済的、文化的、政治的決断をどう前に進めていけばよいかが示されることだ。

ハッサンによると、賠償問題は一筋縄では行かないという。奴隷貿易を成り立たせていた人々や過程の複雑な網をほどきはじめると、その制度の拡大や存続に責任があると思われる個人が非常に広範なところにまで及んでしまうのだ。

「たとえば、奴隷制国家に捕虜を売っていた国王たちもそこに含まれます。こうしたことも考慮しなければならない問題なのです」ハッサンは言った。「アフリカ大陸に初めてやってきたヨーロッパ人もそうです。彼らは内陸部を知らず、海岸近くの王国と協力するようになりました。彼らはそこの人たちに武器などの手段を与えました。受け取った人々は国の内陸部の奥深くに行き、奴隷を盗み、人々をつかまえて海岸に連れ帰り、奴隷としてヨーロッパの船に売りました」

わたしはハッサンに、この歴史を生徒たちにどう伝えているのかと尋ねた。すると、歴史は一部だけではなく、全体を教えなければならないという答えが返ってきた。「子どもたちの前で、何百万もの黒人が奴隷として売られたと言った場合、彼らは当然こう反応するでしょう。「売ったのは誰？」そこが大事なのです。歴史のこの側面を無視するわけにはいきません（中略）だからこそ、すべての責任を明確にすることが重要なのです」

そう聞いて、ハッサンが責任問題のどこに比重を置いているのかが気になった。たしかに関与していた当事者は多数いたのかもしれないが、その全員に同じだけの責任があると考えているのだろうか？ハッサンはすぐさま答えた。「奴隷制のアイデアが生まれたのはヨーロッパです。その意味で、ヨーロッパはアフリカよりも責任があります」だからといって、歴史のその部分を軽く扱っていいわけではないと、きちんと取り組むべきだと、彼は言った。

セネガルのすべての生徒にハッサンのような教師がいるわけではないし、みながマリアマ・バーのような学校に通っているわけでもない。全国の多くの学校では、いまだにヨーロッパ人中心の歴史が教えられ、アフリカ人の長く豊かな歴史には触れられないことも少なくない。ハッサンいわく、奴隷制や植民地主義が自分たちの国や大陸にどのような影響をもたらしたかを生徒たちが包括的に理解できるように、国がカリキュラムを開発することが重要だという。これは絶対に必要なことなのだ、と彼は念を押した。なぜなら、自分たちの歴史を知ることは、アフリカについて世界が語っている嘘をうまく見極める手助けになるからだ。生徒たちは過去についての正しい知識を身につけることで、アフリカに歴史などない、アフリカの貧困は自分たちのせいだ、アフリカはヨーロッパの支配下にあったほうがよいといった意見を信じ込み、内在化させずにすむ。「そうした主張が間違っているとわかれば、ほかのあらゆる議論も嘘だとわかるでしょう」

ハッサンがいま話した内容と、ホイットニー・プランテーションでリサーチ・ディレクターを務めるイブライマ・セックが歴史の役割について話していた内容とがいろいろと重なることに驚いた。歴史全体を教えることが、世の生き方について生徒たちに方向性を示すことにつながるという考え方が、ふたりはよく似ていた。彼らは、この知識が生徒たちに新たな視点を、つまり自由と理解に対する新たな感じ方を——嘘を知ることでこれ以上嘘をつかれない力を——もたらすと、痛いほどわかっているようだった。いまの話でルイジアナ州のホイットニー・プランテーションへ行ったときのことを思いだしたとわたしが言うと、ハッサンの目が大きく見開かれた。彼はわたしに、イブライマ・セックは知っているかと尋ねた。

わたしは、セック氏に実際に会ったこと、ゴレ島に来る数カ月前にホイットニーを訪れて話をさせてもらったことをハッサンに伝えた。

すると彼は笑顔になった。親友なんです、とハッサンは言った。セック氏とは、ダカールにある高校でともに教えていたのだという。

沿岸から風が吹き、太陽が真昼の空高くにのぼっていくなか、わたしたちは微笑みあった。

ハッサンとの会話のあと、わたしは何人かの生徒に話を聞いてもいいかと彼に尋ねた。みなで階段をあがって別の教室へ移動し、そこでハッサンから授業の合間に勉強している七人の女生徒たちを紹介してもらった。教室には自然光があふれ、茶色いプラスチックの椅子や、小さな木製ベンチと一体になった木製の机が一二台あった。少女たちはみな、規定の制服——ネイビーブルーのワンピースの下に、白のオックスフォードブラウス――を着ていた。少女たちのうちの四人はヘッドラップで髪を覆っていたが、なかには隠さずに、細く編み込んだ髪を頭皮全体から垂らしている生徒もいた。わたしはいまだ舌足らずのフランス語で、一六歳から一八歳までの少女たちに自己紹介をした。彼女たち――本書では仮名に変えさせてもらった――はくすくすと笑い、そのうちのひとり、ファトゥが英語でどうぞと言った。ほかの子たちもうなずいた。わたしは微妙な第一印象となったことに、感謝とわずかばかりの気恥ずかしさを感じながら微笑んだ。わたしはまず、学校では奴隷制についてどのように教わったかと尋ねた。「たしか四年生で習いました」とアイーダは言いながら、首元あたりの黒いヘッドラップを直した。「ヨーロッパ人がアフリカにやってきたのは、最初は世界を発見して人々をキリスト教徒にするためだったと教わりました。でも、いざやってきて、彼らはわたしたちの資源を発見し、それから知った――」アイーダは言い直した。「じゃなくて思った（believed）のです」彼女は believed の後ろの音節を伸ばすように言った。「わたしたちには文化がないと」ほかの少女たちは同意してうなずくと同時に、その不条理さに首を振った。「そして彼らは、土地を耕させたり自分たちのために働かせたりするために、わたしたちをアメリカに連れていきました」

アイーダは、習ったなかでも、とらえられたアフリカ人が大西洋の片側から反対側まで輸送される過程の話がとても残酷だったのを覚えているという。何週間も何カ月もかかる旅のあいだ、人々はほとんど食事を与えてもらえなかったこと、彼らが鎖でつながれていた場所がありえないほど狭かったこと、病気が蔓延していたことなど、彼女は習ったとおりに説明してくれた。ある授業の話がとくに印象に残っているそうで、奴隷にされたアフリカ人が死んだり、病気で使いものにならなくなったりすると、「海に投げ捨てられたんです」と言った。アイーダの顔が歪んだ。「彼らはわたしたちにいっさい敬意を払いませんでした」

少し離れた机から、コリーヌという別の少女が相槌を打った。彼女の髪を覆う白いスカーフが、肩にかけて流れ落ちていた。「まるで獣を見るかのように女性を見ていたのよ」コリーヌは眉をひそめ、頬をこわばらせた。「ある国にやってきて、そこの人々を自分たちとは違うとみなして、『こいつらには文化がない』だの、『植民地にする必要がある』だの、『支配すべき』だの、『搾取すべき』だのと、どうして言いだせるのか理解できません」コリーヌはいったん言葉を区切り、首を振った。「みんな人間なのに」

コリーヌいわく、ヨーロッパ人による植民地化や搾取が何世紀も続いたことには、彼ら入植者がアフリカの国や人々に接近した方法を暗黙のうちに正当化する文学や哲学の存在が切っても切り離せなかったという。「たとえばヘーゲルとか」と、彼女は言った。「『アフリカは白紙状態《タブラ・ラサ》だ』なんて考え——わたしは理解できません」

コリーヌが一九世紀初頭の哲学者ヘーゲルの名前を出すと、教室にいたほかの少女たちは目をぐるりとまわし、フランス語で互いにひそひそと話しだした。彼女たちの声は軽蔑に満ちていた。明らかに、以前にもヘーゲルが話題に出たことがあるようだった。

コリーヌの言うとおり、この著名な哲学者はアフリカやアフリカ人を軽視していた。彼はアフリカの歴史について、それがどんなものであろうと、世界の発展や歴史になんの貢献もしていないと述べている。著作のなかでも、アフリカ人が劣等であること、彼らが完全な人間とみなされるに値する能力を備えておらず、どこまでも従属的な存在であることが書かれている。「これらのさまざまな特質から、自制の欠如がニグロの性格を特徴づけていることは明らかである。こうした条件ではいかなる発展も文化も望めず、事実そうでありつづけていることは、現在われわれが目にしているとおりだ。ニグロとヨーロッパ人とのあいだに存在しつづけている唯一不可欠なつながりは、すなわち奴隷制だけである」[12]

ヘーゲルは、この劣っているとされる特質が、奴隷貿易のヒエラルキーにおけるアフリカ人の立場につながっていると書いている。「興味関心が欠如し、無邪気そのもののニグロたちは、子どもの国とみなされてしかるべきである。彼らは売られる立場だが、その善し悪しを考えもせずに売られることを許しているのだ」[13]

一方で、白人は人間としての最高の状態を示す存在だとヘーゲルは考えていた。「白人のなかでこそ、精神は初めてそれ自身によって絶対的な統一体に到達する。ここにおいて初めて、精神は自然性と完全に相対し、その絶対的な独立性のなかで自身を理解し、両端のあいだのさまざまな揺らぎから解き放たれ、自己決定および自己啓発に到達するがゆえに、世界の歴史をつくりだすのだ」[14]

ヘーゲルの人種差別主義は、何世紀にもわたって人種差別的な思想や慣習を具体化してきた、はるか長きにわたる哲学の悪しき伝統の一部にすぎない。事実、啓蒙主義におけるいちばんの矛盾は、多くのヨーロッパの思想家たちが自由主義、合理主義、人類の進歩を唱えながら、一方で奴隷制と植民地主義への関心を焚きつけていたという点にあるだろう。

その最たる例がイマヌエル・カントだ。彼はこう書いている。「人間は暑い国ではあらゆる面で早く成熟するが、温帯地域のような完璧さに達することはない。人間性は、白人のなかにおいて最も完璧な状態で存在する。黄色いインド人は才能の数に劣る。ニグロはさらに劣り、最も劣等なのはアメリカ人の一部の者である」[15]アメリカの奴隷所有者たちは、こうした啓蒙主義時代の合理化を利用して、奴隷制の存続を正当化しつづけたのだ。

コリーヌは、奴隷制や植民地化の歴史がこのまま自国に残りつづけるせいで、ぬぐえない劣等感をいつまでも抱かされるのではないかと心配だと言った。「忘れてしまったほうがいいことなのよ。じゃなきゃ、これ以上前には進めない」

隣に座っていた、丸顔で細い目をしたファトゥは違う意見を持っているようだった。彼女の考えでは、奴隷制や植民地化が現代社会をどのように形づくってきたかは絶対に理解しておくべきだという。まわりを見渡せば、西洋の影響や考え方が自国のさまざまなことを左右しているのは明らかだ、とファトゥは言った。「だから、わたしはそうは思わない。わたしたちは忘れてはいけないの。たとえ以前とは違うにしても、奴隷制や植民地化はまだここにあるのだから」

「ちょっといい?」とアイーダが言った。彼女は、許すことと忘れることとの違いを指摘したかったようだ。「わたしたちは奴隷制を忘れるべきではないけれど、許すことはできるかもしれない」忘れるのは未来の世代にとってよくない、とアイーダは言った。人種差別による偏見や不公平がなぜ世界じゅうに広がっているかを理解するための歴史基盤がなくなってしまうからと。「わたしたちが奴隷制を忘れてしまったら、きっと彼らは何も理解できなくなる。でも、もし知っていれば、それは人々が本当の意味で偏見のない見方ができていなかったせいだったとか、ありのままのわたしたちを受け入れてもらえない時代があったこととかを、ちゃんと理解できるかもしれない」

するとファトゥは、セネガルの人々、さらにアフリカ全土の人々の自己に対する考え方には植民地化の影響があると思う、と言った。「アフリカ人はつねに、『自分たちよりもヨーロッパ人のほうが優れている』といった思いを、諦めを持っています。コンプレックスみたいなものです」

少女たちは、植民地化の名残が自分たちの国に強いている犠牲について、あれこれと意見を出しあった。失業率が高すぎる、インフラ設備が古すぎる、学校教育が乏しすぎる、など。彼女たちの話によると、セネガルの才能ある若者の多くは、世界各国の大学に進学したまま戻ってこないそうだ。その理由は、セネガルに戻っても同じような仕事の機会がないことに加えて、ヨーロッパやアメリカに住んで働いているほうが、自分の価値や重要性が増すという考えに染まってしまっているからだという。「アフリカ人がアフリカを信じていないのです」と、ファトゥは言った。

わたしは少女たちに、自分がここへ来た理由や、前日に〈奴隷の家〉を訪れたことなどを話した。道をわずか数分行ったところにあるこの有名な史跡に、彼女たちも行ったことがあるのか、もしあるなら、その経験から何を思っただろうかと気になったのだ。

「気分のいいものではありません」それまで静かに教室の前のほうに座っていたカディが答えた。「だってあそこは、わたしたちの祖先があの時代に生きて感じていたことを思いださせるから。悲しい気持ちになってしまうから」彼女はいったん言葉を区切った。「わたしたちの悲しみの核心だから」

数日が経ったある日の午後、アメリカの自宅に戻っていたわたしは、ゴレ島を訪れているあいだに撮った写真を画面上でスクロールしていた。そのうちの一枚の写真が目にとまった。幼い子どもたちがサッカーボールを追いかけ砂場を駆けまわり、素早く動く彼らの足首の後ろに砂埃がもうもうと舞いあがっていた。幹が太く、まるで天蓋のように枝を中庭全体に広げたバオバブの木の下のベンチには、カラフルな服を着た女性が何人か座っていた。そのまわりに丸まった猫が数匹、裂けてでこぼこした木材にすりすりと背中をすり寄せていた。

それから、〈奴隷の家〉の反対側から〈帰らざる扉〉を撮った写真が目に入った。この写真だと、石づくりのアーチ型の通路が、扉に近づくにつれて狭くなっているように見えた。一見しただけでは、扉が海に向かって開いているとはわからない。ただ、壁から光がどっと流れ込んでいるだけだ。わたしがこの写真を気に入っているのは、太陽の鮮やかな光が扉へと注意を引きつけると同時に、その背後にあるものを不明瞭にぼやかしているからだ。あたかも、「こっちを見てくれ。その背後ではなく」と訴えているかのように。

その扉は、もはやわたしが当初に想像していたものではなくなってしまったが、おそらく、そうある必要もなかったのかもしれない。約三万三〇〇〇人がゴレ島から新世界に送られた。[8] 彼らがこの家の扉を抜けていったのか、それとも船着場まで行進させられ、そこから乗船したのかは、さほど重要ではないのかもしれない。何百万もの人々が奴隷として送られたわけではなかったという事実よりも、この島から奴隷として送られた人々がたしかにいたということのほうが重要なのかもしれない。海に面した〈奴隷の家〉のあの部屋に立ち、両腕を伸ばして湿った石壁に触れたとき、そこに正確に何人の人々が収容されていたかなど、どうでもよくはなかったか？ それよりも、奴隷制の始まりが意味するものについて考えさせられる空間に入ったということのほうが重要ではなかったか？ 身を屈め、抵抗した奴隷たちが閉じ込められたとされる小さな空間に這うように入ったとき、そしてその空洞の闇にのみ込まれたとき、奴隷たちがそこに実際に閉じ込められていたかどうかなど、どうでもよくはなかったか？　むしろ、何百万という人々にとって囚われの身とはどういうものだったのかを、恐ろしいほど感じ取れたことのほうが重要ではなかったか？　はたして、いくつかの事実を誤って伝えている場所が、それにもかかわらず、より大きな真実のための記憶の場となることはできるのだろうか？

「こうした乖離があることこそが、奴隷制の記憶の問題なのです」というアラウージョ氏の言葉がすとんと心に落ちた。それは埋めなければならない乖離だ。モンティチェロでガイドのデイヴィッド・ソーソンが語ってくれた乖離でもある。「思うに、歴史とは使える事実を総動員した過去の物語で、懐古とは過去についての事実に基づかないファンタジーだ。そしてそのあいだのどこかに記憶が存在している」

モンティチェロが埋めようとしている乖離がある。彼らは、ヘミングス一家の物語なくしてトーマス・ジェファーソンの物語は語れないという事実を明らかにすることで、乖離を埋めようとしている。その場所は、ジェファーソンが奴隷について『ヴァージニア覚書』になんと書いたかを無視したまま、アメリカ合衆国について独立宣言になんと書いたかを読み解くことはできないと思いださせてくれる。

多くのプランテーションが語りたがらない物語に、ホイットニー・プランテーションが取り組むきっかけとなった乖離がある。そこは、プランテーションが反省の場ではなく、結婚式場となることを受け入れずにいる場所だ。そこは、奴隷の物語を中心に据えた場所だ。なぜなら、奴隷にされた人々こそ物語の中心だからだ。

アンゴラ刑務所が避けて通っている乖離がある。その足下に、一万八〇〇〇エーカーにも及ぶ証拠があるにもかかわらず。そこでは、何千という黒人がいまなお鋤で畑の柔らかい土を掘っている。

ブランドフォード墓地がフィクションと、何百万もの人々を鎖につなげておくために戦った軍隊の旗とで埋めようとしている乖離がある。そこは、真実がどうであるかよりも、その地に眠る自分たちの愛する人々を、そうした真実からいかに遠ざけるかに関心がある。

ガルヴェストンのコミュニティが悲しみを歌に変えるための原動力にしている乖離がある。ガルヴェストンは、そこへたどり着くまでに必要だったすべてのことを、自由がどれだけ貴重であるかを、それをどれだけ強くつかんで放さずにいるべきかを思いださせてくれる場所だ。

ニューヨーク市が長らく高層ビルの下に葬り、北部という光から隠しつづけてきた乖離がある。そこは、ウォール街からセントラル・パークまで過去が残響し、現在のコスモポリタニズムの物語によって暗い歴史を覆い隠しつづける場所だ。

ゴレ島の端に位置する乖離がある。事実と真実が結びつくところに生まれる矛盾と向きあいながら、忘れられてしまったと感じる人も少なくない物語を伝えようとしている。また、何千という亡霊がいまだとどまり、何百万という人々の苦境の象徴でありつづける場所でもある。

わたしのなかにも乖離がある。歴史のある時点より先の自分のルーツをたどることができずにいるアメリカの黒人として。祖先が囚われていたプランテーション以前の系譜は、強制移送という煙霧によって曖昧なままだ。そこには乖離がある。わたしが理解しようとしている、埋めようとしている乖離が。

〝わたしはそのなかを生きていた〟

エピローグ

わたしの祖父の祖父は奴隷だった。ふたりは、ひとつの名前、血筋、そしてミシシッピ州のかたい土壌を共有した。わたしの祖父の祖父は奴隷だった。自分が歴史の同心円の中心に引き寄せられる感じがした。わたしの祖父の祖父は奴隷だった。そう声に出し、唇の端に残る余韻をしばらく放っておいた。わたしの祖父の祖父は奴隷として生まれたと、家族が教えてくれた。自分から訊くまで、まったく知らなかった。

作家や研究者として活動するなかで、わたしは過去についてより深い洞察を与えてくれそうだと感じた人々から何千時間も話を聞かせてもらい、いかに過去が現在の世界を形づくってきたかを教えてもらった。アメリカの歴史をまとめようと試みた数々の書物にも何千時間も没頭し、自分を取り巻くあらゆるものの理解に役立てた。国内から海外までを飛びまわり、わたしたちがここにたどり着くまでの物語を伝えている歴史名所にもたくさん足を運んだ。しかし、年を追うごとに、過去とは博物館や記念館、記念碑、墓地などにおさめられているだけではなく、自分自身の血筋のなかにも生きているのだとますます痛感させられるようになった。この国の歴史に関するアーカイヴ資料を躍起になって掘りさげているうちに、ふと気づけば、何より優れた一次資料がすぐ隣にあることを忘れていたのだ。

わたしの母方の祖父と父方の祖母は、年齢が一〇ほど離れている。どちらの伴侶もすでに亡くなっているが、ふたりともいまでも結婚指輪を——まるで祈りのように指に絡みつく、くたびれた金の指輪を——つけている。ふたりの人生を結びつけているのは、子どもたちの愛、孫たちの敬慕、曾孫たちの予測不能な笑い声だ。また人生の大半において、自分たちは無価値だと言われた時代、地域、国で育ったことも共通している。彼らの物語は、驚くべきものであると同時に平凡でもある。彼らの記憶は、わたしがこの本で探求した数々の記憶と同じように、力強いと同時に繊細で、不完全で、あまりに心が痛くなる。彼らの物語が、わたしの物語を導いたのだ。

わたしは車椅子に乗った祖父を押しながら、ワシントンにある国立アフリカ系アメリカ人歴史文化博物館のなかを歩いた。車椅子に乗るのをしぶしぶ了承してくれた祖父は、膝に杖を置き、手に博物館の案内図を持っていた。彼は誇り高い人だが、自分の膝が昔のようには動かないこともちゃんとわかっている。高校から大学まで数年間アメフトをやっていたことで、年齢から来る関節の悪化を加速させてしまったのだ。わたしたちが館内を見てまわるなか、祖母の足取りはゆっくりと落ち着いていた。後ろを歩いていたかと思えば前に移動してきたりと、自分の好奇心の赴くままに、無理なくひとりで自由に行動していた。

この博物館には前に一度少し立ち寄ったことがあるくらいだったが、黒人アメリカ人と国との複雑な関係を——激動も感動も、また暴力も美徳も含めて——たったひとつの施設でここまで見事にとらえていることに、またこれだけ多くの展示が、世間で不正確に伝えられているアメリカ史のさまざまな言説に一石を投じていることに感銘を受けた。ほかにも黒人の歴史や活躍を専門的に記録保存している博物館は全国のさまざまな都市に点在しており、それぞれが地域性を活かして独自の路線を打ちだしている。だが、国立アフリカ系アメリカ人歴史文化博物館がほかとは違うのは、その野心だ。この博物館は、黒人がアメリカの国家事業の周辺的存在ではないことを、むしろこの国が築かれるうえでの基盤であったことを認識している。

わたしたちは、トーマス・ジェファーソンの銅像の前を通り過ぎた。銅像の後ろには、レンガがタワーのように積みあげられており、そのひとつひとつにジェファーソンが自分の子を含め奴隷にした人々の名前が刻まれていた。それから、緋色のクー・クラックス・クランのローブの前を通り過ぎた。頭上に設けられたスポットライトの下で、サテン地の赤色が服から飛びだし、まるで炎の釉薬をつけられたかのように放射状に光り輝いていた。それから、一本の木からぶらさがる四人の男をおさめたセピア色の写真の前を通り過ぎた。薄茶色の繊維をしっかりと編み込んだロープが木の枝に巻きつけられ、ぐったりとした男たちの首の上に首吊り結び《ハングマンズ・ノット》にしたロープの結び目があった。

博物館のいちばん奥、ジェファーソンの銅像にかぶるように張りだしたフロアに、エメット・ティルをテーマにした小さな部屋があった。有名な話だが、シカゴ出身の一四歳だったエメットは、一九五五年にミシシッピ州マネーに住む親類を訪れた際に、ふたりの白人男性によって無惨に殺された。単に殺されたというだけではなく、彼は拉致され、殴られ、頭を撃たれ、首に大きな金属製の綿繰り機のファンを括りつけられ、そして遺体となってタラハッチー川に投げ捨てられた。白人女性のキャロリン・ブライアントは、レジ係として働いていた食料品店で、エメットが自分に向かって口笛を吹き、体をつかみながら淫らな言葉をかけてきたと証言した。しかし、六〇年後になって、キャロリンは事件について嘘をついていたことを認めた。エメットが彼女に触れたり、露骨なことを言ったという事実はいっさいなかったのだ。[1]

わたしたちは、博物館の照明の下でブロンズ色に輝くエメットの棺に近づいた。開かれたままの棺からは、一枚の写真が見えた。それには、棺を開けたまま葬儀をすることを主張したエメットの母親が世間に示すと決心したものが、つまり、白人至上主義がわが子にした仕打ちが写っていた。その画像を以前にも見たことがあったわたしは、頭上の照明のじーっというかすかな音しか聞こえなくても、彼の母メイミー・ティル・モブリーが絶え間なくすすり泣いているのを感じた。棺を見ていた祖父の目が、ゆっくりとその枠をなぞった。「彼は、おまえのばあさんとわたしが住んでいた隣町で殺された。ほんの数キロしか離れていないところで」と、祖父はこちらに目をあげずに言った。

祖父たちの生活に奴隷制やジム・クロウ法の煙が立ち込めていたのはなんとなく知っていたが、その煙に霞んだシルエットの具体的な形は知らなかった。ふたりがどうやってこの燃えさかる国を灰になることなく歩んできたのか、わたしは知らなかったのだ。

わたしの祖父が生まれた年、ガソリン一ガロンは二〇セント、パン一斤は九セントだった。奴隷制は六〇年前に廃止され、一二年後にはみなが忘れているはずだった。わたしの祖父が生まれた年、彼には八人のきょうだいと、ふたりの両親と、奴隷制のなかで生まれたひとりの祖父がいたが、彼はそのことを葬り去ろうとした。わたしの祖父が生まれたとき、何百万ものアメリカ人が職を失い、一〇〇〇を超える銀行が閉鎖された。大恐慌が深く息を吸い込み、アメリカは何年も息を吐くことができなかった。わたしの祖父が生まれた年、二一人がリンチされたが、誰も騒ぎ立てなかった。木々は枯れ、土は掘り返され、葉が残ったすべてのものを清めた。わたしの祖父が生まれた年、満員の列車がミシシッピ州を出発し、空の列車だけが戻ってきた。

わたしは八九歳の祖父と並んで腰かけた。ミシシッピ州モンティチェロで生まれた祖父は、豊かに響く声で、アメリカ深南部《ディープサウス》をいまも懐かしむ。彼の豪快な笑い声は記憶の宝庫だ。背が高く――といっても、以前ほどではない。かつては広く筋骨たくましかった肩も、いまでは時の流れとともに縮んでしまった――、大きな鼻に細い目、口まわりの肌にはいくつもの小さなしわ。髪は一センチほどの短さにきれいに切りそろえられ、グレーがかった黒い毛束がほぼ白に隠れてしまっている。子どもの頃、わたしはよく祖父の眉毛を眺めていた。太く暗い影が顔に貼りついた様子を、その曲線が鋭い探究心をうかがわせ、眉を一度持ちあげるだけで誘いにも警告にもなる様子をじっと観察したものだった。体がしぼみはじめているとはいえ、祖父の存在は威厳に満ちている。わたしがその言葉を知る前から教授然とし、わたしがその言葉を正しく発音できる前から傑出した人だった。恐れ多いというのとはまた違うが、祖父の前では背筋の伸びる思いがした。ミシシッピ州で育った祖父は、誰もが近づかないほうがいいと言っていた時期に、故郷の州に戻ってきた。

わたしたちはニューオーリンズにある祖父の家のリビングに座っていた。わたしの母――彼の娘――と父が住む家のすぐ近くだ。祖父は古いリクライニングチェアに身を折りたたみ、わたしはその隣に置かれた、もうずいぶん昔から馴染みのあるクリーム色の革のソファに座っていた。彼の体に何十年もの負担がかかっているのは明らかだった。太くふくらんだ血管が、両脚の側面を編むように這っていた。天井ではシーリングファンがうなりながら、わたしたちの頭上にある照明の光をメトロノームのように規則正しくさえぎった。

祖父が育った州は、人々がリンチを受け、翌朝、太陽がのぼる前までに埋められるような場所だった。人口一〇〇〇人以下の小さな田舎町で、誰もが隣人の生活をおおまかに把握していた。祖父にとってリンチは、ニュースで聞いたり教科書で読むようなものではなかった。一九三〇年代のミシシッピ州ではリンチが空中に飽和するかのように蔓延し、自分も受けるかもしれないという可能性が湿気のように肌にまとわりついていた。町の三分の二が白人で、三分の一が黒人だったそうで、祖父は両者の分離が瞬く間に始まったことを覚えていると言った。

祖父が話しはじめると、そのチェロのように低くまろやかな声に、わたしは子どもの頃の安心感へと連れ戻された。

「いちばん大きかった影響は、学校に行ける年になっても、黒人――当時は〝カラード〟と呼ばれていた――だと六歳になるまで学校に行けなかったことだ。そこから予備プレスクール、プレスクールを始めなきゃならないから、一学年に入学できるのは八歳だった。つまり、彼らのプログラムに沿って毎年進級できたとしても、一〇学年を終えるのは一八歳ということだ」祖父は、椅子を前後に揺らしながら言った。「しかも、その郡で黒人が受けられる教育はそれで終わりだった。（中略）一八歳で一〇学年を終えると、農場で働く準備は万端というわけだ。熱心に働けば、郡庁舎の清掃に雇ってもらえることもあった」

祖父は勉強好きな子どもだった。そのことが、黒人、白人を問わず多くの人の目にとまった。町の何人かの白人女性が、「わたしが熱心な読書家だと知ってね。『サタデー・イブニング・ポスト』や『タイム』といった雑誌や、いろんな種類の本やら雑誌やらを家の裏口に出しておいてくれた」という。

祖父はこの逸話を、若かりし知性と、限られた資源にも負けない学習意欲を象徴する誇りの原点として話してくれたが、そうしたやりとりを説明する祖父の言い方にわたしは違和感を覚えた。あたかも祖父が、お情けの施しを受けているように感じられたのだ。一一歳の祖父が誰かの家の裏口にそそくさと駆け寄り、古新聞や古雑誌を紙袋に放り入れている姿を想像すると、気持ちが沈んだ。これこそが貧困の、二級市民の難しい問題なのだ。誰かから慈善行為を受け取って、それをどう見あったものに変えればいいのだろう？　わたしは、祖父がこうした申し出を利用すべきではなかったと思ったのだろうか？やり方についてとやかく言うより、彼の創意工夫や、識字へのたゆまぬ努力を称賛すべきではないのだろうか？

また祖父の話からは、一九四〇年代のミシシッピ州では、子どもたちの人生がいかに幸運の気まぐれに左右されていたかがわかる。祖父は農場労働者や郡庁舎のモップがけのような仕事につく運命から逃れられたが、それもひとえに校長が彼を気に入り、自分の早熟な生徒がミシシッピ州のほかの黒人の子どもたちにも本来ふさわしくないはずの運命をたどるのを見たくなかったからだ。

郡内には黒人の子どもたちのための高校がなかったため、小学校の校長と、生涯を通じて彼の教育係だった姉の計らいで、祖父は約三〇キロ離れた別の郡の学校に通うことになった。一九四五年当時に、往復六〇キロほどの距離を毎日通う方法はなかったため、祖父は高校があるブルックヘヴンという町で、同じような境遇の学生たちに部屋貸しをしている女性の家に住んだ。

会話のなかで、祖父は子どもの頃に受けた侮辱的な扱いのいくつかを話してくれた。ある日の午後、彼の家族が自分たちのものだと主張できたわずか数エーカーの土地で栽培した綿花の種を売るために、祖父は綿繰りの作業場へ向かった。そこの白人の従業員は、祖父を早熟な知性を備えた子どもとは考えず、ミンストレル・ショーの黒人役のまねをさせようとした。その話を回想しているあいだ、祖父のこめかみを這う血管が、まるで川のように皮膚から浮きでて盛りあがった。

「その男は、『踊ればサンプルをくれてやる』と言った。わたしは『踊れない』と答えた」しかし、その従業員はこれを〝生意気な〟態度として快く思わなかった。「そいつは鞭か何かを手にした」その従業員はか細い少年に復讐してやろうと用意しながら、そうしてもなんら問題ないことをわかっていたに違いない。「だが、ほかの男がそいつを止めた」と、祖父は言った。

わたしの人生の大半において、祖父は強さと不屈の精神の手本のような存在だった。かつての威厳ある体格と深みのある声からは、彼がほかの男に脅される側だったとは想像もできなかった。子どもの頃の空想のなかの祖父は、どんな嵐でも崩れない山だった。だがいま、この物語を聞いた。その逸話は、祖父を記憶のなかの神話的存在から、小さくか弱い少年に変えた――同じような少年たちがいとも簡単に夜闇に姿を消してしまう州で、芸を見せろと事実上の脅しを受けた少年に。エメット・ティルの命は、口笛を吹いたらしいという疑惑と嘘によって奪われた。白人に頼まれたことをはっきりと断ったせいで祖父の命が奪われていたとしても、決してありえないことではなかったのだ。奴隷解放から八〇年が経っていたが、ミシシッピ州はあいかわらずこのありさまだった。

一緒に座っている時間が長くなるにつれ、祖父はさらにいろいろな話をしてくれた。彼の心は逸話から逸話へと移ろい、もう何年も訪れていなかった場所から記憶を掘り起こしては、声に出して語った。少年だった頃、〝ナイトライダー〟と呼ばれる白人至上主義者の自警団が、黒人の家族を脅して無抵抗に服従させようと、馬の背に乗って町を巡回していたという。「母親はわたしらを家の奥に行かせて、表に出てこないようにした。ときどき母はひとりで外へ出ていき、『わたしたちは何もしていません、ただ生きようとしているだけです』と言っていたのかもしれない」

祖父いわく、家族が男たちから直接の暴行を受けることは免れたが、町を走りまわりながら叫ぶ彼らの声が夜な夜な響いてきたという。白人たちはどんなことを言っていたのかと、わたしは尋ねた。「実際に何人かの人々を恫喝していた」と祖父は言った。「彼らを怒鳴りつけ、〝ニガー〟と呼び、『町から出ていけ』と。そんな感じのことだ」

わたしは、ミシシッピ州の小さな家の奥で、息をひそめて馬の足音が遠ざかるのを待っている祖父やきょうだいたちを想像した。それから爪先立ちになり、窓台越しに男たちと馬の影が夜に消えていくのをじっと見守っている姿を。

わたしは、そうした諸々のことをどう感じていたのかと尋ねた。祖父は、両親ともに彼らを気に入ってくれている白人のところで働いていたので、何も問題ないといつも信じていたという。「自分を保証してくれる白人がいれば、きっと大丈夫だと」それからこうつけ加えた。「境界さえ越えなければ」祖父は自分たち家族は安全だといつも思っていたという。なぜなら、「自分たちの居場所にちゃんととどまっていた」からと。

祖父がそう言うのを聞いて驚いた。歴史には、決められたとおりに行動していたにもかかわらず、木に吊るされたり、川底に沈められたりした黒人家族の例が山ほどある。とはいえ、一二歳の祖父がそう信じようとした理由は理解できた。自分がまだなんとか自制心を保っていられそうな根拠にしがみつこうとするのは、もっともなことだ。恐怖に麻痺せずに世のなかを生きていくために、人間誰しもがすることだし、ときにはそうするしかないのだ。それでも、祖父がそのような考えをいままでずっと——いったんはミシシッピ州を離れ、二〇世紀前半のリンチの首吊り縄が土に消えたあとも——抱きつづけていたとは驚きだった。とはいえ、時間は必ずしもわたしたちが期待するような心理的な距離をつくりだすとは限らない。こうした記憶は骨の髄まで残っているものだ。

祖父が一六歳くらいのとき、高校に通うために移り住んだブルックヘヴンの町で、ある黒人が闇市で酒を売っている白人を警察に通報した。一九三三年に憲法修正第二一条が調印された際に全国的に禁酒法が廃止されたものの、ミシシッピ州では一九六六年までその効力が続いていた。

「その男はKKKのメンバーだった」と、酒を売っていた白人について祖父は言った。「そいつはその黒人の証言に基づいて逮捕された。するとやつらはその黒人を探しだした。ナイトライダーたちだよ」そこでいったん間を置いた。「そいつらもKKKのメンバーだったかはわからないが、やることは同じだ」

祖父は一度深く息を吸い込むと、前を向いて何もない壁をじっと見つめた。「ナイトライダーでも下っ端《ヘンチマン》でも好きに呼べばいいが、そいつらがやってきてその黒人をとらえた。そして木に吊るし、ペニスを切断して口に突っ込んだ」

この話を聞くのは初めてだった。祖父の口からこれほど陰惨なことを聞くのも初めてだった。「わたしは夜に中心街に行くのを避けるようになった。行くときも、人の目があるところにいるようにした」

わたしはそう語る祖父を見ながら、当時の怒りがいまだ心に残っているのではないかと思った。わたしは祖父に、白人アメリカ人が人種ヒエラルキーの頂点を維持するために積極的に動くことのないアメリカがいつか来るだろうかと尋ねた。

祖父は少し考えてから言った。「一部の白人は決して諦めないだろう」

わたしの祖母が生まれた年、フロリダ北西部は白人テロで熱く燃えていた。黒人の子どもたちは、つねに目を伏せ、口を閉じ、太陽が木々の後ろに溶けてなくなる前に家へ帰るようにと教えられた。わたしの祖母が生まれた年、アメリカはふたつの海をまたぐ戦争に参戦しようとしていた。黒人の男たちは自由のための戦いに送りだされ、自分の土地などない国に戻ってきた。わたしの祖母が生まれた年、母親の両腕に抱かれた祖母は、もうすぐこの抱擁が消えて二度と返ってこないことなど、もうすぐ自分の母親の顔が思いだせないものになってしまうことなど、知る由もなかった。わたしの祖母が生まれた年、祖母が知るすべての人の首に絡みつく法律があった。そして、誰ひとりとして、解放してもらえる日が来るのかどうか知らなかった。

わたしは七九歳の祖母と並んで腰かけた。祖母は一九三九年、フロリダ州クインシーに生まれた。ふんわりとカールした輝くような銀白色の髪が、部屋を移動する足取りに合わせて弾む。彼女の声は、まるで大切な人がなかで待つ家の玄関ポーチさながらだ。その話し方は、いくつもの人生を一度で経験したかのようなやさしさにあふれた説得力を持ち、言葉のひとつひとつが自ずと教訓になる。その目に宿るやさしさを楕円形のメガネでさらに強調させつつ、祖母は自分よりも何十歳と若い人々と同じ目的とエネルギーを持って世を動きまわっている。子どもの頃、わたしは祖母をやさしさの象徴のように見ていたが、そのやさしさは従順とは決して違うことをはっきり認識していた。祖母は控えめだが、意気地がないわけではない。おだやかだが、黙っているわけではない。全身全霊で家族を愛してくれ、わたしたちはみな、自分たちがしてこられたすべては何より祖母のおかげだったと知っている。ときどき祖母がわたしの娘をあやしているのを見ながら、いま手にしているような人生を可能にするために彼女が四世代にわたってやってきたことをふと考える。

わたしがまだほんの小さかった頃、母方の祖父母はミシシッピ州の数時間離れたところに住んでいたが、その後退職し、ニューオーリンズにあるわが家のすぐ近くに移り住んだ。一方、父方の祖父母はフロリダ州ウェストパームビーチに住んでおり、わたしたちはおよそ年に一度、その一四時間かかる道のりをドライブした。

話によると、祖母が一歳のときに彼女の父親が、三歳のときに母親が亡くなったという。「結核とかいろいろでね」わたしがふたりの死因について尋ねると、祖母はそう言った。祖母にはきょうだいが一五人いたが、ほとんどは年上だったため――なかには祖母より年上の子どもがいる兄姉もいた――、彼女の存在を知る機会もないままずでに家を離れていた。両親が他界すると、祖母は八人のきょうだいとともに、クインシーから約八〇キロ離れたフロリダ州ラモントの小作人の農場で祖父と一緒に暮らすようになった。

一八七〇年生まれの彼女の祖父は、奴隷制が廃止されたわずか五年後にこの世に生を受けた。とはいえ、祖母いわく、彼が育った環境は奴隷制とさほど変わったようには感じられなかったという。彼は、わずか五年前までおそらくプランテーションだった土地で育てられた。わたしは祖母に、彼の人生について詳しい話を知らないかと尋ねた。どのプランテーションだったのか、所有主は誰だったのか、奴隷解放の前後に生まれた子どもたちがいる家族にとって、自由とはどんなものだったのかなど。わたしは開いた箱の中身をすべて取りだしたかったが、祖母には思いだせないことがたくさんあった。「そんなわたしだって知りたいこと、わたしの記憶じゃ全部答えられないわ」と祖母は言った。

祖母もまた、わたしが会話中に払いのけようとしていたのと同じ後悔を抱えていることに気づいた。彼女の祖父について質問するたび、祖母自身が彼に尋ねなかった質問がたくさんあること、それが尋ねるべき質問であると知るにはまだ幼すぎたことが明らかになっていった。そこで仮定の話として、もし機会があれば彼のどんなことを知りたいかとわたしは尋ねた。

「そうね」と、祖母は目を閉じ、椅子の背にもたれかかった。

「どんな感じだったかを知りたいかしら」祖母は言った。「どんな扱いを受けてきたのか？　だって、わたしたちが住んでいた地方では、とても強くて尊敬された人になっていたから。なぜ逃げなかったのか？　なぜあまり怒ることがなかったのか？　とてもやさしい人だったの。敵対心がなくて。尊敬されていたわ」

祖母は続けた。「あんな状況での暮らしにどうして馴染めたのか？　わたしたちも経験したから、それがどんなにひどかったかわかるの。（中略）人種隔離された区域での暮らしがどんなものかを知っているわ……あの時代を過ごしてきたから。どうしてうまく暮らしていけたのか？　行ける公立学校もなかったのに（中略）、どうやって学んだのか？　祖父は読み書きができた――本当にいい教育が身についていた。それだけ賢かったというだけのこと？　学びたくて、手に入る本を片っ端から読んでいただけ？　その本はどこから手に入れた？　知りたいのはそうしたことかしら。祖父の両親のこともっと知りたいわ。（中略）でも祖父は一度も話してくれなかった」

祖母の声に、それまで聞いたことのない切なさが滲んだ。知らなかったと気づいたことに対する罪悪感のほのかな痛みが。

祖母の人生も、わたしの祖父と同じように人種隔離の霧に包まれていた。祖母のいちばん幼い頃の記憶は、四歳くらいのときのものだという。祖父に連れられ、グレイハウンド社のバスで州の別の地域の町に住む親類を訪ねたときのことだ。八時間という長旅のほとんどのあいだ、彼女の祖父は立ちっぱなしでいることを余儀なくされた。座席の後ろにある小さな手すりを握りしめ、つまずかないようにこらえるだけで精一杯だった。白人席には空きがあったものの、運転手にそこには座るなとはっきりと命じられたという。

「祖父は高齢だった。それでも立っているほかなかった」祖母はバスについて語った。「人が立つようには設計されていなかった。本来座るためのものだもの。バスが動くと、がたがたとよく揺れたわ」

こうしたあからさまな差別はバスに限ったことではなかった。バスが発着所に止まって乗客をおろしたり、新しい客を乗せたり、トイレに行く時間ができたりするたびに、祖母たちはそこが自分たちの要望を受け入れる気などないつくりになっていることを痛感させられた。

「発着所のなかはたいてい汚れていたけれど、白人側はよく手入れされていたわ。(〝カラード〟と書かれた)トイレは故障していたり、鍵がかかっていたり」祖母は言った。「『そうね、わたしたちは存在してないものね』という感じだったわ」

祖母は、発着所の白人の従業員にトイレを使わせてもらえないかと懇願すると、決まって返ってくる答えがあったことを回想した。その意味は子どもにも明らかだったという。外で用を足すのはかまわないが、白人用のトイレに入って使うのはだめだ、と。

「どこへ行っても人種隔離があるのはわかっていた。バスだけの話ではなくて、本当にどこへ行っても必ずあった。食料品店でも。レストランはそもそも入れなかった。わたしたちにはレストランがなかったの。あなたのおじいさんと結婚したときもそう。タラハシーからウェストパームビーチまで車で移動したのだけれど、そのときも一度ハイウェイをおりて黒人の町を探さないのなら、昼食を用意しておくべきだったわ。ハイウェイでは何も買えないから」

祖母が首を振ると、彼女の膝にいた生後まだ数週間のわたしの娘がもぞもぞと身悶えしながらむずかった。

どの話も初めて聞くというわけではなかった。わたしの子どもの頃は、そうした話であふれ返っていたのだ。フリーダム・ライダーたち［公共交通機関での人種差別をなくすために起こった〝フリーダム・ライド（自由のための乗車運動）〟の活動家たちのこと］のドキュメンタリーが画質の粗い白黒フィルムでいくつも制作されていたし、わたしがもらったアメリカ史のどの教科書にもローザ・パークスの写真が載っていた。どの公共施設が〝白人用〟で、どの公共施設が〝カラード用〟かを示した標識の画像もたくさん出まわっていた。これらの話自体を知らなかったわけではなく、こうした話や写真に出会っても、それが自分の家族にどう影響していたかはあまり考えなかったのだ。それというのも、アメリカ史の語られ方に理由があるように思う。白黒の写真や映像は、そうしたエピソードが現在とは無縁の遠い過去に起こったことのように思わせてしまうところがあるのだ。

人種隔離は、祖母の教育のあらゆる面に影響を与えた。のちに教育者となった女性として、祖母は自分が教わった多くのことを、また教わらなかった多くのことを恥じているという。

「わたしたちがもらった本はすべて、白人の学校からのおさがりだった」祖母は言った。「子どもたちの名前がすでに書いてあって、ページも破れてしまっていた。ある話を読んでいると、途中の何枚かがないの。わたしたちは本当にいろいろなことが手に入らなかった」

それでも、教師たちはそのような状況下でできる限りの教育を生徒に授けるために、最善を尽くしてくれたという。たとえば、みなの前で朗読しなければならない生徒のために、教科書をわざわざ手で書き写すことまでしてくれたそうだ。

州が認めた人種隔離政策の真っ只なかに生まれ、かつ奴隷制から解放されてわずか二世代後の祖母は、それ以降の世代に脈々と受け継がれていくこととなる美化されたアメリカ史を習わされたのだった。

「奴隷制について真実を知ったのは、学校を卒業して大学に入ってからだったわ。なんの情報もなかったんですもの」祖母は言った。「いま思いだそうとしているんだけれど……パッセージ――ほら、なんと言うんだったかしら?」

「ミドル・パッセージ?」わたしは答えた。

「そう、ミドル・パッセージ。そんなのは教科書にも載っていなかったわ。学校では、ミドル・パッセージについて何も教わらなかった」

祖母は、アフリカ大陸の人々に対する見方について自分がどう習ったかを申し訳なさそうに語った。彼らを示す風刺画が、アフリカ人を人間以下の存在に思わせるようにあからさまに描かれていたこと。それによって黒人アメリカ人が、あたかも自分たちは奴隷制によって先祖代々の故郷の後進性から救いだされたかのように感じさせられたこと。

「わたしたちは、とにかくアフリカ人はひどく悪い人たちだと(教えられた)」祖母の目に恥じらいがどっと押し寄せた。「彼らについて、ひとつもいいことを知らなかった。あの人たちは猿だと。木にぶらさがる猿だと。コンゴに住んでいたとか、野蛮人だとか、そんなことばかり。でも、いいことはひとつも習わなかった」

祖母は続けた。「わたしのなかで、そこはまるで別世界のような気がしてきて、アフリカの人々はみな悪い人になってしまった。習ったのはそれだけ。わたしたちもそのひとりだということ、そこからやってきたこと、自分たちでやってきたわけではないことなんて知る由もなかった。ここへはどうやって来た? 強制的に連れてこられたことは習わなかった。そういうことは教えてもらえなかった」

さらに祖母は言った。「みなとても深い恐怖を抱いていて、（中略）それで自分の居場所から出ないの。黒人としてどこにいるべきかわかっていた――自分では〝黒人〟という言葉を使っているけれど、わたしたちはニグロと呼ばれた。わたしたちはただ、できることとできないことがあると、自分たちに自由はないと知っていた。何かを成し遂げられるかもしれないという自由を感じられなかった。そのせいでわたしたちは――人間以下、とは言いたくはないけれど……」といったん言葉を切った。「昔は、本当に本当にひどい劣等感を抱えていたものよ」

こうした恐怖は、祖母の生活のあらゆる面に及んだ。祖母たちは南部の田舎に住んでいたため、移動手段がほとんどなく、その結果、ほとんどどこへ行くにも無事を祈りながら道を歩いていたという。

「別に襲ってくる動物が怖かったわけではないの。わたしたちが外を歩いているのを見て、人々が何をしてくるかと恐ろしかった。車が来るのが見えると、よく木立のなかに逃げ込んだわ」祖母やきょうだいたちが道を歩いているのを見られると、あからさまな暴力まではなくとも、言葉や身体的な嫌がらせを受けることはあった。スクールバスで学校に向かう白人の子どもたちに見つかったときも、彼らは窓をおろし、ものを投げつけながら罵詈雑言を浴びせてきたという。

「どんなものを投げてきたんです？」わたしは尋ねた。

「なんでもよ。オレンジとかリンゴとかを食べている最中なら、それを投げつけてきた。アイスクリームを持っていれば」祖母はため息まじりに言った。「それを投げつけてきた」

祖母は、子どもたちがこう叫んだのを覚えているという。「家へ帰れ、ニガー！　ここに用はないだろ」

祖母の恐怖心は、身近なあらゆるところに脅威があるという現実から生まれていた。「ラモントから南に五〇キロほどの場所にある（フロリダ州）ペリーは、リンチがさかんなことで有名でね」祖母の声は、文章の最後の言葉をいつも強調した。「大勢の人がいなくなった。どこへ行ったのかはわからないわ」

祖母は、奴隷制廃止直後に生まれた彼女の祖父から、リンチ集団の脅しを受けたときのことを聞いたという。

「どうしてだったかは覚えていないけれど、拉致されて縛りあげられたそうよ」そう祖母は回想した。「どこかの森に連れだされたの。目隠しをされて、外に連れだされて、ニガーだのなんだとの怒鳴られて、そして『今日おまえを殺してやる』と言われた。それでどうだったかしら。話してもらったと思うけれど、もう覚えていないわ。彼らはロープを持っていて、私刑の準備をしたのね。祖父は目隠しを外され、『死ぬ前の最後の望みはなんだ?』と訊かれた。『祈らせてほしい。ただ祈りたい』そう答えたそうよ。何を祈ったのか、神がどう動いてくださったのかわからないけれど、目を開けてあたりを見まわすと、誰もいなくなっていたんですって」

「全員いなくなっていた?」わたしは訊き返した。話がこんなふうに終わるとは想定していなかった。

「ええ、全員いなくなっていたの」祖母は答えた。「でも、そのあと祖父は森の外に出る方法を見つけなければならなかった。目隠しをされていたから、自分がどこにいるのかわからなかったのよ。結局、森から出る道を見つけるのに一日かかった」

この話が本当かどうかは難しいところだ。といっても、祖母の話の信憑性を疑うわけではない。そうしたことは実際によく起きていただろうし、あるいは、孫たちに身を守る警戒心を起こさせるために祖父が語って聞かせたつくり話だったかもしれない。そういうことがほかの人の身に起こっているのを見た。それは自分の身にも降りかかるかもしれない。おまえたちの身にも降りかかるかもしれない。誰にだって起こりうることなんだ、と彼は思っていたのではないだろうか。

時間が迫ってきていた。前に座っている祖母が、かつての幼い少女になったように見えた。わたしは、フロリダ北部の道路を歩いて家に帰る祖母の姿を想像した。靴の下から飛んでくる土で、足首がかすかに汚れていた。足元の割れた赤土から熱気があがり、道路沿いにずらりと咲く野の花が土にキスするかのように茎をしならせる。わたしには、本を片手に、自分を狙う子どもたちの目を必死で避ける祖母の姿が見えた。祖母はただ、ページの破れていない本がほしかっただけだ。バスの発着所で、犬のように外で用を足せばいいと思われずにトイレを使わせてほしかっただけだ。闇に消されるかもしれないという恐怖に駆られることなく外を歩きたかっただけだ。わたしはバスに乗った白人の子どもたちの顔を想像した。口のなかは暴力に満ち、唇を開くたびに無慈悲に顎が歪み、祖母の無言の降伏を期待して未熟な眉が持ちあがる。きっと、彼らのあいだには笑い声が連鎖していったに違いない。悪意に腹をめいっぱいふくらませて。わたしは、バスの片側からにょきっと突きだされた彼らの頭を想像した。ただ残酷な見世物として祖母に食べものを投げようと、半分開いた窓にしがみつく彼らの腕を想像した。この子どもたちも、こんなふうに誰かを憎むべく生まれついたわけではない。彼らは教えられたのだ。両親を見て、世界を見て、そうして見せられたのがこうしたことだったのだ。

会話の最後に、わたしは国立アフリカ系アメリカ人歴史文化博物館に行った感想を祖母に訊いてみた。

「見ていて本当につらかった。いまでも、人が互いにあんな残酷なことができるという事実をなかなか受け入れられずにいるわ。ただあまりに非道すぎて。奴隷制を見てみれば、そこには首に鎖を巻かれ、両手を縛られた人がいた。トイレにも行かせてもらえない。それが本当にあった現実。だから、すごくすごくつらかった」

「人種隔離に関する部分はどうでした?」とわたしは尋ねた。

「自分がそのなかを生きていた頃に引き戻されるような気がしたわ。『わたしはこのなかを生きていた』と何度もひとりつぶやいたわ。だから、わたしにとって何も新しいことはなかったわね。『まさか本当?』と思う人もいるでしょうけれど、ええ、あれは現実で、わたしはそのなかを生きていた」

祖母は続けた。「エメット・ティルが殺され、引きずりまわされたときのことも知っていたわ。あれはただただ恐ろしかった。(中略)暴動のことも火事のことも全部知っていたわ。だから、わたしにとって驚きは何もなかった。だって、そのなかを生きていたから」

「驚くのは、いまの若い世代の子たちすら(それを)信じられないということよ」祖母はさらに言った。「わたしたちがどうやって乗り越えてきたかを理解できないの。どうしてわたしたちがそのような扱いに甘んじていたのか?　学校で映像を見せると、子どもたちは『誰もぼくにそんなことしないよ。わたしにそんなことしないわ』、『まさか、自分ならそんなことしなかった』、『なんでみんな抵抗しなかったの?』と言う。わたしは内心思う。『ちょっと待って、抵抗した大勢の人たちの話もあるのよ。そのほとんどは教科書に載っていないけれど、たくさんの人がたしかに抵抗した。そして殺された。だからそれ以上話を聞けないの』と」

そして祖母はふたたび言った。「わたしはそのなかを生きていた」

ふたりのあいだに沈黙が立ち込め、わたしは祖母の言葉を繰り返し考えつづけた。わたしはそのなかを生きていた。わたしはそのなかを生きていた。その言葉は部屋じゅうに響き渡り、わたしたちを取り巻く重力となった。わたしの耳に忍び込み、そこに家を建てて住み着いた。わたしは、その気づきがまるで潮が満ちるように祖母のまわりに押し寄せるのをじっと見ていた。祖母の人生には、わたしがこの瞬間まで知らなかったことがこんなにもたくさんあったのだ。いまだに骨の髄まで染みついたつらい経験がこんなにもたくさんあったのだ。もしこうして一緒に座る機会がなかったら、これらの記憶は祖母と一緒に簡単に消え去っていたかもしれない。これらの物語は、砂時計の底に落ちた砂粒のままだったかもしれない。わたしは、いまの世界が昔とまるで変わったようで、同時にちっとも変わっていないことを思った。

わたしの祖父母にとって、博物館の展示は抽象概念ではなかった。それは、自分たちが経験したことは想像ではなかったと認めさせるものであり、あの時代の傷跡が決して自傷ではなかったことをつらくも思いださせてくれるものだった。祖母が「わたしはそのなかを生きていた」と言ったとき、わたしに聞こえたのはこの博物館は鏡なのという声だった。祖母が「わたしはそのなかを生きていた」と言ったとき、わたしに聞こえたのはこの記憶自体が展示なのという声だった。祖母が「わたしはそのなかを生きていた」と言ったとき、わたしに聞こえたのはこの国がわたしたちにしたことをいつまでも忘れないでという声だった。祖母が「わたしはそのなかを生きていた」と言ったとき、わたしに聞こえたのは抵抗しなかったのはわたしたちだと、彼らに決して言わせないでという声だった。祖母が「わたしはそのなかを生きていた」と言ったとき、わたしに聞こえたのはわたしは死ななかった。多くの人が死んでいくなか、わたしはどうにか生き抜いた。わたしが残酷の淵から逃れて生きてきたのは、この物語を伝えるためという声だった。祖母が「わたしはそのなかを生きていた」と言ったとき、わたしに聞こえたのはわたしはまだ生きているという声だった。

わたしの祖父母たちの物語は、わたしの遺産だ。そのひとつひとつがわたしの家宝だ。どの物語も、祖父の血管のなかにいまも流れるひとつの時代の記念碑だ。どの物語も、祖母の骨にいまも残る記念像だ。祖父母たちの声は、いまだわたしが訪問の仕方を学んでいる最中の博物館だ。ふたりとの会話は、わたしの時代にこそ必要な新しい展示だ。

この国の奴隷制や人種差別の歴史について考えるとき、人はその不たしかで曲がりくねった道を考慮せずに、いかに進歩という概念にすぐさま飛びついてしまうことか。わたしは、自分たちが目にするあらゆるものを形づくってきた数十年にわたる人種差別の暴力について考えるなかで、ときおり、それが自分のすぐ身近な人々にも影響しているという事実を忘れてしまっていることにふと気づく。リトルロック高校の黒人生徒九人［一九五四年の人種分離教育の撤廃に伴い、一九五七年にアーカンソー州リトルロックの高校で黒人九人が入学予定となったが、知事がこれを阻止しようとしたことをきっかけに大騒動となった］に唾を吐きかけた人々がまだ大勢生きていることを忘れてしまう。キング牧師に石を投げつけた人々の多くがいまでも選挙で投票していることを忘れてしまう。もしあのとき状況の恣意的性質が働いていなければ、エメット・ティルに起こったようなことが、わたしの祖父にも起こっていたかもしれないということを忘れてしまう。わたしの祖母に食べものを投げつけ、ニガーと呼んだ子どもたちが、いま頃自分の曾孫を膝の上で弾ませているかもしれないということも。祖父のいた町でひとりの男性を私刑にした人々に、同じ憎しみを受け継いだ子どもたちが生まれているかもしれないということも。国立アフリカ系アメリカ人歴史文化博物館の正式オープンの際にオバマ夫妻の隣に立っていた女性が、奴隷制のなかで生まれた男性の娘だったことも。わたしの祖父の祖父は奴隷制のなかで生まれ、わたしの祖母の祖父はその境目に生まれた。わたしたちは、最も非道な人種差別的暴力の数々がはるか昔に起こったことだと自分たちに言い聞かせている。だが、実はさほど昔のことでもないのだ。二一世紀の人々の感性に衝撃を与えるこれらの画像や映像には、いまもわたしたちの周囲にいる人々がたくさん映っている。奴隷制のなかで生まれた人々を知り、抱きしめ、愛した人々がいまも生きているのだ。

わたしは進歩という言葉を理解しないわけではない。ただ、いまだ続々と明らかになる犯罪を説明するための言葉を全部はまだ持ちあわせていないと自覚しているだけだ。とはいえ、祖父母と一緒に彼らが目撃した体系的かつ対個人的暴力――つまり、彼らを殴る手とそれを容認した法律――を記録した博物館で一日過ごしてみてわかったことがある。人種差別の最も露骨だった数々の事象が、この宇宙の長い孤のなかのほんの少し前に起きていたということ。

奴隷制の歴史は、アメリカ合衆国の歴史だ。奴隷制は、アメリカ建国の周辺ではなく中心にあった。わたしたちの現代社会に無関係なものではなく、その根源だった。奴隷制の歴史は、わたしたちの土壌のなかに、政策のなかに、そしてもちろん、わたしたちの記憶のなかにある。

アメリカ全土、そして海外のいたるところに、人間を奴隷にした物語と切っても切り離せない歴史を持った場所がある。そのうちの多くが、そうした歴史との関係に真正面から向きあい、見直しを図っている。そうでない場所もたくさんある。しかし、この国が一丸となって前に進むには、このような歴史に誠実な場所が、それをないがしろにするほかの場所に囲まれて点在しているだけでは不充分だ。奴隷制の物語と、それが今日の世界をどう形づくってきたかを学び、向きあうために一丸となって努力することが必要なのだ。

わたしたちはさまざまなところから奴隷制の歴史を学ぶことができる。奴隷制のあらゆる証拠を何世代にもわたり発掘してきた学者たちから。奴隷にされていた人々が残した物語や体験談の実際の声から。目の前の現実を理解するための言葉を社会に与えようと尽力してきたパブリック・ヒストリアンたちから。鎖につながれていた人々の子孫たちから、その家族のあいだで代々受け継がれてきた物語から。神話化の誘惑を拒み、この国の誕生についての正直で包括的な物語を伝えることを第一に掲げる博物館から。数世紀に及ぶ嘘に立ち向かい、生徒たちのために真実を中心に据えた教育現場をつくってきた教師たちから。それが起こった土地に立つことから――その土地を思いだすことから、その土地を記憶に刻むことから、そこで起こった事実を忘れさせないことから。家族の話に耳を傾けることから、年長者たちと腰を据えて会話し、彼らが見てきたすべてのものにしっかりと目を向けることから。

いつしか、わたしたちがこの歴史を学べるかどうかはもはや問題ではなくなり、その歴史を反省する集団的意思を持てるかどうかが問われるようになるのだ。

このプロジェクトについて

この本で最も難しかったのは、どの場所を掲載するかの判断だった。訪問候補地は何千とあった。というのも、奴隷制の物語は国内外の隅々に刻み込まれているからだ。実際に訪問したものの、この本に載せられなかった場所もたくさんある。だが、ひとつひとつの訪問で得た情報が、本書に登場する場所についての書き方に活かされている。この本に書かれた場所を訪れる人それぞれが、わたしとは異なる経験をするであろうことは重々承知している。そのため、本書をこれらの場所の決定的な説明にするつもりはいっさいない。本書は、ある特定の時期にそれぞれの場所でわたし個人が経験したこと、関心を持ったこと、疑問に感じたことを反映したものである。

大学院ではおもに社会学者から指導を受けたが、その学問においては、研究対象と関わる自己の立場性への関心と追及が求められる。したがって、わたしはこれら各地での自身の経験や、本書に登場する人々との対話が、わたしのアイデンティティのさまざまな部分と結びついていることを認識している。すなわち、黒人であること、南部で生まれ育ったこと、シスジェンダーの男性であること、本書を執筆し発表する時点でアイビーリーグの大学の博士課程に在籍する学生であること。これらひとつひとつの事実が、初めて出会う一般の方、学者、ツアーガイド、博物館職員とわたしとの交流の仕方を形成し、変化させる力学を生みだしているのであり、そのため、異なる人種的、地理的、教育的背景を持つ人が各地に赴けば、当然わたしとは異なる経験をすることになるだろう。本書全体を通して、もし自分が黒人でなかったらツアーや会話がどう違っていただろうかと考える場面が何度もあった。とくに、自分以外に黒人がいない状況では、そう感じることが多かった。もしツアーの参加者が全員白人でも、まったく同じ内容だっただろうか？　違う言葉が使われただろうか？　構成も違ったのでは？　わたしがいることで、どういったことが話に追加され、あるいは省かれただろうか？

また、資料についてもひとこと申し添えておきたい。本書では、連邦作家計画の一環として集められた元奴隷たちのインタビューを使用した。囚われの身として生きるとはどんなものだったかを回想する彼ら本人の声を直接聞くことに価値があると思ったからだ。わたしはこうした体験談を、そのテキストには難点もあると充分に認識したうえで使用した。アメリカ議会図書館は次のように注意喚起している。「情報提供者のなかには、インタビュアーを自分の経済的苦境をどうにか助けてくれる政府代理と勘違いして、相手の機嫌を取るために、質問にお世辞や計算した誇張で答える人もいた」[1] そのあと、こう続いている。「したがって、元奴隷たちが奴隷制時代の経験を正確かつ正直に語っていたかどうかは不明である。ほかにも、奴隷たちの体験談を使用することをめぐって大きな問題点がふたつある。第一に、インタビュアーが情報提供者から率直な回答を引きだせていたかどうか。第二に、情報提供者が語った内容が正確に記録されていたかどうか」

さらに、インタビュアーに白人が多かったことが情報提供者の回答にどう影響したか、またインタビュアーがどのくらい正確に会話を文字に起こしたかについても、歴史家は疑問を持ちつづけている。最終的にわたしがこれらの体験談を使用すると決めたのは、奴隷にされた人々の視点を理解する出発点として貴重な資料であることに変わりはないと考えたからだ。これについては学者のサイディヤ・V・ハートマンが最も適切に言い当ててくれているだろう。

どのようにこれらの資料を使えばいいか？　せいぜい、こうした興味深くも、選択的で断片的な話から歴史全体を再構築することはできないという認識と、解釈者とは介入的役割であること、同様に歴史の改訂とは利害を持った作業であること、そして現在の関心に影響されずに過去を再構築することは不可能であるという理解があれば充分ではないだろうか。こうしたあらゆる条件にもかかわらず、これらの話は奴隷制やその後の日常を理解するうえでの重要な資料であることに変わりはない。（中略）わたしは、奴隷たちの経験を完全に再構築することはできないという認識を保ちつつ、奴隷制時代および南北戦争後の黒人の生活を少しでも垣間見ることができればという思いでこれらの資料を読んだ。[2]

わたしがこの本を書きたいと思ったのには、ワシントンＤＣ郊外のメリーランド州プリンスジョージズ郡で高校教師をしていたときの経験が大きく関係している。わたしは英語の教師だったが、自分たちが読む教科書にどうアプローチすべきか、生徒たちの生活の社会的現実をどう理解すればよいかを教えてくれたのは歴史だった。わたしは教師になって初めて、奴隷制からジム・クロウ法による人種隔離政策、さらに大量投獄などにいたるまで、この国の歴史が生徒たちのコミュニティのいまの状況をどう形づくってきたのかを本格的に説明するようになった。もう一〇年前のことになるが、自分の人生を周囲の世界との関係のなかで理解するにはどうしたらよいかと生徒たちと交わしたこうした会話が、この本の最初の閃きになったのだといまでは思う。わたしは、あのとき彼らに教えることができていればと思うような内容を本にしたつもりだ。彼らが自分たちを誇りに思ってくれることを願う。

この本が実現できたのは、まず何より、奴隷制の記憶を絶やさないために懸命に活動しているパブリック・ヒストリアン、ツアーガイド、子孫、活動家、学芸員、教育者の方々のおかげだ。彼らが本当に惜しみなく時間を割いてくれたおかげで、わたしはその活動について聞き、観察し、質問する機会を得られ、非常に多くのことを学ばせてもらえた。

編集担当のヴァネッサ・モブリーは、作家が自分もできればと夢見るだけの厳密さと意図を持ってすべてのページ、行、単語を精査してくれた。わたしたちのどちらも、世界的パンデミックのさなかにこの本を編集することになるとは予想もしていなかったが、そのような不運な状況でも、ヴァネッサの不屈の労働意欲と鋭い観察眼がこの本を最高のものにしあげてくれた。わたしたちはZoom上で数えきれないほどの時間を費やし、どこがうまくいっているか、どこがだめか、どこをもっと練るべきかを繰り返し検討した。そのたびにヴァネッサは本書をより説得力のあるものに、文章をより明快なものにしてくれた。

エージェントのアリア・ハンナ・ハビーブは、わたしの執筆作業を根気強く支持してくれ、企画から出版までのすべての段階でこの本の品質を第一に考えてくれた。アリアは、わたしが本についてただ気さくに語りあえる大好きな人のひとりでもある。彼女が、そしてガーナート・カンパニーのチーム全員が味方でいてくれたことを幸運に思う。

奴隷制について考え、執筆し、研究することに人生を費やしてきた歴史家たちにはたいへんお世話になった。この本のリサーチ段階で、わたしは彼らの研究に没頭するという名誉な機会に恵まれ、そして飽きることなく永遠に調べていられた。なかでも、アネット・ゴードン=リード、ダイナ・ラミー・ベリー、レスリー・ハリス、ウォルター・ジョンソン、ケヴィン・レヴィンに感謝を伝えたい。この本の草稿を読んでくれ、（Zoomで）原稿についての講義をしてくれたご恩は一生忘れない。これ以上ない生産的なフィードバックをしてもらったことで、この本をより強固に、よりニュアンス豊かに、より正確にしあげることができた。

執筆のさまざまな段階で原稿の一部、ときには全部に目を通してくれたエリザベス・アセヴェド、サフィア・エルヒロ、イヴ・L・ユーイング、サラ・ケイ、バン・R・ニューカーク二世、ベン・ウェバー、タルモン・スミスにも感謝している。彼らの洞察力、質問、コメント、惜しみない協力は計り知れないほど助けになった。

素晴らしいファクトチェック担当のナオミ・シャープにも感謝を。彼女がさまざまな情報をつかみ、明らかにし、訂正するのを手伝ってくれたおかげで、このプロジェクト全体がぐっと引き締まり、たしかな裏づけのあるものになった。この本とわたしの生活をつねに整理整頓してくれた、リサーチ・アシスタントのデシャン・ウェバーにも感謝している。

マイケル・テッケンズ、ホイットニー・ピーリング、レナ・リトル、パメラ・ブラウン、クレイグ・ヤング、そのほかこの本を読者の手に届けるために尽力してくれたリトル・ブラウン・アンド・カンパニーの全員に感謝を。

このプロジェクトを完遂させるための資金、空間、時間を提供してくれた〈ニュー・アメリカ〉、〈エマーソン・コレクティブ〉、〈アート・フォー・ジャスティス・ファンド〉にも感謝を。

長年のあいだ、わたしをより思慮深い作家に、よりよい人間に導いてくれた『アトランティック』誌、ハーヴァード大学、〈カウェー・カネム財団〉の同僚たちにも感謝を。

わたしの両親、シェリルとクリント・ジュニアへ。わたしがすることすべてをサポートしてくれてありがとう。ふたりとも心から愛している。きょうだいのジェスとタルへ。ふたりが友だちとも家族とも思える存在でいてくれて、自分は幸運だと思う。アリソンおばさんへ。いつもわたしの味方でいてくれてありがとう。

祖父のウィリアムと祖母のフランシスへ。一緒に座り、話を聞かせてくれてありがとう。それぞれの人生のなかで、ふたりがこの世界の変化をどれだけたくさん目撃してきたのだろうと考えると、驚くべきことだと思う。同時に、世界が必要なほどだいして変わっていないことを考えると、これまた驚いてしまう。ふたりが曾孫——わたしの子どもたち——と一緒にいるところを見るのは、わたしにとって何よりの喜びだ。ふたりの伴侶であるレアトリスとクリント・シニアにも、子どもたちに会ってもらいたかった。彼らが残してくれた遺産に感謝している。

子どもたちへ。わたしのすること、見ることすべてのなかにおまえたちがいる。おまえたちひとりひとりが、わたしの人生をよりいっそう充実したものにしてくれている。その気持ちは日に日に大きくなるばかりだ。

アリエル。なんと言ったらいいだろう? きみの愛に、きみのサポートに、きみの信念に、きみの笑い声に、きみのやさしさに、ありがとうと言わせてほしい。この原稿を最初に読んでくれて、感想を言ってくれたことに感謝する。きみの聡明さが、この本をさらに素晴らしいものにしてくれた。そして、きみの愛のおかげでわたしの人生はますます豊かなものになっている。

訳者あとがき

近年、日本でも〝ブラック・ライヴズ・マター（黒人の命は大切）〟や、〝多様性〟といった言葉が世間一般にもかなり浸透してきた印象があります。前者についてはテニスの大坂なおみ選手が声をあげたこと、後者については東京オリンピック・パラリンピックの時期にメディアで多用されたことなど、多くの日本人の関心と深くリンクしたことが少なからず影響にあったように思います。わたし自身、数年前からそうした言葉の重みが増してきていると知識としては知りつつも、それまではどこか抽象的な概念としてしか認識できていませんでした。しかし、先に挙げた例のように、自分の関心とリンクしたとき、それらの語が抱える問題を自分にも関係あるものとして強く意識するようになりました。本書にも、件の問題を個人のアイデンティティとの関係にぐっと引き寄せる力があるように感じます。ここで取りあげられているアメリカの奴隷制の歴史は、現代の日本に生きる読者のみなさまには時間的にも物理的にも遠い物語で、当事者のように共感を持って考えることはなかなか難しいかもしれません。それでも同じ世界に住む人間として、その歴史からつながる現代に生きるひとりとして、改めて自分を取り巻く周囲を見直してみると、自分の育ってきた背景にも、日々のニュースのなかにも、毎日出会う景色にも、差別の歴史へとつながる事象がたくさん溢れていることに気がつきます。本書を読むと、自分も間違いなくこうした物語の一部であるという実感が強く湧いてくるはずです。

そう思わせてくれるのも、第一に著者スミス氏が極めて個人的な問題に落とし込みつつ、こうした歴史との向きあい方を提示してくれているからではないでしょうか。本書では、話を聞いた人々の生い立ちやその日の格好、髪型、表情などが細やかに描写されています。そこからは、語る側の姿勢や、そう語る理由を汲み取ろうとする著者の信念がひしひしと伝わってきます。なかには相容れない考えを持つ人も登場しますが、彼らの思想の根にあるものから理解したいという著者の思いは変わらず、そこに生まれる腑に落ちない感覚に深く向きあうことで、自身の考えをさらに確固たるものにしていく過程が丁寧に説明されています。本書は、歴史と向きあい、人と社会と向きあうには、誰がどの立場からどのような形で伝えようとしているのか、またそれを誰がどの立場からどのような気持ちで受け止めようとするのか、双方への理解がいかに重要かを教えてくれます。

とはいえ、本書は奴隷制や人種差別を順を追って概説した難解な歴史書ではありません。一見すると、観光地のガイドブックにも思えるほどの手軽さがあります。そのなかで奴隷制の歴史と深く結びついた各所の美しくも痛ましい情景をありありと浮かびあがらせる筆致は、詩人としても活躍するスミス氏ならではの見事な手腕と言えるでしょう。本書は『ニューヨーク・タイムズ』紙のベストセラー入りを果たし、全米図書賞のロングリスト作品に選出されました。まさに空の下に開かれた本のように、多くの人が身近に感じることのできる歴史を具現化しています。また、スミス氏はTwitter、Facebook、InstagramなどのSNSを活用し、起こった歴史から時間的・地理的に遠い人々へもアクセシブルな情報を発信しつづけています。今回、邦訳させていただくにあたり、彼の目指す開かれた歴史を伝える一助になれたことを光栄に思います。
著者スミス氏は、自身のアイデンティティがあってこその本書であることを強く念押ししています。この訳書を手に取られる読者のみなさまも、多様なアイデンティティを抱えて生きているかと思います。それぞれが自身を形成するさまざまな要素と本書とを結びつけながら、新たな視点で差別や奴隷制の歴史をどう紡いでいったらよいか、そして全世界の多様性の未来への諸問題とどう向きあっていけばよいかを考えるきっかけにしていただければ幸いです。

二〇二二年一月

風早さとみ

注

はしがき

1: このリストは、Native-Land.ca の先住民族の領土の地図をもとに、歴史家や先住民族の研究者と協議して作成された。

プロローグ

1: Take 'Em Down NOLA website, September 28, 2016, http://takeemdownnola.org/updates.

2: Marc Parry, "How Should We Memorialize Slavery?," Chronicle Review, *Chronicle of Higher Education,* August 29, 2017.

モンティチェロ・プランテーション

1: "Slavery at Monticello," The Jefferson Monticello website, accessed August 12, 2018, https://www.monticello.org/slavery/.

2: Lucia Stanton, *"Those Who Labor for My Happiness": Slavery at Thomas Jefferson's Monticello* (Charlottesville: Univ. of Virginia Press, 2012), 106.

3: "Paradox of Liberty: Enslaved Families of Monticello," The Jefferson Monticello website, accessed October 23, 2020, https://www.monticello.org/slavery-at-monticello/enslaved-families-monticello.

4: "Paradox of Liberty: Enslaved Families of Monticello," https://www.monticello.org/slavery-at-monticello/enslaved-families-monticello.

5: Walter Johnson, *Soul by Soul: Life Inside the Antebellum Slave Market* (Cambridge, MA: Harvard Univ. Press, 2001), 19.

6: Edward Bonekemper in "The Myth of the Lost Cause: Revealing the Truth About the Civil War," posted by The Film Archive, November 10, 2018, YouTube video, 1:57:23 (Bonekemper at 15:51), https://www.youtube.com/watch?v=EbEjmEyHf8U.

7: Henry Bibb, *Narrative of the Life and Adventures of Henry Bibb, An American Slave, Written by Himself* (Madison: Univ. of Wisconsin Press, 2001), 202–3.

8: Stanton, *"Those Who Labor for My Happiness."*

9: Stanton, *"Those Who Labor for My Happiness,"* 67.

10: Lucia Stanton, "The Enslaved Family at Monticello: Management and Response" (speech given at Omohundro Institute of Early American History and Culture [OIEAHC] Conference, Glasgow, Scotland, July 2001).

11: Stanton, *"Those Who Labor for My Happiness."*

12: Stanton, *"Those Who Labor for My Happiness,"* 65.

13: Stanton, *"Those Who Labor for My Happiness,"* 65.

14: "James Hubbard," The Jefferson Monticello website, accessed August 20, 2018, https://www.monticello.org/site/research-and-collections/james-hubbard.

15: Annette Gordon-Reed, *The Hemingses of Monticello: An American Family* (New York: W. W. Norton, 2008), 113.

16: Thomas Jefferson, *Notes on the State of Virginia* (Boston: Wells and Lilly, 1829), 169–70.（T・ジェファソン『ヴァジニア覚書』中屋健一訳、岩波書店、1972年より引用）

17: "From Thomas Jefferson to Nicholas Lewis, 29 July 1787," Founders Online, National Archives, https://founders.archives.gov/documents/Jefferson/01-11-02-0564.

18: Winthrop D. Jordan, *White over Black: American Attitudes Toward the Negro, 1550–1812* (Chapel Hill: Univ. of North

Carolina Press, 2012), 453.
19: Jordan, *White over Black,* 522.
20: "From Thomas Jefferson to Jared Sparks, 4 February 1824," Founders Online, National Archives, https://founders.archives.gov/documents/Jefferson/98-01-02-4020.
21: "From Thomas Jefferson to Jared Sparks, 4 February 1824," https://founders.archives.gov/documents/Jefferson/98-01-02-4020.
22: "Thomas Jefferson to Edward Coles, 25 August 1814," Founders Online, National Archives, https://founders.archives.gov /? q= % 22I % 20have % 20seen % 20no%20proposition % 20so%20expedient%22&s=1111311111&sa=&r=1&sr=.
23: William Cohen. "Thomas Jefferson and the Problem of Slavery," *Journal of American History* 53, no. 56 (1969): 503–26.
24: Michael Tadman, "The Demographic Cost of Sugar: Debates on Slave Societies and Natural Increase in the Americas," *American Historical Review* 105, no. 5 (2000): 1533–75. Quoted in C. Vann Woodward, *American Counterpoint: Slavery and Racism in the North-South Dialogue* (New York: Oxford Univ. Press, 1983). 91.
25: C. Vann Woodward, *American Counterpoint: Slavery and Racism in the North-South Dialogue* (New York: Oxford Univ. Press, 1983). 91.
26: Joan Brodsky Schur, "Eli Whitney's Patent for the Cotton Gin," Educator Resources, National Archives, last modified September 23, 2016, https://www.archives.gov/education/lessons/cotton-gin-patent.
27: Cohen, "Thomas Jefferson and the Problem of Slavery."
28: Stanton, *"Those Who Labor for My Hap*piness," 57.
29: Jefferson, *Notes on the State of Virginia,* 150.（『ヴァジニア覚書』前掲より引用）
30: Jefferson, *Notes on the State of Virginia,* 147.（前掲書より引用）
31: "Appendix H: Sally Hemings and Her Children," The Jefferson Monticello website, accessed October 23, 2020, https://www.monticello.org/thomas-jefferson/jefferson-slavery/thomas-jefferson-and-sally-hemings-a-brief-account/research-report-on-jefferson-and-hemings/appendix-h-sally-hemings-and-her-children/.
32: Annette Gordon-Reed, *Thomas Jefferson and Sally Hemings: An American Controversy* (Charlottesville: Univ. of Virginia Press, 1997), 75.
33: Gordon-Reed, *The Hemingses of Monticello.*
34: "Madison Hemings's Recollections Published as 'Life Among the Lowly' in the *Pike County Republican,*" Jefferson Quotes & Family Letters, The Jefferson Monticello website, accessed October 23, 2020, http://tjrs.monticello.org/letter/1849.
35: Gordon-Reed, *The Hemingses of Monticello,* 87–88.
36: Gordon-Reed, *Thomas Jefferson and Sally Hemings,* 8.
37: Gordon-Reed, *Thomas Jefferson and Sally Hemings,* 11.
38: William Branigan, "A Branch on Jefferson's Tree?," *Washington Post,* January 3, 2000, https://www.washingtonpost.com/archive/local/2000/01/03/a-branch-on-jeffersons-tree/29c7aebb-830a-4d70-9c11-a66c375ab834/.
39: M. Andrew Holowchak and Vivienne Kelley, "Monticello Claims to Have Found Sally Hemings's Room. Is This True?," History News Network, Columbian College of Arts & Sciences, George Washington University, accessed November 2, 2018, https://historynewsnetwork.org/article/168841.
40: Personal correspondence with the Thomas Jefferson Foundation.
41: Terry Tilman, *Memoirs of a Monticello Hostess,* collection of handwritten notes,

Thomas Jefferson Foundation Archives, accessed May 19, 2019, folder 65, item 1, TJF Visitation 110–13.

ホイットニー・プランテーション

1: Daniel Rasmussen, *American Uprising: The Untold Story of America's Largest Slave Revolt* (New York: Harper Perennial, 2012).

2: Rasmussen, *American Uprising,* 17.

3: Philippe R. Girard, *The Slaves Who Defeated Napoleon* (Tuscaloosa: Univ. of Alabama Press, 2011), 343.

4: "To James Madison from William C. C. Claiborne, 12 July 1804 (Abstract)," Founders Online, National Archives, https://founders.archives.gov/documents/Madison/02-07-02-0446.

5: David Brion Davis, *Inhuman Bondage: The Rise and Fall of Slavery in the New World* (New York: Oxford Univ. Press, 2008), 270.

6: Rasmussen, *American Uprising*.

7: Rasmussen, *American Uprising,* 148.

8: Rasmussen, *American Uprising,* 148–49.

9: "Address of George Williamson, Commissioner from Louisiana, to the Texas Secession Convention," Causes of the Civil War website, last modified June 8, 2017, accessed October 23, 2020, http://www.civilwarcauses.org/gwill.htm.

10: Ibrahima Seck, *Bouki Fait Gombo: A History of the Slave Community of Habitation Haydel (Whitney Plantation) Louisiana, 1750–1860* (New Orleans: UNO Press, 2015), chap. 4.

11: US National Archives and Records Administration, *Records of the Field Offices for the State of Louisiana, Bureau of Refugees, Freeman, and Abandoned Lands, 1863–1872* (Washington, DC: US Congress and National Archives and Records Administration, 2004).

12: Seck, *Bouki Fait Gombo*.

13: United States Census Bureau, "Wallace Louisiana Decennial Census 2010: Race," table P8, accessed October 23, 2020, https://data.census.gov/cedsci/table?q=Wallace%20louisiana%20decennial%20census%202010&tid=DECENNIALSF12010.P8&hidePreview=false.

14: Antonia Juhasz, "Louisiana's 'Cancer Alley' Is Getting Even More Toxic — but Residents Are Fighting Back," *Rolling Stone,* October 30, 2019.

15: Mimi Read, "New Orleans Lawyer Transforms Whitney Plantation into Powerful Slavery Museum," NOLA.com, October 14, 2014.

16: Jessica Marie Johnson, "Time, Space, and Memory at Whitney Plantation," *Black Perspectives* (blog), African American Intellectual History Society, March 14, 2015.

17: United States Census Bureau, *1860 Census: Population of the United States,* "Introduction," vii, xlviii, https://www2.census.gov/library/publications/decennial/1860/population/1860a-02.pdf.

18: Francis Fedric, *Slave Life in Virginia and Kentucky; or, Fifty Years of Slavery in the Southern States of America,* Documenting the American South, Academic Affairs Library, University of North Carolina at Chapel Hill, 1999, 7–8, accessed October 23, 2020, https://docsouth.unc.edu/neh/fedric/fedric.html.

19: Kenneth F. Kiple and Virginia H. Kiple, "Slave Child Mortality: Some Nutritional Answers to a Perennial Puzzle," *Journal of Social History* 10, no. 3 (1977): 284–309.

20: Walter Johnson, *River of Dark Dreams: Slavery and Empire in the Cotton Kingdom* (Cambridge, MA: Harvard Univ. Press, 2013), 192.

21: "Born in Slavery: Slave Narratives from the Federal Writers' Project, 1936

to 1938," 米国議会図書館、2019年3月4日アクセス、https://www.loc.gov/collections/slave-narratives-from-the-federal-writers-project-1936-to-1938 /articles-and-essays /introduction-to-the-wpa-slave-narratives/slave-narratives-from-slavery-to-the-great-depression/.

22: David Eltis, Stephen Behrendt, David Richardson, and Herbert S. Klein, *The Trans-Atlantic Slave Trade: A Database on CD-ROM* (New York: Cambridge Univ. Press, 1999); and Michael A. Gomez, *Black Crescent: The Experience and Legacy of African Muslims in America* (New York: Cambridge Univ. Press, 2005).

23: "Slavery in Louisiana," Whitney Plantation website, accessed March 7, 2019, http://whitneyplantation.com/slavery-in-louisiana.html.

24: Rasmussen, *American Uprising*.

25: Walter Johnson, "To Remake the World: Slavery, Racial Capitalism, and Justice," *Boston Review,* February 20, 2018.

26: Daina Ramey Berry, "Beyond the Slave Trade, the Cadaver Trade," *New York Times,* February 3, 2018.

27: James Roberts, "The Narrative of James Roberts, a Soldier Under Gen. Washington in the Revolutionary War, and Under Gen. Jackson at the Battle of New Orleans, in the War of 1812: 'A Battle Which Cost Me a Limb, Some Blood, and Almost My Life,' " Documenting the American South, Academic Affairs Library, University of North Carolina at Chapel Hill, 2001, 26, accessed April 18, 2019, https://docsouth.unc.edu/neh/roberts/roberts.html.

28: Ulrich Bonnell Phillips, *American Negro Slavery: A Survey of the Supply, Employment and Control of Negro Labor as Determined by the Plantation Régime* (New York: D. Appleton, 1918), 343.

29: Drew Gilpin Faust, "The Scholar Who Shaped History," review of *The Problem of Slavery in the Age of Emancipation,* by David Brion Davis, *New York Review of Books,* March 20, 2014.

アンゴラ刑務所

1: Thomas Aiello, email message to author, October 12, 2020.

2: Shane Bauer, *American Prison: A Reporter's Undercover Journey into the Business of Punishment* (New York: Penguin, 2018), 129.

3: Shane Bauer, "The Origins of Prison Slavery," *Slate,*October 2, 2018.

4: Hon. Thomas J. Semmes, chairman of the Committee on the Judiciary, in *Official Journal of the Proceedings of the Constitutional Convention of the State of Louisiana, Held in New Orleans, Tuesday, February 8, 1898, and Calendar, by Authority* (New Orleans: H. J. Hearsey, 1898), 374.

5: Jenny Jarvie, "In Louisiana, a Fight to End Jim Crow–Era Jury Law Is on the Ballot," *Los Angeles Times,* September 12, 2018.

6: Richard Davis, Meredith Angelson, Jee Park, Innocence Project New Orleans, and Counsel for *Amicus Curiae, Brief for Amicus Curiae Innocence Project New Orleans in Support of Thedrick Edwards,* Thedrick Edwards v. Darrel Vannoy, Warden, US Court of Appeals for the Fifth Circuit, No. 19-5807, p. 3, https://www.supremecourt.gov/DocketPDF/19/19-5807 /148364/20200722123734456_Edwards%20v%20Vannoy%20No%20195807%20IPNO%20Amicus%20FINAL.pdf.

7: Dennis Childs, *Slaves of the State: Black Incarceration from the Chain Gang to the Penitentiary* (Minneapolis: Univ. of Minnesota Press, 2015), chap. 3, Kindle.

8: Childs, *Slaves of the State*.

9: Edward E. Baptist, *The Half Has Never Been Told: Slavery and the Making of American Capitalism* (New York: Basic Books, 2016), 360; and Bauer, "The Origins of Prison Slavery."

10: W. E. B. Du Bois, *Black Re*construction in America: An Essay Toward a History of the Part Which Black Folk Played in the Attempt *to Reconstruct Democracy in America, 1860–1880* (New York: Oxford Univ. Press, 2007), 585.

11: Louisiana Works Progress Administration, *History and Description of the Angola State Prison Farms in 1901* (New Orleans: Daily States, 1901), 8.

12: Childs, *Slaves of the State,* 117.

13: Liam Kennedy, " 'Today They Kill with the Chair Instead of the Tree': Forgetting and Remembering Slavery at a Plantation Prison," *Theoretical Criminology* 21, no. 2 (2017): 142–43.

14: Kennedy, " 'Today They Kill with the Chair,' " 143.

15: Kennedy, " 'Today They Kill with the Chair,' " 143.

16: Childs, *Slaves of the State,* 97.

17: Kennedy, " 'Today They Kill with the Chair,' " 142.

18: "Strike Breaks Out at Angola Prison as Momentum Builds for National Prison Strike," It's Going Down website, May 10, 2018, https://itsgoingdown.org/strike-breaks-out-at-angola-prison-as-momentum-builds-for-national-prison-strike/.

19: Albert Woodfox, *Solitary* (New York: Grove Press, 2019), loc 715, Kindle.

20: Billy W. Sinclair and Jodie Sinclair, *A Life in the Balance: The Billy Wayne Sinclair Story* (New York: Arcade, 2012), 51.

21: Gilbert King, *The Execution of Willie Francis: Race, Murder, and the Search for Justice in the American South* (New York: Basic Books, 2008).

22: Willie Francis (as told to Samuel Montgomery), "My Trip to the Chair," in *Demands of the Dead: Executions, Storytelling, and Activism in the United States,* ed. Katy Ryan (Iowa City: Univ. of Iowa Press, 2012), 40.

23: King, *The Execution of Willie Francis*.

24: Francis, "My Trip to the Chair," in *Demands of the Dead,* 41.

25: King, *The Execution of Willie Francis*.

26: Francis, "My Trip to the Chair," in *Demands of the Dead,* 33.

27: Francis, "My Trip to the Chair," in *Demands of the Dead,* 36.

28: Deborah Fins, *Death Row U.S.A.: Spring 2020* (New York: NAACP Legal Defense and Educational Fund 2020), 50, https://www.naacpldf.org/wp-content/uploads/DRUSASpring2020.pdf.

29: Samuel R. Gross, Barbara O'Brien, Chen Hu, and Edward H. Kennedy, "Rate of False Conviction of Criminal Defendants Who Are Sentenced to Death," *PNAS* 111, no. 20 (2014): 7230–35.

30: *Ball, Code, and Magee v. LeBlanc, Cain, Norwood, and the Louisiana Dept. of Public Safety and Corrections,* Civil Action No. 13.368, Statement of Claim, June 10, 2013, https://www.clearinghouse.net/chDocs/public/PC-LA-0014-0001.pdf.

31: Michael Kunzelman, "Court Overturns Heat-Index Limit on Louisiana's Death Row," Associated Press, February 1, 2018.

32: The Marshall Project, "Marcus Hamilton v Warden of Angola," July 21, 2017, https://www.themarshallproject.org/documents/3899095-Marcus-Hamilton-v-Warden-of-Angola.

33: James Ridgeway and Jean Casella, "Wilbert Rideau on Solitary Confinement: 'The Zenith in Human Cruelty,' " *Solitary Watch*, December 18, 2010.

34: Marshall Project, "Marcus Hamilton v Warden of Angola," https://www.themarshallproject.org/documents/3899095-Mar-

cus-Hamilton-v-Warden-of-Angola.
35: Julia O'Donoghue, "Louisiana Tests Relaxed Restrictions on Death Row Inmates," NOLA.com, October 26, 2017.

ブランドフォード墓地

1: Robert E. Lee, *Republican Vindicator,* September 3, 1869.
2: "Letter from Robert E. Lee to Mary Randolph Custis Lee (December 27, 1856)," *Encyclopedia Virginia,* Virginia Humanities, last modified February 1, 2018, https://www.encyclopediavirginia.org/Letter_from_Robert_E_Lee_to_Mary_Randolph_Custis_Lee_December_27_1856.
3: Adam Serwer, "The Myth of the Kindly General Lee," *The Atlantic,* June 4, 2017.
4: John W. Blassingame, *Slave Testi*mony: Two Centuries of Letters, Speeches, Interviews, and Autobiographies (Baton Rouge: Louisiana State Univ. Press, 1977), 467.
5: Kevin M. Levin, *Remembering the Battle of the Crater: War as Murder* (Lexington: Univ. Press of Kentucky, 2012), 27–31.
6: Levin, *Remembering the Battle of the Crater,* 28–29.
7: Levin, *Remembering the Battle of the Crater,* 31.
8: "Gen. Rosecrans and Gen. R. E. Lee," copy of text of letter dated August 26, 1868, and published in the *Staunton Spectator,* September 08, 1868, p. 2, col. 2, Virginia Center for Digital History, accessed September 28, 2020.
9: David W. Blight, *Race and Reunion: The Civil War in American Memory* (Cambridge, MA: Belknap Press, 2002), 270.
10: W. E. B. Du Bois, "No Excuses for a Racist Murderer: W.E.B. DuBois on the Legacy of Robert E. Lee," 1928 essay reprinted in *In These* Times, August 22, 2017.
11: Brian Palmer and Seth Freed Wessler, "The Cost of the Confederacy," *Smithsonian,* December 2018.
12Allen G. Breed, "Women's Group Behind Rebel Memorials Quietly Battles On," Associated Press, August 10, 2018.
13: Steven H. Cornelius, *Music of the Civil War Era,* American Music Through History series (Westport, CT: Greenwood Press, 2004).
14: Kevin M. Levin, Workshop Seminar, May 15, 2020.
15: Blight, *Race and Reunion.*
16: Richard A. Pryor, *Essays and Addresses* (New York: Neale Publishing, 1912), 76.
17: David W. Blight, "Forgetting Why We Remember," *New York Times,* May 29, 2011.
18: "Blandford Cemetery," City of Petersburg website, accessed August 14, 2019, https://www.petersburgva.gov/303/Blandford-Cemetery.
19: Blight, "Forgetting Why We Remember."
20: "Whose Heritage? Public Symbols of the Confederacy," Southern Poverty Law Center, February 1, 2019, https://www.splcenter.org/20190201/whose-heritage-public-symbols-confederacy.
21: Peter Galuszka, "The Women Who Erected Confederate Statues Are Stunningly Silent," *Washington Post,* October 13, 2017.
22: *New National Era,* December 1, 1870, *Chronicling America: Historic American Newspapers,* Library of Congress, Washington, D.C., https://chroniclingamerica.loc.gov/lccn/sn84026753/1870-12-01/ed-1/seq-3/.
23: https://www.loc.gov/exhibits/civil-war-in-america/ext/cw0211.html.
24: W. E. B. Du Bois, "The Perfect Vacation," *The Crisis,* August 1931, 279.
25: "Whose Heritage? Public Symbols of the Confederacy," https://www.splcenter.org/20190201/whose-heritage-pub-

lic-symbols-confederacy.
26: Blight, *Race and Reunion,* 257.
27: Thomas Nelson Page, *Marse Chan: A Tale of Old Virginia* (New York: Charles Scribner's Sons, 1908), 13–14.
28: Kevin M. Levin, "Happy Richard Poplar Day," *Civil War Memory* (blog), September 18, 2010, quoting obituary in the *Petersburg Index-Appeal,* May 23, 1886, http://cwmemory.com/2010/09/18/happy-richard-poplar-day/.
29: Kevin M. Levin, *Searching for Black Confederates: The Civil War's Most Persistent Myth* (Chapel Hill: Univ. of North Carolina Press, 2019), chap. 1, Kindle.
30: *Petersburg Index-Appeal,* May 23, 1886, http://www.petersburgexpress.com/POW.html.
31: Levin, *Searching for Black Confederates.*
32: Levin, *Searching for Black Confederates*.
33: Bruce Levine, *Confederate Emancipation: Southern Plans to Free and Arm Slaves During the Civil War* (New York: Oxford Univ. Press, 2006), 55.
34: Letter from Howell Cobb to James A. Seddon (January 8, 1865) in *The War of the Rebellion: A Compilation of the Official* Records of the Union and Confederate Armies (Washington, DC.: Government Printing Office, 1900), series 4, vol. 3, 1,009–1,010, https://www.encyclopediavirginia.org/Letter_from_Howell_Cobb_to_James_A_Seddon_January_8_1865.
35: "1865, March 13: Confederacy Approves Black Soldiers," This Day in History, History.com, last modified March 11, 2020, https://www.history.com/this-day-in-history/confederacy-approves-black-soldiers.
36: Edward H. Bonekemper III, *The Myth of the Lost Cause: Why the South Fought the Civil War and Why the North Won* (Washington, DC: Regnery History, 2015), 258.
37: "A Declaration of the Immediate Causes Which Induce and Justify the Secession of the State of Mississippi from the Federal Union," Lillian Goldman Library, Yale Law School, accessed August 5, 2019, https://catalog.hathitrust.org/Record/010446488/Cite.
38: "Confederate States of America — Declaration of the Immediate Causes Which Induce and Justify the Secession of South Carolina from the Federal Union," Lillian Goldman Library, Yale Law School, accessed August 5, 2019, https://www.atlantahistorycenter.com/assets/documents/SCarolina-Secession-p1-13.pdf.
39: "Address of George Williamson, Commissioner from Louisiana to the Texas Secession Convention," *Causes of the Civil War,* accessed August 5, 2019, http://www.civilwarcauses.org/gwill.htm.
40: "Texas: A Declaration of the Causes Which Impel the State of Texas to Secede from the Federal Union," American Battlefield Trust, accessed August 5, 2019, https://www.loc.gov/resource/rbpe.34604300/?sp=1&st=text.
41: Remarks by John C. McGehee, president of the convention. *Journal of the Proceedings of the Convention of the People of Florida, Begun and Held at the Capitol in the City of Tallassee [*sic*] on Thursday, January 3, A. D. 1861* (Tallahassee: Office of the Floridian and Journal, printed by Dyke & Carlisle, 1861), 8, https://catalog.hathitrust.org/Record/010943337.
42: Letter from Stephen F. Hale (Alabama state commissioner) to Governor Beriah Magoffin of Kentucky, December 27, 1860, https://docsouth.unc.edu/imls/smithwr/smith.html.
43: "Virginia: The Secession Ordinance. An Ordinance to Repeal the Ratification of the Constitution of the United States of America by the State of Virginia, and to Resume All the Rights and Powers Granted Under Said Constitution," Amer-

ican Battlefield Trust, accessed August 21, 2019, https://catalog.archives.gov/id/598395.
44: "Constitution of the Confederate States; March 11, 1861," Lillian Goldman Law Library, Yale Law School, accessed August 6, 2019, http://avalon.law.yale.edu/19th_century/csa_csa.asp.
45: "Cornerstone Speech," American Battlefield Trust, accessed August 6, 2019, https://www.battlefields.org/learn/primary-sources/cornerstone-speech.
46: Bonekemper, *The Myth of the Lost Cause*, 45.
47: George Ticknor Curtis, *Constitutional History of the United States from Their Declaration of Independence to the Close of the Civil War, Vol. 2,* ed. Joseph Culbertson Clayton (New York: Harper & Bros., 1896), 526, https://avalon.law.yale.edu/19th_century/critten.asp.
48: Jefferson Davis, *The Rise and Fall of the Confederate Government* (New York: Thomas Yoseloff, 1958), 79–80.
49: Kevin M. Levin, "Alexander Stephens Reinforces the Cornerstone," *Civil War Memory* (blog), January 23, 2013, http://www.adena.com/adena/usa/cw/cw223.htm.
50: "What Is the Sons of Confederate Veterans?" Sons of Confederate Veterans website, accessed August 17, 2019, https://scv.org/what-is-the-scv/.
51: Heidi Beirich, "Furling the Flag," *Intelligence Report,* Southern Poverty Law Center, October 27, 2015, https://www.splcenter.org/fighting-hate/intelligence-report/2015/furling-flag.
52: "Here's Why the Confederate Monuments in New Orleans Must Come Down," Southern Poverty Law Center, January 13, 2016, https://www.splcenter.org/fighting-hate/intelligence-report/2003/neo-confederates-scv-purges-moderates.
53: "Here's Why the Confederate Monuments in New Orleans Must Come Down," https://www.splcenter.org/sites/default/files/new_tedn_amicus_brief_doc._31-1_filed_1.11.16_copy.pdf.
54: Thomas Upton Sission, "Address of Greeting from Sons of Veterans," "Minutes of the Nineteenth Annual Meeting and Reunion of the United Confederate Veterans Held at Memphis, Tenn. On Tuesday, Wednesday, and Thursday, June 8th, 9th, and 10th, 1909," New Orleans: United Confederate Veterans, 74, https://books.google.com/books?id=JsUTAAAAYAAJ&dq =%22Great+and+trying+times+always+produce+great+leaders%22&source= gbs_navlinks_s_s.
55: "Statement from the President General," United Daughters of the Confederacy website, December 1, 2018, accessed September 29, 2020, https://hqudc.org/.
56: Karen L. Cox, *Dixie's Daughters: The United Daughters of the Confederacy and the Preservation of Confederate Culture* (Gainesville: Univ. Press of Florida, 2003), 1.
57: Kali Holloway, "Seven Things the United Daughters of the Confederacy Might Not Want You to Know About Them," *Salon,* October 6, 2018.
58: Laura M. Rose, *The Ku Klux Klan; or, Invisible Empire* (London, UK: Forgotten Books, 2012), 14.
59: Rose, *The Ku Klux Klan,* 3.
60: Karen L. Cox, "The Confederacy's 'Living Monuments,' " *New York Times,* October 6, 2017.
61: Eric Foner, "Our Lincoln," *The Nation,* January 8, 2009.
62: Editors, "Mr. Lincoln and Negro Equality," *New York Times,* December 28, 1860.
63: Frederick Douglass, *The Col*lected Works of Frederick Douglass: Autobiographies, 50+ Speeches, Articles & Letters: The

Future of the Colored Race, Reconstruction, My Bondage and Freedom, Self-Made Men, The Color Line, The Church and Prejudice . . . (New York: Musaicum Books, 2018), 180.

64: Foner, "Our Lincoln."

65: Eric Foner, "Abraham Lincoln, Colonization, and the Rights of Black Americans," in *Slavery's Ghost: The Problem of Freedom in the Age of Emancipation,* by Richard Follett, Eric Foner, and Walter Johnson (Baltimore: Johns Hopkins Univ. Press, 2011), 37.

66: Foner, "Our Lincoln."

67: Ta-Nehisi Coates, "Small Truth Papering Over a Big Lie," *The Atlantic,* August 9, 2010, https://www.theatlantic.com/national/archive/2010/08/small-truth-papering-over-a-big-lie/61136/.

68: James Oliver Horton, "Confronting Slavery and Revealing the 'Lost Cause,' " National Park Service, last modified March 10, 2017, accessed June 15, 2019, https://www.nps.gov/articles/confronting-slavery-and-revealing-the-lost-cause.htm.

69: Horton, "Confronting Slavery and Revealing the 'Lost Cause.' "

70: Horton, "Confronting Slavery and Revealing the 'Lost Cause.' "

71: Kenneth M. Stampp, *The Peculiar Institution: Slavery in the Ante-Bellum South* (New York: Vintage, 1956), 33.

72: Edward L. Ayers and Carolyn R. Martin, eds., *America on the Eve of the Civil War* (Charlottesville: Univ. of Virginia Press, 2011), 51–52.

73: Della Hasselle, "Lusher Charter School Considers Changing Confederate History-Based Name Amid Petitions, Protests," NOLA.com, June 25, 2020.

74: Campbell Robertson, "Flag Supporters React with a Mix of Compromise, Caution, and Outright Defiance," *New York Times,* June 23, 2015. "Our Independence Day"

ガルヴェストン島

1: "Texas Remembers Juneteenth," Texas State Library and Archives Commission, June 19, 2020, https://www.tsl.texas.gov/ref/abouttx/juneteenth.html.

2: Ira Berlin, Marc Favreau, and Steven F. Miller, ed., *Remember Slavery: African Americans Talk About Their Personal Experiences of Slavery and Emancipation* (New York: New Press, 2000), 266; and Elizabeth H. Turner, "Juneteenth: Emancipation and Memory," in *Lone Star Pasts: Memory and History in Texas,* ed. Gregg Cantrell and Elizabeth H. Turner (College Station: Texas A&M Univ. Press, 2007), 143–75.

3: Imani Perry, *May We Forever Stand: A History of the Black National Anthem* (Chapel Hill: Univ. of North Carolina Press, 2018), 7, 12, Kindle.

4: United States Census Bureau, "Texas Population: Race," American Community Survey five-year estimates, 2018, https://data.census.gov/cedsci/table?q=texas%20population%20race&t=Race%20and%20Ethnicity&tid=ACSDT5Y2018.B02001&hidePreview=false.

5: "Texas Profile," Prison Policy Initiative website, https://www.prisonpolicy.org/profiles/TX.html.

6: United States Census Bureau, "Poverty Status in the Past 12 Months," American Community Survey 5-year estimates, 2018, https://data.census.gov/cedsci/table?q=race%20texas%20poverty&tid=ACSST5Y2018.S1701&hidePreview=false.

7: "Infant Mortality Rate by Race," in *2019 Healthy Texas Mothers and Babies Data Book,* B-2, Texas Department of State Health Services website, https://www.dshs.texas.gov/healthytexas-

babies/Documents/HTMB-Data-Book-2019-20200206.pdf.
8: "Public High School Graduation Rates," in *The Condition of Education,* National Center for Education Statistics website, last modified May 2020, https://nces.ed.gov/programs/coe/indicator_coi.asp.
9: James L. Haley, *Sam Houston* (Norman: Univ. of Oklahoma Press, 2015), 390–91.
10: Turner, "Juneteenth," in *Lone Star Pasts,* 158.
11: Turner, "Juneteenth," in *Lone Star Pasts,* 162.
12: William H. Wiggins Jr., *O Freedom: Afro-American Emancipation Celebrations* (Knoxville: Univ. of Tennessee Press, 1990), xvii.
13: "Mintie Maria Miller, Galveston, Texas: Image 90," *Federal Writers' Project: Slave Narrative Project, Vol. 16, Texas, Part 3, Lewis-Ryles,* 1936, manuscript/mixed material, https://www.loc.gov/resource/mesn.163/?sp=90.
14: "[Josephine Ryles] Image 285," *Federal Writers' Project: Slave Narrative Project, Vol. 16, Texas, Part 3,* Lewis-Ryles, 1936, manuscript/mixed material, https://www.loc.gov/resource/mesn.163/?sp=284.
15: "William Mathews, Galveston, Texas: Image 73; Image 75," *Federal Writers' Project: Slave Narrative Project, Vol. 16, Texas, Part 3, Lewis-Ryles,* 1936, manuscript/mixed material, https://www.loc.gov/resource/mesn.163/?sp=72&st=text.
16: "Tempie Cummins, Jasper, Texas: Image 270," *Federal Writers' Project: Slave Narrative Project, Vol. 16, Texas, Part 1, Adams-Duhon,* 1936, manuscript/mixed material, https://www.loc.gov/resource/mesn.161/?sp=271.
17: W. Caleb McDaniel, "Historian: No, the Civil War Didn't Erase Slavery's Harm," *Houston Chronicle,* July 12, 2019.
18: Turner, "Juneteenth" in *Lone Star Pasts.*
19: Turner, "Juneteenth," in *Lone Star Pasts.* Nancy Cohen-Lack, "A Struggle for Sovereignty: National Consolidation, Emancipation, and Free Labor in Texas, 1865," *Journal of Southern History,*58, no. 1 (February, 1992), https://www.jstor.org/stable/2210475?origin=crossref&seq=1#metadata_info_tab_contents.
20: Turner, "Juneteenth," in *Lone Star Pasts,* 146–47.
21: Turner, "Juneteenth," in *Lone Star Pasts,* 143–75; and Barry A. Crouch, *The Freedmen's Bureau and Black Texans* (Austin: Univ. of Texas Press, 1999).
22: Turner, "Juneteenth," in *Lone Star Pasts,* 147; and Ron C. Tyler and Lawrence R. Murphy, ed., *The Slave Narratives of Texas* (Austin, TX: Encino Press, 1974), 121.
23: Turner, "Juneteenth," in *Lone Star Pasts,* 147.
24: Turner, "Juneteenth," in *Lone Star Pasts,* 148; and Tyler and Murphy, *The Slave Narratives of Texas,* 114.
25: Board of Governors of the Federal Reserve System, "Distribution of Household Wealth in the U.S. since 1989," https://www.federalreserve.gov/releases/z1/dataviz/dfa/distribute/table/.
26: Frederick Douglass, *Ora*tion, Delivered in Corinthian Hall, Rochester, by Frederick Douglass, July 5th 1852, Published by Request (Rochester: Printed by Lee, Mann & Co., American Building, 1852), 15, http://www.lib.rochester.edu/IN/RBSCP/Frederick_Douglass/ATTACHMENTS/Douglass_Fifth_of_July_Speech.pdf.
27: https://tea.texas.gov/sites/default/files/enroll_2019-20.pdf.
28: Laura Isensee, "Why Calling Slaves 'Workers' Is More Than an Editing Error," Houston Public Media News 88.7, NPR, October 23, 2015.
29: Annabelle Timsit and Annalisa Merelli,

"For 10 Years, Students in Texas Have Used a History Textbook That Says Not All Slaves Were Unhappy," *Quartz,* May 11, 2018.
30: https://www.npr.org/2018/11/16/668557179/texas-students-will-soon-learn-slavery-played-a-central-role-in-the-civil-war.
"We were the good guys, right?"

ニューヨーク市

1: Ta-Nehisi Coates, "Slavery Made America," *The Atlantic,* June 24, 2014.
2: Barbara E. Fields and Karen J. Fields, *Racecraft: The Soul of Inequality in American Life* (Brooklyn, NY: Verso, 2014), 17.
3: Ira Berlin and Leslie M. Harris, "Uncovering, Discovering, and Recovering: Digging in New York's Slave Past Beyond the African Burial Ground," in *Slavery in New York,* ed. Ira Berlin and Leslie M. Harris (New York: New Press, 2005), 1–28.
4: "The Dutch and the Native Americans," *Atlantic World Home,* Library of Congress, accessed October 18, 2020, http://international.loc.gov/intldl/awkbhtml/kb-1/kb-1-2-4.html.
5: W. J. Sidis, *The Tribes and the States* (unpublished manuscript, ca. 1935), chap. 7, http://www.mortenbrask.com/wp-content/uploads/The-tribes-and-the-states-SIDIS.pdf.
6: Christopher Moore, "A World of Possibilities: Slavery and Freedom in Dutch New Amsterdam," in *Slavery in New York,* ed. Ira Berlin and Leslie Harris (New York: New Press, 2005), 51.
7: Freeman Henry Morris Murray, *Emancipation and the Freed in American Sculpture: A Study in Interpretation* (Washington, DC: published by the author, 1916), 214–15.
8: Donald L. Fixico, "When Native Americans Were Slaughtered in the Name of 'Civilization,' " History Stories, History.com, March 2, 2018, last modified August 16, 2019, https://www.history.com/news/native-americans-genocide-united-states.
9: Michael Richman, Daniel Chester French, and Metropolitan Museum of Art (New York), *Daniel Chester French, an American Sculptor* (New York: Preservation Press, 1983), 108.
10: Berlin and Harris, "Uncovering, Discovering, and Recovering," in *Slavery in New York,* 1–28.
11: Eric Foner, *Gateway to Freedom: The Hidden History of America's Fugitive Slaves* (Oxford, UK: Oxford Univ. Press, 2015), 30.
12: Berlin and Harris, "Uncovering, Discovering, and Recovering," in *Slavery in New York,* 1–28.
13: Berlin and Harris, "Uncovering, Discovering, and Recovering," in *Slavery in New York,* 1–28.
14: Berlin and Harris, "Uncovering, Discovering, and Recovering," in *Slavery in New York,* 9.
15: Jill Lepore, "The Tightening Vise: Slavery and Freedom in British New York," in *Slavery in New York,* ed. Ira Berlin and Leslie Harris (New York: New Press, 2005), 61.
16: David Brion Davis, *In*human Bondage: The Rise and Fall of Slavery in the New World (New York: Oxford Univ. Press, 2008), 129, https://books.google.com/books?id=cPn3N0CvKyAC&q=in+british+manhattan#v=snippet&q=in%20british%20manhattan&f=false.
17: Lepore, "The Tightening Vise," in *Slavery in New York,* 62.
18: Berlin and Harris, "Uncovering, Discovering, and Recovering," in *Slavery in New York,* 12.

19: Lepore, "The Tightening Vise," in *Slavery in New York,* 81.
20: Lepore, "The Tightening Vise," in *Slavery in New York,* 86.
21: Lepore, "The Tightening Vise," in *Slavery in New York,* 87–88.
22: Eric Foner, "Slavery and Freedom in New York City," Longreads.com, posted April 30, 2015, excerpt from *Gateway to Freedom: The Hidden History of the Underground Railroad* (New York: W. W. Norton, 2015), chap. 1.
23: Lepore, "The Tightening Vise," in *Slavery in New York,* 60.
24: Lepore, "The Tightening Vise," in *Slavery in New York,* 75.
25: "Mannahatta Park: New York's Municipal Slave Market," NYC Parks, https://www.nycgovparks.org/parks/mannahatta-park/highlights/19696.
26: Allison Meier, "Wall Street's 18th-Century Slave Market Finally Recognized with Historic Marker," *Hyperallergic,* July 3, 2015.
27: James C. Cobb, "Cleansing American Culture of Ties to Slavery Will Be Harder Than You Think," *Time,* March 30, 2016.
28: Makebra M. Anderson, "JPMorgan Chase & Co. Admits Link to Slavery," *St. Louis American,* February 2, 2005, last modified April 13, 2016.
29: David Quigley, "Southern Slavery in a Free City: Economy, Politics, and Culture," in *Slavery in New York,* ed. Ira Berlin and Leslie Harris (New York: New Press, 2005), 269.
30: "Fernando Wood," National Park Service, accessed October 18, 2020, https://www.nps.gov/people/fernando-wood.htm.
31: "Tappan Brothers," Mapping the African American Past (MAPP) website, accessed October 18, 2020, https://maap.columbia.edu/place/5.html.
32: Ira Berlin, *The Long Emancipation: The Demise of Slavery in the United States* (Cambridge, MA: Harvard Univ. Press, 2015), 134–35.
33: Quigley, "Southern Slavery in a Free City," in *Slavery in New York,* 281.
34: Manisha Sinha, "Black Abolitionism: The Assault on Southern Slavery and the Struggle for Racial Equality," in *Slavery in New York,* ed. Ira Berlin and Leslie Harris (New York: New Press, 2005), 241.
35: Sinha, "Black Abolitionism," in *Slavery in New York,* 239–62.
36: Sinha, "Black Abolitionism," in *Slavery in New York,* 243.
37: Patrick Rael, "The Long Death of Slavery," in *Slavery in New York,* ed. Ira Berlin and Leslie Harris (New York: New Press, 2005), 140.
38: Rael, "The Long Death of Slavery," in *Slavery in New York,* 143.
39: Alondra Nelson, *The Social Life of DNA: Race, Reparations, and Reconciliation After the Genome* (Boston: Beacon Press, 2016), 44.
40: "African Burial Ground: History & Culture," National Park Service, last modified April 26, 2019, https://www.nps.gov/afbg/learn/historyculture/index.htm.
41: Christopher Moore, "New York's Seventeenth-Century African Burial Ground in History," National Park Service, last modified April 26, 2019, https://www.nps.gov/afbg/learn/historyculture/african-burial-ground-in-history.htm.
42: Lepore, "The Tightening Vise," in *Slavery in New York,* 57–90.
43: Moore, "New York's Seventeenth-Century African Burial Ground," https://www.nps.gov/afbg/learn/historyculture/african-burial-ground-in-history.htm.
44: De Costa and Miller, "American Resurrection and the 1788 New York Doctors' Riot," 292–93.
45: Moore, "New York's Seventeenth-Century

African Burial Ground," https://www.nps.gov/afbg/learn/historyculture/african-burial-ground-in-history.htm.
46: Spencer P. M. Harrington, "Bones and Bureaucrats," *Archaeology,* March/April 1993 (online archive June 14, 2006).
47: "The Lost Neighborhood Under New York's Central Park," produced by Ranjani Chakraborty and Melissa Hirsch, *Vox,* Missing Chapter, online video, 8:15, January 20, 2020.
48: Douglas Martin, "Before Park, Black Village; Students Look into a Community's History," *New York Times,* April 7, 1995.
49: Martin, "Before Park, Black Village."
50: "The Lost Neighborhood Under New York's Central Park," *Vox* video.
51: "The Present Look of Our Great Central Park," *New-York Daily Times,* July 9, 1856, 3, https://www.nytimes.com/1856/07/09/archives/newyork-city-the-present-look-of-our-great-central-park-tired-of.html.
52: Martin, "Before Park, Black Village."
53: "Imagining Liberty," Museum Management Program, National Park Service, accessed October 18, 2020, https://www.nps.gov/museum/exhibits/statue_liberty/imagining_liberty.html.
54: James Baldwin, "This Morning, This Evening, So Soon," *The Atlantic,* September 1960.
55: Gillian Brockell, "The Statue of Liberty Was Created to Celebrate Freed Slaves, Not Immigrants, Its New Museum Recounts," *Washington Post,* May 23, 2019.
56: Alan Kraut, email message to author, September 1, 2020.

ゴレ島

1: "Gorée Island," Slavery and Remembrance, The Colonial Williamsburg Foundation, accessed November 9, 2019, http://slaveryandremembrance.org/articles/article/?id=A0110.
2: "Goree: Senegal's Slave Island," *BBC News,* June 27, 2013.
3: "Goree: Senegal's Slave Island," *BBC News*.
4: Joseph-Roger de Benoist and Abdoulaye Camara, "Gorée dans l'histoire," in *Histoire de Gorée,* ed. Joseph-Roger de Benoist and Abdoulaye Camara (Paris: Maisonneuve & Larose, 2003), 11–29.
5: Deborah L. Mack, "When the Evidence Changes: Scholarship, Memory, and Public Culture at the House of Slaves, Gorée Island," *Exhibitionist* (Fall 2011): 40–45.
6: Mack, "When the Evidence Changes," 40–45.
7: "Island of Gorée," World Heritage List, UNESCO website, accessed October 25, 2020, https://whc.unesco.org/en/list/26/#:~:text=The%20island%20of%20Gorée%20lies,centre%20on%20the%20African%20coast.
8: Max Fisher, "The Sincere Fiction of Goree Island, Africa's Best-Known Slave Trade Memorial," *Washington Post,* July 1, 2013.
9: Fisher, "The Sincere Fiction of Goree Island."
10: Fisher, "The Sincere Fiction of Goree Island."
11: Walter Rodney, *How Europe Underdeveloped Africa* (Brooklyn, NY: Verso, 2018), 34.
12: Darrel Moellendorf, "Racism and Rationality in Hegel's Philosophy of Subjective Spirit," *History of Political Thought* 13, no. 2 (1992): 243–55.
13: Teshale Tibebu, *Hegel and the Third World: The Making of Eurocentrism in World History* (Syracuse, NY: Syracuse Univ. Press, 2011), 83.
14: Tibebu, *Hegel and the Third World,* 272.
15: Charles W. Mills, "Kant's *Untermenschen,*" in *Race and Racism in Modern*

Philosophy, ed. Andrew Valls (Ithaca, NY: Cornell Univ. Press, 2005), 173.

エピローグ

1: Richard Pérez-Peña, "Woman Linked to 1955 Emmett Till Murder Tells Historian Her Claims Were False," *New York Times,* January 27, 2017.

このプロジェクトについて

1: "The Limitations of the Slave Narrative Collection," from *Born in Slavery: Slave Narratives from the Federal Writers' Project, 1936 to 1938* collection, Library of Congress, accessed October 15, 2020, https://www.loc.gov/collections/slave-narratives-from-the-federal-writers-project-1936-to-1938/articles-and-essays/introduction-to-the-wpa-slave-narratives/limitations-of-the-slave-narrative-collection/.

2: Saidiya V. Hartman, *Scenes of Subjection: Terror, Slavery, and Self-Making in Nineteenth-Century America* (New York: Oxford Univ. Press, 1997), 11. "The Limitations of the Slave Narrative Collection."

◆著者

クリント・スミス（Clint Smith）

『アトランティック』誌スタッフ・ライター、詩人。詩集『系譜を数えて（*Counting Descent*）』（未邦訳）が、2017年にアメリカ図書館協会黒人推進委員会よりベスト・ポエトリー・ブック文学賞を受賞、およびNAACP（全米黒人地位向上協会）イメージ・アワードの最終候補作品に選ばれた。ニュー・アメリカ、アート・フォー・ジャスティス、カウェー・カネム財団、アメリカ国立科学財団よりフェローシップを取得。『ザ・ニューヨーカー』、『ニューヨーク・タイムズ・マガジン』、『ポエトリー』、『パリ・レヴュー』などに作品を発表している。デイヴィッドソン大学で英語学学士号、ハーヴァード大学で教育学博士号を取得。

◆訳者

風早さとみ（かざはや　さとみ）

明治学院大学大学院文学研究科修了。大学の非常勤講師等を経て、書籍翻訳に携わるようになる。これまでの訳書に『公爵の完璧な花嫁』（原書房）がある。

カバー画像：モンティチェロ、TPG Images / PPS 通信社

場所《ばしょ》からたどるアメリカと奴隷制《どれいせい》の歴史《れきし》

米国史《べいこくし》の真実《しんじつ》をめぐるダークツーリズム

●

2022年3月1日　第1刷

著者……………クリント・スミス
訳者……………風早《かざはや》さとみ
装幀……………川島進
発行者……………成瀬雅人
発行所……………株式会社原書房
〒160-0022 東京都新宿区新宿1-25-13
電話・代表　03(3354)0685
http://www.harashobo.co.jp/
振替・00150-6-151594
印刷・製本……………シナノ印刷株式会社

ISBN978-4-562-07154-8, printed in Japan